汽车电工电子基础
（第2版）

主　编　林美云
副主编　温继峰　洪基龙　张　雄
　　　　施　媚　黎冬梅

北京理工大学出版社
BEIJING INSTITUTE OF TECHNOLOGY PRESS

内容简介

本书根据汽车类专业教学标准及从事汽车职业的在岗人员对基础知识、基本技能和基本素质的需求，结合汽车专业人才培养的目的，重点介绍安全用电与急救知识、汽车电工电子基本技能、汽车基本元器件与基本电路、汽车中常用的半导体器件、磁场与汽车用电磁元件、数字电路等内容。

全书讲解清晰、简练，配有大量的图片，明了直观。本书结合目前职业院校流行的模块化教学的实际需求，理论联系实际，重视理论，突出实操。

本书适合作为职业院校汽车专业教材，也可作为汽车售后服务站专业技术人员的培训教材。

版权专有　侵权必究

图书在版编目（CIP）数据

汽车电工电子基础 / 林美云主编. —2版. —北京：北京理工大学出版社，2019.11（2022.6 重印）

ISBN 978-7-5682-7877-5

Ⅰ.①汽… Ⅱ.①林… Ⅲ.①汽车–电工技术–高等职业教育–教材 ②汽车–电子技术–高等职业教育–教材 Ⅳ.①U463.6

中国版本图书馆 CIP 数据核字（2019）第 253576 号

出版发行 / 北京理工大学出版社有限责任公司
社　　址 / 北京市海淀区中关村南大街 5 号
邮　　编 / 100081
电　　话 /（010）68914775（总编室）
　　　　　（010）82562903（教材售后服务热线）
　　　　　（010）68944723（其他图书服务热线）
网　　址 / http://www.bitpress.com.cn
经　　销 / 全国各地新华书店
印　　刷 / 北京佳创奇点彩色印刷有限公司
开　　本 / 787 毫米 × 1092 毫米　1/16
印　　张 / 14　　　　　　　　　　　　　　　　　责任编辑 / 陆世立
字　　数 / 330 千字　　　　　　　　　　　　　　文案编辑 / 陆世立
版　　次 / 2019 年 11 月第 2 版　2022 年 6 月第 4 次印刷　责任校对 / 周瑞红
定　　价 / 45.00 元　　　　　　　　　　　　　　责任印制 / 边心超

图书出现印装质量问题，请拨打售后服务热线，本社负责调换

前言 PREFACE

　　截至2019年6月，我国汽车保有量已经突破了2.5亿辆。在这种形势下，汽车维修、售后服务以及汽车销售人才所存在的缺口问题越来越严重。特别是建立在先进传感技术基础上的故障诊断系统在各种汽车上大量应用之后，各种现代化检测诊断仪器和维修技术也应运而生，现代汽车已发展成为机电一体化的高科技载体。这给汽车维修业带来了极大的机遇和挑战，同时也对汽车维修人员的技术水平提出了更高、更新的要求。

　　"汽车电工电子基础"是汽车相关专业的一门重要技术基础课程。本书以中职职教的人才培养规格为依据，遵循学生知识与技能形成规律和学以致用的原则，突出对学生职业能力的训练，理论知识的选取紧紧围绕完成工作任务的需要，同时又充分考虑了职业教育对理论知识学习的要求，融合了相关职业岗位对从业人员的知识、技能和态度的要求。

　　（1）该课程是依据"以服务为宗旨、以就业为导向、以能力为本位、以项目教学为主体的职教理念"的课程改革标准来设置的教材。以相关工作过程导向的能力本位课程模式，并让学生在完成具体学习项目的过程中提升相应职业能力并积累实际工作经验。课程设置和教学内容与企业发展密切相关，突出了职业岗位能力培养为主的职教思想。

　　（2）坚持"做中学、做中教"，积极探索理论和实践相结合的教学模式，使汽车电工电子技术理论的学习和技能的训练与生产生活中的实际应用相结合。引导学生通过学习过程的体验或实际汽车电子元器件拆装检测作等，提高学习兴趣，激发学习动力，掌握相应的知识和技能。

　　（3）坚持"在评价中学"的理念，考核与评价要坚持结果评价和过程评价相结合，定量评价和定性评价相结合，教师评价和学生自评、互评相结合，使考核与评价有利于激发学生的学习热情，促进学生的发展。

　　本书图文并茂、通俗易懂，适合作为职业院校汽车运用与维修专业的中级班和高级班教材。具体使用仪器和设备的型号根据学校自身情况决定，以能够完成基本实验为标准。中级班和高级班两个层次的教学主要从内容和深度上有区别，具体如下：

内容	中级汽修班要求	高级汽修班要求
课题一： 安全用电及急救知识	1. 掌握安全用电的常识。 2. 掌握触电种类。 2. 掌握触电抢救方法。	1. 掌握安全用电的常识。 2. 掌握触电种类。 2. 掌握触电抢救方法。
课题二： 汽车电工电子基本技能	1. 了解电工测量仪表 2. 掌握电工测量仪表的使用方法 3. 掌握电工测量仪表在使用时应该注意的问题 4. 了解电路焊接的基础知识 5. 掌握电路焊接方法	1. 了解电工测量仪表 2. 掌握电工测量仪表的使用方法 3. 掌握电工测量仪表在使用时应该注意的问题 4. 了解电工测量仪表误差的消除方法 5. 了解电路焊接的基础知识 6. 掌握电路焊接方法
课题三： 汽车基本元器件与基本电路	1. 掌握电阻、电容、电感的基础知识 2. 掌握汽车中常见的电器元件 3. 掌握汽车电路的基础知识 4. 了解汽车传感器的基础知识 5. 了解汽车电路故障及检测方法（选修）	1. 掌握电阻、电容、电感的基础知识 2. 掌握汽车中常见的电器元件 3. 掌握汽车电路的基础知识 4. 掌握汽车传感器的基础知识 5. 掌握汽车电路故障及检测方法
课题四： 汽车中常用的半导体器件	1. 掌握二极管的基础知识 2. 掌握二极管在汽车上的应用 3. 掌握三极管的基础知识 4. 掌握三极管在汽车上的应用 5. 了解集成运算放大器在汽车中的应用（选修）	1. 掌握二极管的基础知识 2. 掌握二极管在汽车上的应用 3. 掌握三极管的基础知识 4. 掌握三极管在汽车上的应用 5. 掌握集成运算放大器在汽车中的应用
课题五： 磁路与汽车用电磁元件	1. 掌握磁电现象的基础知识 2. 掌握变压器在汽车中的应用 3. 掌握继电器在汽车中的应用 4. 掌握交流发电机的基础知识 5. 掌握直流电动机的基础知识 6. 了解交流电动机的基础知识（选修）	1. 掌握磁电现象的基础知识 2. 掌握变压器在汽车中的应用 3. 掌握继电器在汽车中的应用 4. 掌握交流发电机的基础知识 5. 掌握直流电动机的基础知识 6. 掌握交流电动机的基础知识
课题六： 数字电路基础	1. 掌握数字电路的基础知识（选修） 2. 了解门电路基础（选修） 3. 了解逻辑组合电路（选修） 4. 了解集成定时器（选修） 5. 了解D/A和A/D转换电路（选修）	1. 掌握数字电路的基础知识 2. 了解门电路基础 3. 了解逻辑组合电路 4. 了解集成定时器 5. 掌握D/A和A/D转换电路

  本书由福州第一技师学院正高级讲师，福建省级教学名师，一体化教学督导专家林美云任主编，由福州第一技师学院张雄任副主编。

  在本书编写的过程中，我们参考了一些同行专家的专著，同时从互联网上下载了一些图片和资料，对本书进行了充实，在此对相关资料和专著的作者表示感谢。

  由于编者水平有限，有不足之处敬请同行专家和读者批评指正，不胜感谢。

编　者

目录 CONTENTS

课题一　安全用电与急救知识 …………………………………… 1
　　任务一　安全用电 ………………………………………………… 1
　　任务二　触电及急救知识 ………………………………………… 3
　　思考与练习 ………………………………………………………… 10

课题二　汽车电工电子基本技能 ………………………………… 12
　　任务一　电工仪表基础 …………………………………………… 12
　　任务二　万用表 …………………………………………………… 20
　　任务三　线路焊接 ………………………………………………… 27
　　实验一　测量仪器的使用 ………………………………………… 35
　　实验二　电子元器件的焊接 ……………………………………… 39
　　思考与练习 ………………………………………………………… 43

课题三　汽车基本元器件与基本电路 …………………………… 44
　　任务一　汽车基本元器件 ………………………………………… 44
　　任务二　汽车基本电路 …………………………………………… 67
　　任务三　汽车传感器 ……………………………………………… 76
　　任务四　汽车电路故障及检测方法 ……………………………… 87
　　实验一　指针式万用表测量电路基本物理量 …………………… 93
　　实验二　基尔霍夫定律的验证 …………………………………… 96
　　实验三　用万用表检测汽车温度传感器 ………………………… 97
　　思考与练习 ………………………………………………………… 99

课题四　汽车中常用的半导体器件·················100

任务一　二极管及其在汽车中的应用················100
任务二　三极管及其在汽车中的应用················110
任务三　集成运算放大器及其在汽车中的应用···········130
实验一　二极管的识别与检测····················135
实验二　二极管的伏安特性测试···················136
实验三　三极管放大器实验·····················138
实验四　LED 数码管显示实验····················141
实验五　晶体三极管伏安特性测试··················142
思考与练习·····························144

课题五　磁场与汽车用电磁元件·················146

任务一　磁场和电磁感应现象····················146
任务二　变压器及其在汽车中的应用·················151
任务三　继电器及其在汽车中的应用·················157
任务四　交流发电机························163
任务五　直流电动机························170
任务六　交流电动机························178
实验一　点火线圈的检测与实验···················181
实验二　电磁式电压调节器的检测与实验···············182
实验三　汽车继电器的检测····················184
思考与练习·····························186

课题六　数字电路······················188

任务一　数字电路基础······················188
任务二　门电路基础·······················190
任务三　组合逻辑电路······················194
任务四　集成定时器·······················196
任务五　D/A 和 A/D 转换电路···················207
实　　验　线性集成稳压电源实验··················213
思考与练习·····························215

参考文献··························216

课题一 安全用电与急救知识

学习任务

1. 了解安全用电的基本知识。
2. 掌握安全用电注意事项。
3. 掌握现场就地急救方法。

任务一 安全用电

一、电能的特点

电能本身是看不见、摸不着的,它是以物质的另一种形式——场的形式存在的,具有潜在的危险性。电能有它的特点,在理解上导线中的电流和水管中的水流颇有相似之处。电压也叫电势差,同水位类似;导线的作用与水管相似。外包绝缘体的导线把电能严格限制在通路里,构成电流的通路,使电流到达指定的地方。银、铜的电阻很小,铝的电阻大一些,铁的电阻更大,家用导线的里层为良好的导体,如铜和铝。可以通过电流的物体叫作导体,像金属、某些液体(如水)、含有水分的物体、大地、人体、动物、植物等,这些能导电的都是导体。凡是不导电的都叫作绝缘体,如塑料、橡胶、陶瓷、玻璃、胶木、干燥的空气、木头和棉布等,家用导线外层所用的绝缘体为漆、塑料、橡胶等。电有交流和直流两种,干电池的电是直流电,居民用的电是有效值为 220 V 的交流电。家中电能表的电功率值近似等于电压乘以电流,民用电压为 220 V,如果家中安装 2.5 A 的电能表,那么所能承受的电功率是 550 W,则 600 W 的电饭煲就不能使用。如此推算,5 A 的电能表所能承受的电功率是 1 100 W。

二、日常安全用电常识

（1）有《进网电工许可证》的专业人员才能安装和检修电气设备，其他人员不可私拉乱接线路。

（2）房间内安装在墙内的电源线要放在专用阻燃护套内，电源线的截面应满足负荷要求。室内导线要求是铜芯线，总线截面不小于 6 mm^2，照明分支线不应小于 1 mm^2，插座线不小于 2.5 mm^2。

（3）严禁使用代用品。不能用铜丝、铝丝、铁丝等代替熔丝，不能用信号传输线代替电源线，不能用医用白胶布代替绝缘黑胶布，不能用漆包线代替电热丝等。

（4）新购置家用电器使用前，先核对额定电压与供电电压是否相符，开关、熔丝和电能表能承受的电流是多少，且需请专业人员定期维修。

（5）大量电气设备同时使用时，不要超过电能表和电线允许的载流量，切忌大容量电气设备同时使用一个插座。

（6）家用电器运行一段时间后，想了解设备外壳是否发热时，不能用手掌去摸设备外壳，应用手背轻轻接触外壳，这样即使外壳漏电也便于迅速脱离电源。

（7）室内用电设备应符合下列规定：

①必须安装漏电保护器。

②照明灯不低于 1.8 m。

③开关、插座不低于 1.4 m，不得装于墙角线上，以防止儿童意外触电，照明开关控制相线。

④电线、保险盒、开关、灯头、插座等各类家用电器必须使用合格产品。

⑤家用电器的金属壳要专用接地保护。

（8）所有的用电设备外壳都应可靠地接地，不要把接地线接到下列地方：

①自来水管。接地不可靠。

②煤气管。有失火的危险。

（9）在插拔插头时人体不得接触导电极，不应对电源线施加拉力。清扫电气设备时，先断开所有电气设备的电源，湿手不能触摸带电的家用电器，不能用湿布擦拭正在使用中的家用电器。

（10）离家外出时，断开电气设备的电源。

（11）设备在暂停或停止使用、发生故障或突然停电时均应及时切断电源，必要时应采取相应的技术措施。

（12）用电锅炒菜时，应使用木柄铲；使用电动工具如电钻等时，需戴绝缘手套。

（13）家用电热设备、暖气设备一定要远离煤气罐、煤气管道等易燃物品，发现煤气漏气时先开窗通风，千万不能合上电源，并及时请专业人员修理。

（14）使用电热器具的过程中必须有人看管，不可中途随便离开，电热器具应放置在泥砖、石棉板等不可燃材料的基座上，切不可直接放在桌子、台板上，以免烤燃起火。使用中或用完未冷却的电热器具应远离易燃、可燃物品。

（15）发生电压不稳或雷电时，暂时停用贵重家电，可以延长家电的寿命。

（16）雷雨天不要用手触摸淋湿的树木、电杆及杆拉线，以防触电。

（17）不准上变压器台，爬电杆、拉线，防止触电。

（18）不准在电线下面放风筝和往变压器台、电线绝缘子上扔石子，防止损坏电气设备和触电。

（19）用电设备在使用中，发现电压异常升高或有异常的响声、气味、温度、冒烟、火光等，要立即断开电源，再进行检查或灭火抢救，灭火时采用专用的消防器材。

（20）发现电线断落，无论带电与否，都应视为带电。应与电线断落点保持足够的安全距离，并及时报告有关部门。

任务二 触电及急救知识

一、触电类型

触电类型

1. 单相触电

单相触电是常见的触电方式，指人体的某一部分接触带电体的同时，另一部分又与大地（或中性线）相接，电流从带电体流经人体到大地（或中性线）形成回路，如图1-1所示。单相触电的危险程度与电压的高低、电网的中性点是否接地、每相对地电容量的大小有关。

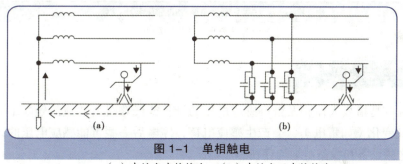

图1-1 单相触电
（a）中性点直接接地；（b）中性点不直接接地

2. 两相触电

人体的不同部位同时接触两相电源时造成的触电，称为两相触电，如图1-2所示。对于这种情况，无论电网中性点是否接地，人体所承受的线电压将比单相触电时高，危险更大。

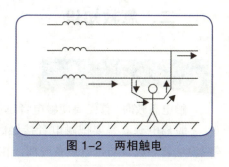

图1-2 两相触电

3. 跨步电压触电

雷电流入大地或电力线（特别是高压线）断散到地面时，会在导线接地点及周围形成强电场。当人畜跨进这个区域，两脚之间出现的电势差称为跨步电压 U_{st}。在这种电压作用下，电流从接触高电位的脚流进，从接触低电位的脚流出，从而导致触电，称为跨步电压触电，如图1-3（a）所示。跨步电压的大小取决于人体站立点与接地点的距离，距离越小，其跨步电压越大。当距离超过20 m（理论上为无穷远处）时，可认为跨步电压为零，不会发生触电危险。

4. 接触电压触电

电气设备由于绝缘损坏或其他原因造成接地故障时，如人体的两个部位（手和脚）同时接触设备外壳和地面，这两部位会处于不同的电势，其电势差称为接触电压。由接触电压造成的触电事故称为接触电压触电。在电气安全技术中接触电压是以站立在距漏电设备接地点水平距离为 0.8 m 处的人，手触及的漏电设备外壳距地 1.8 m 高时，手脚间的电势差作为衡量基准，如图 1-3（b）所示。接触电压值的大小取决于人体站立点与接地点的距离，距离越远，则接触电压值越大；当距离超过 20 m 时，接触电压值最大；当人体站在接地点与漏电设备接触时，接触电压为零。

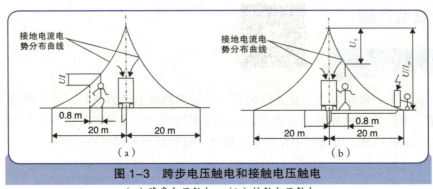

图 1-3　跨步电压触电和接触电压触电
（a）跨步电压触电；（b）接触电压触电

5. 感应电压触电

感应电压触电是指当人体触及带有感应电压的设备或线路时所造成的触电事故。一些不带电的线路由于大气变化（如雷电），会产生感应电荷，停电后一些可能感应电压的设备和线路如果未及时接地，这些设备和线路对地均存在感应电压。

二、急救知识

1. 脱离电源

触电急救时，首先要使触电者迅速脱离电源，越快越好。因为电流作用的时间越长，伤害越严重。脱离电源就是要把触电者接触的那一部分带电设备的开关、隔离开关或其他断路设备断开，或设法将触电者与带电设备脱离。在脱离电源的过程中，救护人员既要救人，又要注意保护自己。触电者未脱离电源前，救护人员不准直接用手触及触电者，因为有触电危险。

（1）脱离低压电源

脱离低压电源的方法可用拉、切、挑、拽、垫来概括。
①拉：如果触电地点附近有电源开关或电源插座，可立即拉开开关或拔出插头，断开电源。但应注意到拉线开关或部分墙壁开关等只控制一根线的开关，有可能因安装错误切断中性线而没有断开电源的相线。
②切：如果触电地点附近没有电源开关或电源插座（头），可用有绝缘柄的电工钳或有干

燥木柄的斧头、铁锹等利器切断电线，断开电源。切断点应选择导线在电源侧有支持物处，防止带电导线断落触及其他人体。剪断电线要分相，一根一根地剪断，并尽可能站在绝缘物体或干燥木板上。

③挑：当电线搭落在触电者身上或压在身下时，可用干燥的衣服、手套、绳索、皮带、木板、木棒等绝缘物及其他带有绝缘部分的工具，拉开触电者或挑开电线，使触电者脱离电源。

④拽：如果触电者衣服是干燥的，电线又没有紧缠在身上，不至于使救护人员直接触及触电者的身体时，救护人员可直接用一只手抓住触电者不贴身的衣服，将触电者拉脱电源；也可站在橡胶垫或干燥的木制物等绝缘材料上，用一只手把触电者拉脱电源，但不可使用两只手。

⑤垫：如果电流通过触电者入地，并且触电者紧握导线，可设法用干燥的木板塞进其身下使其与地绝缘而切断电流，然后采取其他的方法切断电源。

（2）脱离高压电源

因为电压等级高，一般绝缘物对抢救者不能保证安全，电源开关距离又远、不易切断电源，电源保护装置比低压灵敏度高等，所以抢救高压触电者脱离电源与低压触电者脱离电源的方法大为不同。为使高压触电者安全脱离电源，可采用如下方法：

①通过电话等手段，立即通知有关供电单位或用户停电。

②戴上绝缘手套，穿上绝缘靴，用相应电压等级的绝缘工具按顺序拉开电源开关或熔断器。

③如不能迅速切断电源，可抛掷足够截面和长度的裸金属线使线路短路并接地，迫使保护装置动作（开关自动跳闸或保险熔断），断开电源。注意抛掷金属线之前，应先将金属线的一端固定可靠接地，然后另一端系上重物抛掷，注意抛掷的一端不可触及触电者和其他人。另外，抛掷者抛出线后，要迅速离开接地的金属线 8 m 以外或双腿并拢站立，防止跨步电压伤人。在抛掷短路线时，应注意防止电弧伤人或断线危及人员安全。

（3）注意事项

①救护者不可直接用手、金属及潮湿的物体作为救护工具，而应使用适当的绝缘工具。救护者最好用一只手操作，以防自己触电。

②为防止触电者脱离电源后可能的摔伤，特别是当触电者在高处时，应考虑防止坠落的措施。即使触电者在平地，也要注意触电者倒下的方向，注意防摔。救护者也应注意救护中自身的防坠落、摔伤措施。

③救护者在救护过程中特别是在杆上或高处抢救伤者时，要注意自身和被救者与附近带电体之间的安全距离，防止再次触及带电设备。即使电气设备、线路电源已断开，对未挂上接地线安全措施的设备也应视作有电设备。救护人员登高时应随身携带必要的绝缘工具和牢固的绳索等。

④如事故发生在夜间，应设置临时照明灯，以便于抢救，避免意外事故，但不能因此延误切除电源和进行急救的时间。

2. 现场就地急救

触电者脱离电源以后，现场救护人员不仅要设法联系医疗急救中心（医疗部门）的医生到现场救治，而且同时应迅速判断触电者的伤情，对症抢救。

（1）判断伤情

通过轻轻拍打触电者肩部、高声喊叫等方法，判断触电者有无意识。若触电者神志清醒、有意识，心脏跳动，但呼吸急促，面色苍白，或曾一度昏迷却未失去知觉，则应将触电者抬到空气新鲜、通风良好的地方躺下，安静休息1~2 h，让他慢慢恢复正常。天凉时要注意保温，并随时观察触电者的呼吸、脉搏变化，禁止摇动其头部。触电者如意识丧失，呼吸微弱或停止，应立即畅通触电者的气道以促进触电者恢复或便于抢救。

1）通畅气道。

救护者一只手置于触电者的前额使其头部后仰，另一只手的食指与中指置于其下颌骨近下颌或下颌角处，抬起下颌（颏），分别如图1-4和图1-5所示。严禁用枕头等物垫在触电者的头下，手指不要压迫触电者的颈前部、颌下软组织，以防压迫气道，颈部上抬时不要过度伸展，有假牙托者应取出。儿童颈部易弯曲，过度抬颈反而使气道闭塞，因此不要抬颈牵拉过度。成人头部后仰程度应为90°，儿童头部后仰程度应为60°，婴儿头部后仰程度应为30°，颈椎有损伤的触电者应采用双下颌上提法。

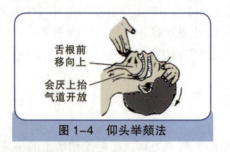

图1-4 仰头举颏法

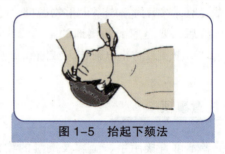

图1-5 抬起下颌法

2）判断呼吸和脉搏。

在10 s内用看、听和试的方法判断触电者的呼吸和心跳情况。看一看触电者的胸部、腹部有无起伏动作，贴近触电者的口鼻处听有无呼吸，试测口鼻有无呼吸的气流及颈动脉有无搏动，如图1-6所示。

根据判断结果，按照表1-1采用合适的救护方法。

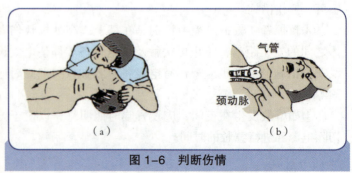

图1-6 判断伤情

（a）看、听、试伤员呼吸；（b）触摸颈动脉搏

任务二 触电及急救知识

表 1-1 不同状态下触电者的急救措施

神志	心跳	呼吸	对症救治措施
清醒	存在	存在	静卧，保暖，严密观察
昏迷	停止	存在	胸外心脏按压术
昏迷	存在	停止	口对口（鼻）人工呼吸
昏迷	停止	停止	同时作胸外心脏按压和口对口（鼻）人工呼吸

（2）口对口（鼻）人工呼吸

当判断触电者确实有脉搏无呼吸时，应立即进行口对口（鼻）的人工呼吸。其具体方法有以下几种：

①在保持呼吸通畅的位置进行。救护者用按于前额一只手的拇指与食指捏住触电者的鼻孔（或鼻翼）下端，以防气体从口腔内经鼻孔逸出，救护者深吸一口气屏住并用自己的嘴唇包住（套住）触电者微张的嘴。

②用力快而深地向触电者口中吹（呵）气，同时仔细观察触电者胸部有无起伏，如图1-7所示。如无起伏，说明气未吹进，表示气道通畅不够、鼻孔处漏气、吹气不足或气道有梗阻。

③一次吹气完毕后，应立即与触电者口部脱离，轻轻抬起头部，面向触电者胸部吸入新鲜空气，以便做下一次人工呼吸。同时使触电者的口张开，捏鼻的手也可放松，以便触电者从鼻孔通气，观察触电者胸部向下恢复时，则有气流从触电者口腔排出，如图1-8所示。每次吹气量不要过大，成人通常不大于 1 200 mL，儿童依据年龄其吹气量约为 800 mL（以胸廓能上抬时为宜），否则会造成胃扩张。吹气在抢救一开始的首次吹气两次，每次时间为 1～1.5 s，以后每分钟吹气 12～16 次为宜。

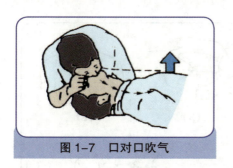
图 1-7 口对口吹气

图 1-8 观察触电者胸部有无起伏

○ 注意：

①此时切记不能对触电者施行胸外心脏按压术。如此时不及时用人工呼吸法抢救，触电者将会因缺氧过久而引起心跳停止。

②口对鼻的人工呼吸适用于有严重的下颌及嘴唇外伤、牙关紧闭、下颌骨骨折等情况的触电者。

（3）胸外心脏按压术

若触电者无脉搏，立即在正确定位下在胸外按压位置进行心前区叩击 1～2 次，再次检查确无脉搏后，在现场急救中应采用胸外按压术。胸外按压术是借挤压心脏以形成暂时的人工循环的方法,由心脏内挤压出的血液进入冠状动脉,使心肌供氧情况改善,挤压的机械性刺激也有诱发心搏的作用。在这两种作用的影响下,心脏可能恢复搏动。即使有时心搏未能及时恢复,有效的心脏按压也能使生命重要脏器(其中最重要的是脑)在相当短的时间内不致发生不可逆的改变。赢得了这一段时间,便有可能争取到最佳的复苏条件,显著地提高病人存活的可能性。为保证其有效性,应按照如下步骤和要领操作。

1) 选择正确的放置位置。

将触电者仰卧于硬板床或地上。

2) 确定正确的按压位置。

快速测定按压部位可分5个步骤,具体如下:
① 用一只手触及触电者上腹部,以食指及中指沿触电者肋弓处向中间移滑,如图1-9(a)所示。
② 在两侧肋弓交点处寻找胸骨下切迹。以切迹作为定位标志,不要以剑突下定位,如图1-9(b)所示。
③ 将食指及中指两指横放在胸骨下切迹上方,食指上方的胸骨正中部即按压区,如图1-9(c)所示。
④ 以另一只手的掌根部紧贴食指上方,放在按压区,如图1-9(d)所示。
⑤ 将定位之手取下重叠,将掌根放于另一只手背上,两手手指交叉抬起,使手指脱离胸壁,如图1-9(e)所示。

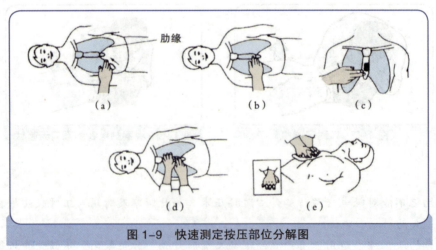

图1-9 快速测定按压部位分解图

(a)二指沿肋弓向中间移滑;(b)切迹定位标志;
(c)按压区;(d)掌根部放在按压区;(e)重叠掌根

3) 采用正确的按压姿势按压。

按压要求如下:
① 救护者立或跪在触电者一侧的肩旁,双臂绷直,双肩在伤员胸骨上方正中,以髋关节为支

点,靠自身重量垂直按压,不要左右摆动,如图1-10所示。通常成人按压深度为3.8~5 cm,5~13岁儿童为3 cm,婴儿为2 cm。

②压至要求程度后,立即全部放松,必须使胸骨不受任何压力,但救护人的掌根不得离开触电者的胸骨定位点。按压有效的标志是在按压过程中可以触到颈动脉搏动。

③保持每分钟100次左右的按压频率。按压应平稳、有节律地进行,不能间断,不能冲击式地猛压,下压、向上放松的时间应相等,压按至最低点处应有一明显的停顿。

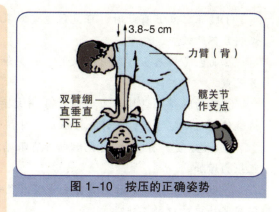

图1-10 按压的正确姿势

(4) 心肺复苏法

心肺复苏法包括口对口(鼻)人工呼吸和胸外按压,通常适用于触电者没有呼吸和脉搏的情况。在实施心肺复苏过程中,应注意以下几点。

1) 按压与人工呼吸比例。

按压与人工呼吸的比例关系通常是单人复苏为15:2,双人复苏为5:1,婴儿、儿童为5:1,反复进行。

2) 救护者的协调配合。

双人复苏时,两人应协调配合,吹气应在胸外按压的松弛时间内完成。为达到配合默契,可由按压者数口诀1、2、3、4、…、14吹,当吹气者听到"14"时,做好准备,听到"吹"后,即向伤员嘴里吹气。按压者继而重数口诀1、2、3、4、…、14吹,如此周而复始循环进行。数口诀的速度应均衡,避免快慢不一。

3) 救护者的操作位置。

救护者应站在触电者侧面便于操作的位置,单人急救时应站立在触电者的肩部位置;双人急救时,吹气人应站在触电者的头部,按压心脏者应站在触电者胸部、与吹气者相对的一侧,如图1-11所示。

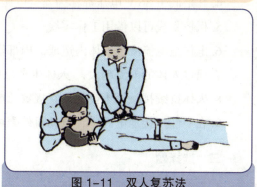

图1-11 双人复苏法

4) 心肺复苏的有效指标。

心肺复苏术操作是否正确,主要靠平时严格训练掌握正确的方法。而在急救中判断复苏是否有效,可以根据以下5个方面综合考虑。

①瞳孔。复苏有效时,可见触电者瞳孔由大变小;如瞳孔由小变大、固定、角膜混浊,则说明复苏无效。

②面色(口唇)。复苏有效时,可见触电者面色由紫绀转为红润;若变为灰白,则说明复苏无效。

③颈动脉搏动。按压有效时,每一次按压可以摸到一次搏动,若停止按压,搏动亦消失,应继续进行心脏按压;若停止按压后,脉搏仍然跳动,则说明触电者心跳已恢复。

④神志。复苏有效时,可见触电者有眼球活动,睫毛反射与对光反射出现,甚至手脚开始抽动,肌张力增加。

⑤出现自主呼吸。触电者自主呼吸出现并不意味着可以停止人工呼吸,如果自主呼吸微弱,仍应坚持口对口人工呼吸。

思考与练习

一、填空题

1. 如果触电者倒地,并且紧握导线时,可设法用_____切断电流,然后_____切断电源。

2. 在进行人工呼吸前应_____位置进行。

3. 感应电压触电有_____和_____两种触电事故。

二、判断题

1. 不同用途和不同电压的电力设备,可以使用一个总的接地体。(   )

2. 用于电动机短路保护的熔断器,其熔体的额定电流按电动机额定电流的1.5~2.5倍选择。(   )

3. 通常所说的电气设备对地电压也是指带电体接此零电势的电势差。(   )

4. 凡是低于36 V电压都称为安全电压。(   )

5. 保护零线可以借用工作零线。(   )

6. 电伤是电流流过人体内造成的内部器官在生理上的反应和病变。(   )

7. 通过人体的电流越大,人体生理反应越强烈,对人体的伤害就越大。(   )

8. 人体持续接触而不会使人直接致死或致残的电压为安全电压。(   )

9. 在中性点接地电网中,电动机外壳可以接地。(   )

三、选择题

1. 漏电保护器的使用是防止(   )。

A. 触电事故   B. 电压波动   C. 电荷超负荷

2. 长期在高频电磁场作用下，操作者会有什么不良反应？（　　）
A． 呼吸困难　　　　　　　B． 神经失常　　　　　　C． 疲劳无力

3. 下列哪种灭火器适于扑灭电气火灾？（　　）
A． 二氧化碳灭火器　　　　B． 干粉灭火器　　　　　C． 泡沫灭火器

4. 金属梯子不适于以下什么工作场所？（　　）
A． 有触电机会的工作场所　B． 坑穴或密闭场所　　　C． 高空作业

5. 工厂内各固定电线插座损坏时，将会引起（　　）。
A． 工作不方便　　　　　　B． 不美观　　　　　　　C． 触电伤害

课题二
汽车电工电子基本技能

学习任务

1. 了解电工仪表的分类及表面标记。
2. 了解电工仪表的型号。
3. 了解电工仪表的测量方式和测量方法。
4. 了解电工仪表的误差及消除方法。
5. 了解电工仪表的正确使用方法。
6. 掌握焊接的基本要领。
7. 掌握焊接所需要的器材。

任务一 电工仪表基础

一、电工仪表的分类及表面标记

1. 电工仪表的分类

电工仪表常见的分类方法有下面几种：
① 根据仪表的工作原理可分为磁电系、电磁系、电动系、整流系、感应系、热电系及电子系等。
② 根据被测量的特征可分为电流表、电压表、功率表、欧姆表、电能表、频率表、相位表、绝缘电阻表(兆欧表或摇表)、万用表等。
③ 根据被测量的性质可分为直流仪表、交流仪表和交直流两用仪表等。
④ 按仪表的使用方法可分为开关板式和可携式仪表。开关板式仪表通常固定在开关板或配电盘上，误差较大；可携式仪表一般误差较小，准确度高。
⑤ 按 GB/T 7676.2—1998《直接作用模拟指示电测量仪表及其附件》规定，电压表和电流表的准确度等级分为 0.05、0.1、0.2、0.3、0.5、1.0、1.5、2.0、2.5、3.0、5.0 十一级；功率表和无功

功率表的准确度等级分为 0.05、0.1、0.2、0.3、0.5、1.0、1.5、2.0、2.5、3.5 十级；频率表的准确度等级分为 0.05、0.1、0.15、0.2、0.3、0.5、1.0、1.5、2.0、2.5、5.0 十一级。数字越小，仪表的准确度就越高。

⑥按仪表对外电磁场的防御能力可分为Ⅰ、Ⅱ、Ⅲ、Ⅳ四级，其中Ⅰ级的防御能力最好。

⑦按仪表的使用环境条件可分为 A、B、C 三组。其中 C 组环境最差，A、B 两组用于室内，C 组用于室外或船舰、飞机、车辆上。

⑧按仪表的外壳的防御性能可分为普通、防溅、防水、防爆等类型。

电工测量仪表的种类繁多，根据其在进行测量时得到被测量数值的方式不同主要可分为三类，即电测量指示仪表、比较式仪表和数字式仪表。

（1）电测量指示仪表

用来测量电量（如电流、电压、功率、相位、频率、电阻等）的指示仪表，称为电测量指示仪表。它不仅可以用来测量各种电量，还可以用来间接测量各种非电量（如温度、湿度、速度、压力等）。电测量指示仪表由于具有制造简单，成本低廉，稳定性和可靠性高及使用维修方便等优点，所以被广泛应用于科学技术领域和各种工程测量中，是一种基本的测量工具。

（2）比较式仪表

比较式仪表是指如电桥、电位差计、标准电阻箱等用比较法进行测量的仪器。其准确度高，但操作复杂，测量速度较慢。

（3）数字式仪表

数字式仪表是指在显示器上用数字直接显示测量值的仪表。它的特点是将被测量以数字方式直接显示出来，速度快、准确度高、读数方便，与微处理器配套使用自动化程度高。

2. 电工仪表的表面标记

在每一电测量指示仪表的表面上都绘有许多标记符号，它们表征了该仪表的主要技术特性。只有在识别了它们之后，才能正确地选择和使用仪表。现将常见电工仪表的部分表面标记符号列于表 2-1 中，供使用时参考。

表 2-1　常见电工仪表的部分表面标记符号

一、电流种类的符号								
名称	符号	名称	符号	名称	符号	名称	符号
直流	──	交流（单相）	∼	直流和交流	≂	具有单元件的三相平衡负载交流	≋

续表

二、工作原理的符号

名称	符号	名称	符号	名称	符号
磁电系仪表	⌐┐	电动系仪表	▭	感应系仪表	⊙
磁电系比率表	⌐×┐	电动系比率表	⋈	静电系仪表	⊥T
电磁系仪表	⋀⋁⋀	铁磁电动系仪表	⊖	整流系仪表(带半导体整流器和磁电系测量机构)	⌐▷┐
电磁系比率表	⋀⋁⋀⋁	铁磁电动系比率表	⊗	热电系仪表(带接触式热变换器和磁电系测量机构)	⌐⌐┐

三、工作位置的符号

名称	符号	名称	符号	名称	符号
标度尺位置为垂直的	⊥	标度尺位置为水平的	⊓	标度尺位置与水平面倾斜成一角度，例如60°	∠60°

四、端钮、调零器的符号

名称	符号	名称	符号	名称	符号	名称	符号
负端钮	−	公共端钮	✳	与外壳相连接的端钮	⏚	调零器	⌒
正端钮	+	接地用端钮	⏉	与屏蔽相连接的端钮	○		

五、准确度等级的符号

名称	符号	名称	符号	名称	符号
以标度尺量限百分数表示的准确度等级，例如1.5级	1.5	以标度尺长度百分数表示的准确度等级，例如1.5级	⋁1.5	以指示值百分数表示的准确度等级，例如1.5	①.5

六、绝缘强度的符号

名称	符号	名称	符号
不进行绝缘强度试验	☆0	绝缘强度试验电压为2 kV	☆2

七、按外界条件分组的符号

名称	符号	名称	符号	名称	符号
Ⅰ级防外磁场(例如磁电系)	⌐┐	Ⅲ级防外磁场及电场	Ⅲ ⌐Ⅲ┐	B组仪表	△B
Ⅰ级防外电场(例如静电系)	⊥T	Ⅳ级防外磁场及电场	Ⅳ ⌐Ⅳ┐	C组仪表	△C
Ⅱ级防外磁场及电场	Ⅱ ⌐Ⅱ┐	A组仪表	△A		

3. 电工仪表的型号

电工仪表的型号同表面标记一样能反映仪表的原理、用途等。下面主要介绍两种指示仪表的型号。

（1）安装式指示仪表型号的编写规则和含义

图 2-1 所示为安装式指示仪表的型号。图中，用途号表示仪表用于测量什么量，如仪表的用途号是"V"，则表示该仪表用于测量电压；系列代号一般按仪表的工作原理编制，如"C"代表磁电系仪表，"T"代表电磁系仪表。例如一块安装式电工仪表的型号为44C7-KA，则说明该表的形状代号为44，C 表示该表是磁电系仪表，设计序号为7，用途号为KA，说明该表是测量电流的电流表。

（2）携带式指示仪表型号的编写规则和含义

图 2-2 所示为携带式指示仪表的型号。例如一块携带式电工仪表的型号为T19-V，则说明该表是一只设计序号为19的用于测量电压的电磁系电压表。

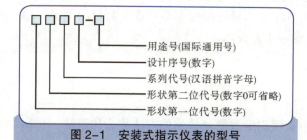

图 2-1　安装式指示仪表的型号

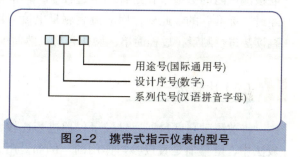

图 2-2　携带式指示仪表的型号

二、电工仪表的测量方式和测量方法

1. 测量方式

根据测量结果的获得方式不同，电工仪表的测量方式可分为直接测量和间接测量。

（1）直接测量

将被测量与作为标准的量直接比较，或用事先刻度好的测量仪表进行测量，从而直接测得被测量的数值，这种测量方式称为直接测量。例如，用电流表测量电流、用直流电桥测量电阻等。

直接测量的特点是简单、快捷，但测量的准确度要受测量仪器仪表的准确度、仪表的内阻、测量电路的连接方式等因素的影响。

（2）间接测量

测量中，通过与被测量有一定函数关系的几个量进行直接测量，然后再按这个函数关系计算出被测量的数值，这种测量方式称为间接测量。例如，测量电阻时，可用电压表测出该电阻两端的电压，用电流表测出流过它的电流，然后根据欧姆定律 $R=U/I$ 求出被测量电阻 R 的值。

间接测量的特点是测量方法灵活、多样，但测量结果误差较大，而且要经过计算才能得到被测量的数值。

2. 测量方法

根据测量过程的特点可将测量方法分为直读法和比较法两类。

（1）直读法

用直接指示被测量的数值的指示仪表进行测量，能够直接在仪表上读取读数的测量方法称为直读法。在直读法的测量过程中，度量器不直接参与作用。例如用欧姆表测量电阻时，没有直接使用标准电阻与被测量的电阻进行比较，而是直接根据欧姆表指针在欧姆标尺上的位置读取被测电阻的数值。在这种测量过程中，标准电阻间接地参与作用，因为欧姆表的标尺是事先经过"标准"的。此外，用电流表测量电流、用电压表测量电压等都是直读法测量的例子。用直读法进行测量，过程简单，操作容易，然而准确度不是太高。

（2）比较法

将被测量与度量器通过较量仪器进行比较，从而测量被测量数值的方法称为比较法。在比较法中，度量器是直接参与作用的。例如，用天平测量物体质量的方法就是一种比较法，在测量过程中，作为质量度量器的砝码始终参与作用。又如，用电桥测量电阻所采用的方法也是比较法。用比较法测量可以得到较高的测量准确度，但前提是有较准确的仪器设备和较严格的实验条件（如湿度、温度等），此外测量操作比较麻烦。

三、电工仪表的误差及仪表误差分类

在电工测量过程中，不论采用哪种仪表，仪表的指示值（测量结果）与被测量的实际值（真值）之间总会有一定的偏差，这个偏差就叫作电工仪表的误差。不同的仪表由于结构和原理以及制造工艺的不同，测量结果与真值的接近程度不尽相同，于是人们把仪表的指示值与实际值的接近程度称为仪表的准确度。仪表的准确度越高，仪表的指示值与实际值之间的偏差就越小，说明仪表的误差越小；反之，仪表的准确度越低，仪表的指示值与实际值之间的偏差就越大，说明仪表的误差越大。

根据仪表误差产生的原因，将电工仪表的误差分为基本误差和附加误差两类。

1. 基本误差

基本误差是指仪表在正常的工作条件（即规定的温度、湿度、电压、频率和放置方式等）下进行测量时所产生的误差。这种误差是由仪表本身的结构和工艺方面不够完善等造成的，是仪表本身固有的，不可能完全消除。例如仪表机械部分存在的摩擦、仪表标尺刻度划分不准等所引起的误差都属于基本误差。

2. 附加误差

附加误差是指仪表工作的外在环境条件没有达到正常条件所规定的温度、湿度、电压、频率和放置方式等情况下所产生的误差。例如仪表所处环境温度、湿度过低或过高，仪表放置方式不正确等所带来的误差就属于附加误差。附加误差是仪表基本误差之外的一种额外误差。

四、测量误差及其消除方法

任何测量都要力求准确，但是在实际的测量中，由于测量方法、仪表仪器、试验条件和观测经验等方面因素的影响，测量结果不可能是被测量的实际值，而只是它的近似值。把测量值和被测量的实际值之间的差值称为测量误差。

1. 测量误差的分类和来源

根据性质的不同，测量误差一般分为系统误差、偶然误差和疏失误差三类。

（1）系统误差

系统误差是一种在测量过程中，或者遵循一定的规律变化，或者保持不变的误差。造成系统误差的原因主要有以下几个方面：

1）测量设备的误差。

由于标准度量、仪器仪表本身具有误差（如刻度不准），所以在测量中就会造成系统误差。

2）测量方法的误差。

由测量方法的不够完善而引起，例如引用近似公式，以及未足够估计漏电、热电势、接触电阻、仪表内阻等影响都会造成系统误差。

此外，由于测量装置的安装或配线不当、周围环境条件的变化及测量人员经验不足、反应不准等因素都会在测量中造成系统误差。

（2）偶然误差

偶然误差是一种大小和符号都不固定的具有偶然性的误差。产生偶然误差的原因有很多，如温度、湿度、磁场、电场、电源频率等的偶然变化，都会引起偶然误差。因此，在完全相同的条件下，以同样的仔细程度重复进行同一个量的测量时，测量结果往往不完全相同。

（3）疏失误差

疏失误差由测量中的疏失所引起，是一种明显地歪曲测量结果的误差。例如对测量仪表的不正确读数、对观察结果的不正确记录等。

2. 测量误差的消除方法

（1）系统误差的消除

对于系统误差的消除，一般有以下几种方法：

方法一：对度量器及测量仪器进行校正。在测量中为提高测量结果的准确度常引入其更正值，以消除误差。

方法二：消除误差的根源。例如选择合理的测量方法，配置适当的测量仪器，改善仪表安装质量和配线方式，测量前检查调整仪表方位，采取屏蔽措施来消除外部磁场及电场的影响等。

方法三：采用特殊的测量方法，如替代法、正负消去法、换位法等。下面介绍这三种方法。

1）替代法。

在保持仪表读数状态不变的条件下，用等值的已知量去替代被测量。这样测量结果就与测量仪表的误差及外界条件的影响无关，从而消除了系统误差。例如用电桥测电阻时用标准电阻替代被测电阻，并调整标准电阻使电桥达到原来的平衡状态，则被测电阻值就等于这个标准电阻值。这样就排除了电桥本身和外界因素的影响，消除了由它们所引起的系统误差。

2）正负消去法。

如果第一次测量时误差为正，第二次测量时误差为负，则可对同一量反复测量两次然后取两次测量的平均值，便可消除这种系统误差。例如指针式仪表，由于活动部分的摩擦作用，对同一大小的被测量，在其数值上升或下降情况下进行测量时，就会有不同的读数。为了消除这种系统误差，可使该测量由小增大到某一点，再从大减小到同一点，然后取两次测量的平均值，就可消除由摩擦所引起的系统误差。

3）换位法。

当系统误差恒定不变时，在两次测量中使它从相反的方向影响测量结果，然后取其平均值，从而使这种系统误差得到消除。例如用等比率臂电桥进行测量时，为了消除比率臂电阻值不准造成的误差，可以采取换臂的措施，即将两个比率臂电阻的位置调换一下，再进行一次测量，然后取两次测量的平均值即可。

(2) 偶然误差的消除

与系统误差不同，对于偶然误差，不能用试验的方法加以检查和消除，只能根据多次测量中各种偶然误差出现的情况用统计学的方法加以处理。理论和实践证明，在足够多次的测量中，绝对值相等的正误差和负误差出现的机会（次数）是相同的，而且小误差比大误差出现的机会总是更多。在足够多次的测量中，偶然误差的算术平均值必然趋近于零。这是因为在一系列测量的偶然误差总和中，正、负误差互相抵消。由此可知，为了消除偶然误差对测量结果的影响，可以采用增加重复测量次数的方法来达到。测量次数越多，测量结果的算术平均值则越趋近于实际值。

在工程测量中，由于偶然误差较小，通常可以不予考虑。

(3) 疏失误差的消除

至于疏失误差，由于它是显然的错误，并且常常严重地歪曲了测量的结果，因此含有疏失误差的测量结果是不可信的，应抛弃。

五、电工仪表的正确使用

正确使用仪表，包括仪表的选择、正常工作条件、正确读数等。

1. 仪表的选择

①根据被测量的性质选择仪表类型。被测量是直流量时应选直流表。被测量是交流量时，应注意其波形与频率。若为正弦波，只需测出有效值即可换算为其他值（最大值、平均值等），采用任一种交流表均可。

②根据工程实际要求，合理地选择仪表的准确度等级。在通常情况下，仪表的准确度越高，价格越贵，维修也较难。而且，若其他条件配合不当，高准确度表也未必能得到好的测量结果。因此，在用准确度较低的仪表可满足测量要求的情况下，就不要选用高准确度的仪表。

③根据被测量的大小选择合适的仪表量程。一般选量限时，应根据电源电压、电路的连接方式、电路参数等情况，估计可能出现的最大被测值，量限选为该值的 1.2～1.5 倍，或使指针偏转在仪表量限的一半以上。

④根据测量线路及被测对象的阻抗大小选择仪表内阻。在图 2-3 所示电路中，当需测 R 两端的电压时，若电压表的内阻 R_V 与 R 的阻值较接近时，电压表的接入将严重改变电路的工作状态，造成较大的测量误差。

【例 1-1】用一只内阻 R_V 为 2 kΩ、量限为 100 V 的电压表测量图 2-3 中 R 两端的电压。设电源电压 U=180 V，$R=R_0$=2 kΩ，求电压表接入前后 R 两端的电压。若另换一块内阻为 200 kΩ 的电压表，情况又如何？

解

电压表未接前 R 上电压为 90 V；电压表接入后，相当于在 R 两端并联了电阻 R_V，二者的等效电阻为 1 kΩ。因此电压表接入后 R 两端的电压 U_R 仅为 $U/3$=60 V。此时，即使电压表的基本误差为零，读数也仅为 60 V，与实际电压 90 V 相差甚远，这样的测量没有意义。若选择内阻为 200 kΩ，量限为 100 V 的电压表，仍仅考虑仪表内阻对测量的影响，读数将为 89.55 V。

由此可见，电压表的内阻越大越好。一般当电压表内阻 $R_V \geq 100R$（R 为与电压表并联的总电阻）时，可以忽略电压表内阻的影响。

电流表测量时串联接入被测电路，因此其内阻越小越好。一般当电流表内阻 R 为与电流表串联的总电阻时，可以忽略其内阻的影响。

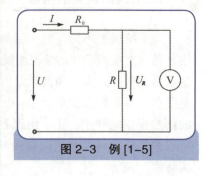

图 2-3　例 [1-5]

2. 仪表的正常工作条件

为了保证测量结果的准确、可靠，对电工仪表有以下几点要求：
①准确度高、误差小，其数值应符合所属准确度的要求。
②误差不应随时间、温度、湿度、外磁场等外界环境条件的影响而变化。
③仪表本身消耗功率应越小越好，否则在测量小的功率时会引起较大的误差。
④仪表应有足够高的绝缘强度和耐压能力，还应有承受短时间过载的能力，以保证使用安全。
⑤应有良好的读数装置，被测量的数值应能直接读出。

3. 仪表的正确读数

读数前要注意仪表的量限。仪表刻度不均匀时，应特别注意每格所表示的读数。若不易直接读出数据，可以先读出格数，记下量限或仪表的分格系数，等测量完毕后再进行换算。读取仪表指示值时，应使视线与仪表标尺平面垂直。

一、万用表的分类及使用方法

1. 普通指针式万用表

普通指针式万用表（亦指模拟式万用表）是一种用于电工电子测量、电器维修必不可少的测量工具，它测量精度高，携带方便，价格低廉，功能齐全，一表多用，在普通汽车电气设备维修中被广泛应用。

指针式万用表的测量原理是把被测电量、电压、电流、电阻等都转换成电流信号，使磁电式表头指针偏转一定的角度，并与输入量保持一种对应关系，通过指针的读数和量程的选择来完成测量。图 2-4 所示为指针式万用表。

(1) 使用方法

1) 调"零点"。

使用前如果指针不是准确地指在表面标度尺的零点，则必须用螺丝刀慢慢旋动"起点零位"。

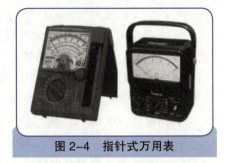

图2-4 指针式万用表

2) 直流电压的测量。

挡位置于被测直流电压的相应量程范围，然后将红表棒接入电路的被测端正极(+)，黑表棒接入被测电路的负极(-)，表头指示读数即被测直流电压的数值。如果在电路上测量直流电压时表针反向偏转，则说明被测电压极性相反，只需将表棒的黑、红极互换即可。

3) 交流电压的测量。

万用表的表头本身是直流电流表，因此交流电压需经过整流后才能测量。一般常采用半波整流或全波整流。测量时，挡位置于被测交流电压的相应量程范围，电表接法与测量直流电压相同(用直流挡测交流电压时，指针会抖动而不偏转，用交流电压挡去测直流电压时表针读数大约要高一倍)。

4) 直流电流的测量。

万用表的表头是一个磁电式直流电流计，因此它可以直接测量很小的直流电流。

5) 电阻的测量。

若将电阻串联接入表头的电路中，则当通过电流时，电表的偏转角度要比原来串联接入电阻时要小。如果将它减小的程度转换成电阻标度，就构成欧姆表。因此，测量电阻实质上是测量通过被测电阻R_x的电流，为了提供测量电流，万用表内均用电池作为电源。表盘上的调"0"欧姆是一个可变电阻器旋钮。指针式万用表的红表笔是欧姆挡内电源的"-"极，黑表笔是"+"极。

在使用时选择挡位要合适。要先将两表笔短路，使指针向满度偏转，然后调整"0"，使指针指示在欧姆标度尺"0"的位置上。如果"0"调整器调到最大位置表针不满度偏转，则必须更换表内电池。为了提高测试精确度，选择"Ω"挡量程应使指针指示值尽可能指示在刻度中间位置，即全刻度起始的20%~80%弧度范围内。应当指出，每当换过一个"Ω"挡量程，要重新调整一次"0"位。

(2) 注意事项

①测量电阻时应在电阻不带电时用欧姆挡表笔跨接在被测电阻两端。

②在用万用表测量电路上某两点间的电阻时，如有非线性元件连接着，一定要注意表笔的

极性，因为不同极性所测出的结果是不同的。

③要避免用"×1"挡（电流较大）和"×10 k"挡（电压较高）直接测量普通的小电流和低耐压的晶体管，以免损坏晶体管。

④在测试时，不应任意旋转开关旋钮。

⑤如果不知被测值的大约数值，应先放在最大量程挡，然后减小量程，到合适为止。

⑥测量直流电压、电流时，应注意极性，否则反接后表针反走，既看不出读数，也易损坏表针。

⑦测量电压时，应跨接（并联）在需要测量的端子上。测量电流时，必须串联在电路中。

⑧在高阻值挡测量高电阻时，不应用手指捏住表笔（导体）两端，否则由于人体电阻也跨接在电表上，会使测量发生误差。

⑨万用表的内阻较小，测量时分流损耗较大，所以其不宜用来测量高内阻的电路，否则会产生较大的测量误差。

⑩万用表的交流电压挡，不适用测量较高频率的信号；又因为该万用表没有低于1 V的交流电压挡，所以毫伏、微伏级的信号也无法测量。

2. 数字式万用表

数字式万用表是一种新型的电工、电子测量工具，特别是近年来得到迅速推广和普及，显示出强大的生命力。在许多情况下，正在逐步取代模拟式万用表。

数字式万用表具有很高的灵敏度和准确度，显示清晰直观，功能齐全，性能稳定，输入阻抗高，测量速度快，过载能力强，携带方便，深受广大电子爱好者的喜爱。下面以DT890数字式万用表（见图2-5）为例，介绍其基本构造和使用方法。

DT890A、DT890B、DT890C是全面改进的3位半手持数字式万用表，它可以用来测量直流电压/电流、交流电压/电流、电阻、电容、二极管、三极管 h_{FE} 和温度。

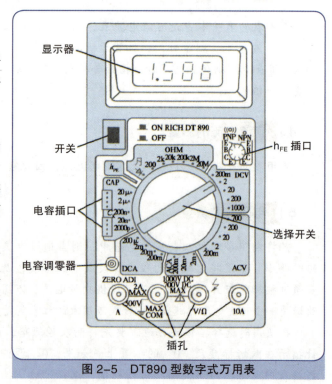

图2-5 DT890型数字式万用表

（1）技术规格

①交、直流电压量程（ACV/DCV）：200 mV、2 V、20 V、200 V、700 V/1 000 V各五个挡位，输入阻抗为10 MΩ。

②直流电流量程（DCA）：2 mA、20 mA、200 mA、10 A。交流电流量程（ACA）：2 mA、20 mA、200 mA。

③电阻挡量程（OHM）：200 Ω、2 kΩ、20 kΩ、200 kΩ、2 MΩ、20 MΩ、200 MΩ 七个挡位。

④电容量程（CAP）：2 000 pF、20 nF、200 nF、2 μF、20 μF 五个挡位。

⑤二极管：正向直流电流约为 1 mA，反向直流电压约为 2.8 V。
⑥三极管：可测 PNP、NPN 型晶体管的 h_{FE} 参数 $\beta=0\sim1\,000$，基极电流 10 μA，V_{CE} 约为 2.8 V。

（2）使用方法

①直流 (DC) 和交流 (AC) 电压测量：将红表笔插入"V/Ω"插口，黑表笔插入"COM"中。把功能量程选择开关置于直流电压 (DCV) 相应的位置上，如果所测电压超过量程，显示器出现最高位"1"，此时应将量程调高一挡，直至得到合适的挡位，交流电压 (ACV) 测试与直流电压相似，只是把功能量程选择开关置于交流电压 ACV 挡。

②直流 (DC) 和交流 (AC) 电流测量：将红表笔插入"A"插口 (最大电流为 200 mA) 或"10 A"插口 (最大电流为 10 A，测量时长为 10 s)，将量程功能选择开关转到直流电流 (DCA) 或交流电流 (ACA) 位置，并将测试笔串入被测电路中，即可读数。

③电阻测量：将红表笔插入"V/Ω"，黑表笔插入"COM"中，将功能量程选择开关置于欧姆 (OHM) 相应的位置上，将两个测试笔跨接在被测电阻的两端，即可直接读出电阻值。

④电容测量：将被测试电容插入电容插座中，将量程功能选择开关置于电容 (CAP) 相应量程上，即得电容值。

⑤晶体管测量：将量程功能开关转到 h_{FE} 位置，将被测晶体管 PNP 型或 NPN 型的发射极、基极和集电极的脚插放到相应的 E、B、C 插座中，即得 h_{FE} 参数，测试条件 $V_{CE}\approx 3$ V，$I_C\approx 10$ mA。

⑥二极管和通断测量：将红表笔插入"V/Ω"插口中，黑表笔插入"COM"中。将量程功能开关转到相应位置上，将红表笔接二极管正极，黑表笔接在二极管负极上，显示器即显示二极管的正向导通压降，单位为 mV，电流为 1 mA。如测试笔反接，则显示过量程状"1"。用来测量通断状态时，如被测量点的电阻低于 30 Ω 时，蜂鸣器会发出声音表示导通状态。

二、汽车专用万用表的功能和使用

汽车专用万用表是一个具有特殊用途的专用型数字万用表，它除了具备普通数字式万用表所有的功能外，还具有汽车专用项目的测试功能。下面简单介绍汽车专用万用表的基本功能、技术参数和使用方法。

1. 汽车专用万用表的基本功能

汽车专用万用表与一般万用表相比较，它提供了更为专用的功能，可以检测电路中信号的频率、占空比、温度、转速和点火闭合角等。因此，能够正确使用汽车万用表是汽车故障检测的基本技能。下面以笛威 9406A 型万用表为例进行介绍，如图 2-6 所示。

笛威 9406A 型数字式微电脑汽车专用万用表的功能有：
①具有能对直接点火 (DIS)、发动机转速、发电机二极管动态测试及高压线测试的强大功能。
②测量发动机转速及点火闭合角。
③测量各种传感器和执行器的电阻、电压 (或动态电压信号) 和电流。
④测量喷油器通电时间以及传感器频率信号。

⑤长时间不用,可自动关机以节省电能。
⑥诊断发动机、变速器、ABS、SRS等的故障码,取代LED灯的跨接功能,并以声响计数和显示信号输出端电压。

2. 笛威9406A型万用表的操作方法

(1) 电压测量

黑表笔插入负极测试笔插座,红表笔插入正极测试笔插座,功能开关旋至直流(DC)或交流(AC)量程范围,测试笔与被测负载或信号源并联,显示屏上即可显示电压读数。

(2) 电流测量

黑表笔插入负极测试笔插座,红表笔插入电流正极测试笔插座,功能开关旋置直流(DC)或交流(AC)量程范围,测试笔串入电路中,显示屏上即可显示电流读数。

(3) 电阻测量

黑表笔插入负极测试笔插座,红表笔插入正极测试笔插座,功能开关置于电阻量程上,测试笔跨接在被测电阻上,显示屏上即可显示电阻读数。在进行电阻测量时,被测部件必须从电路上脱开。

(4) 频率测量

黑表笔插入负极测试笔插座,红表笔插入正极测试笔插座,功能开关置于频率(Hz)位置,红表笔测试线接传感器信号端,黑表笔测试线搭铁或接蓄电池负极,显示屏上即可显示频率读数。

(5) 二极管测量及带蜂鸣器的连续性测试

黑表笔插入负极测试笔插座,红表笔插入正极测试笔插座,功能开关置于二极管测量挡,并将测试笔跨接在被测二极管上(或接在待测线路的两端)。待测线路两端电阻值低于70Ω时,内置蜂鸣器发声。测量时,被测部件必须从电路上脱开。

(6) 读取故障码

黑表笔插入负极测试笔插座,红表笔插入正极测试笔插座,功能开关置于读取电路脉冲信号位置,红表笔测试线接信号输出端,黑表笔测试线搭铁或接蓄电池负极。

打开点火开关,即可通过声响来读取故障码。如听到一长"嘀"声二短"嘀"声,则表示为12号故障码(具体可参见相应车型修理手册)。

(7)占空比测量

黑表笔插入负极测试笔插座,红表笔插入正极测试笔插座,功能开关置于"% DUTY"位置(见图2-6),红表笔测试线接需测试的信号端(如喷油器的负极、怠速控制阀的负极等),黑表笔测试线搭铁或接蓄电池负极。显示屏上即可显示占空比数据。

(8)执行元件通电时间检测(以喷油器为例)

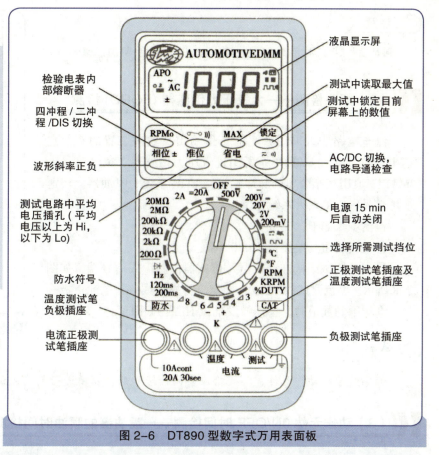

图2-6 DT890型数字式万用表面板

黑表笔插入负极测试笔插座,红表笔插入正极测试笔插座,功能开关置于20 ms位置,红表笔测试线接喷油器12 V电源端,黑表笔测试线接喷油器信号控制端。起动发动机,即可从显示屏上读取通电时间。

(9)闭合角测量

黑表笔插入负极测试笔插座,红表笔插入正极测试笔插座,功能开关置于缸数位置,红表笔测试线接点火线圈的负极,黑表笔测试线搭铁。显示屏上即可显示闭合角数据。

◎ 注意:

在测量时,如果测量值超过量程,屏幕上只会显示"1"。此时应将功能开关置于更高量程。

3. 汽车专用万用表的使用方法

(1)发动机转速检测

9406A万用表上有RPM及KRPM两挡,测量转速在2 000 r/min以上时用KRPM挡,以下时则用RPM挡。注意测试时需调准位置。检测时的接法如图2-7所示。

测试发动机转速时,应按"4行程/2行程/DIS"切换键选择。

> **注意:**
> 测试直接点火时单数缸需把测试夹"−"记号朝向点火线圈。

（2）频率检测——大气压力传感器（FORD）检测

汽车电路中，采用频率信号作输出及输入装置的有：怠速电动机（IAC）、福特车系所用进气压力传感器、空气流量计（MAF）、通用汽车公司的脉冲式控制 EGR 系统、喷油器、转速参考信号、EST 点火系统等。

检测步骤如下：
①电表旋钮开关拨在"Hz"位置。
②红色测试线接在动作器及传感器控制端或信号端，如图 2-8 所示。黑色测试线（负极）接至车身搭铁或接蓄电池负极。
③读不到数值时，选择触发准位 Hi 或 Lo 即可。

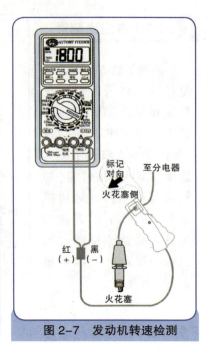

图 2-7 发动机转速检测

> **注意:**
> 频率信号的动作元件，其规格应参阅检修手册，以便进行判断或调整。

（3）动作元件 ON/OFF 时间检测——喷油器的喷油时间检测

喷油器一连串的 ON、OFF 动作是基于发动机所需燃油而定的，电脑依据冷却液温度、空气流量、进气压力、节气门开度、转速、爆燃、车速、点火参考脉冲、燃油短效修正、燃油长效修正、含氧量等信号作为喷油时间的修正量。喷油器喷油时间检测如图 2-9 所示。

喷油器的基本波形可查看喷油器本身是否有不良状况，电脑本身控制喷油器状况等是否正常。检测时间正常应为 3~15 ms（轻负荷~重负荷），喷油时间的改变将依据发动机转速而改变。检测时红表笔接信号端，黑表笔接车身搭铁，挡位拨至"ms"挡并按下相位及准位键，以调整计算机触发方向（见图 2-9）。

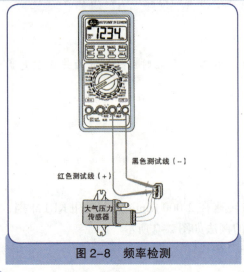

图 2-8 频率检测

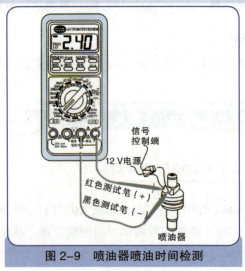

图 2-9 喷油器喷油时间检测

任务三 线路焊接

一、焊接的基础知识

1. 焊接的分类

焊接一般分为熔焊、接触焊和钎焊三大类。

（1）熔焊

熔焊是指在焊接过程中，将焊件接头加热至熔化状态，在不外加压力的情况下完成焊接的方法，如电弧焊、气焊等。

（2）接触焊

接触焊是在焊接过程中，必须对焊件施加压力（加热或不加热）完成焊接的方法，如超声波焊、脉冲焊、摩擦焊等。

（3）钎焊

钎焊采用比被焊件熔点低的金属材料作焊料，将焊件和焊料加热到高于焊料的熔点而低于被焊物的熔点的温度，利用液态焊料润湿被焊物，并与被焊物相互扩散，实现连接。

钎焊根据使用焊料熔点的不同又可分为硬钎焊和软钎焊。使用焊料的熔点高于 4 500 ℃ 的焊接称硬钎焊；使用焊料的熔点低于 4 500 ℃ 的焊接称软钎焊。电子产品安装工艺中所谓的"焊接"就是软钎焊的一种，主要使用锡、铅等低熔点合金材料作焊料，因此俗称"锡焊"。

2. 焊接的机理

电子线路的焊接看似简单，似乎只不过是熔融的焊料与被焊金属（母材）的结合过程，但究其微观机理则是非常复杂的，它涉及物理、化学、材料学、电学等相关知识。熟悉有关焊接的基础理论，才能对焊接中出现的各种问题心中有数，应付自如，从而提高焊点的焊接质量。

所谓焊接，是将焊料、被焊金属同时加热到最佳温度，依靠熔融焊料添满被焊金属间隙并与之形成金属合金的一种过程。从微观的角度分析，焊接包括两个过程：一个是润湿过程，另一个是扩散过程。

(1) 润湿（横向流动）

润湿又称浸润，是指熔融焊料在金属表面形成均匀、平滑、连续并牢固附着的焊料层。浸润程度主要取决于焊件表面的清洁程度及焊料的表面张力。金属表面看起来是比较光滑的，但在显微镜下面看却有无数的凹凸不平、晶界和伤痕。焊料就是沿着这些表面上的凹凸和伤痕靠毛细作用润湿扩散开去的，因此焊接时应使焊锡流淌。流淌的过程一般是松香在前面清除氧化膜，焊锡紧跟其后，所以说润湿基本上是熔化的焊料沿着物体表面横向流动。润湿的质量用润湿角表示，如图2-10所示。

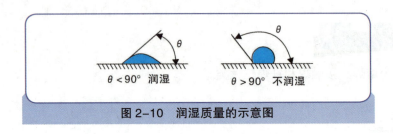

图2-10 润湿质量的示意图

从以上叙述可知，润湿的条件之一是被焊金属表面必须保持清洁。只有这样，焊料和被焊金属的原子才可以自由地相互吸引。

(2) 扩散（纵向流动）

伴随着熔融焊料在被焊面上扩散的润湿现象的出现，还出现焊料向固体金属内部扩散的现象。例如用锡铅焊料焊接铜件时，焊接过程中既有表面扩散，又有晶界扩散和晶内扩散。锡铅焊料中的铅只参与表面扩散，而锡和铅原子则相互扩散，这是不同金属的性质不同所决定的选择扩散。正是由于这种扩散作用，在两者界面形成新的合金，从而使焊料和焊件牢固地结合。

扩散的结果使锡原子和被焊金属铜的交接处形成合金层，从而形成牢固的焊接点。以锡铅焊料焊接铜件为例，在低温(250 ℃ ~ 300 ℃)条件下，铜和焊锡的界面就会生成 Cu_3Sn 和 Cu_6Sn_5。若温度超过 300 ℃，除生成这些合金外，还要生成 $Cu_{31}Sn_8$ 等金属间化合物。焊点界面的厚度因温度和焊接时间不同而异，一般在 3 ~ 10 μm 之间。

在温度适当时，焊接会生成 Cu_3Sn、Cu_6Sn_5；当温度过高时，会生成 $Cu_{31}Sn_8$ 等其他合金。这是由于温度过高而使铜熔进过多，这对焊接部位的物理特性、化学性质，尤其是机械特性及耐腐蚀性等都有很大影响。从焊点表面看，过热或时间过长会使焊料表面失去特有的金属光泽，而使焊点呈灰白色，形成颗粒状的外观。同时，靠近合金层的焊料层，其成分发生变化，也会使焊料失去结合作用，从而使焊点丧失机械、电气性能。正确的焊接时间为 2 ~ 5 s，且一次焊成。切忌时间过长和反复修补。

图2-11所示为元件焊接合金层示意图，只有在焊锡和元件的交接面形成的合金层，才能使焊锡与元件牢固连接；只有焊锡与焊盘金属的表面有合金层形成，焊锡才能牢固地附着在印制电路板(PCB)上；只有这两个合金层都很好，才能使元件牢固的固定在印制电路板(PCB)焊盘上。

图 2-11 元件焊接合金层示意图

3. 焊接的要素

焊接是综合的、系统的过程，焊接的质量取决于下列要素：

①焊接母材的可焊性。所谓可焊性，是指液态焊料与母材之间应能互相溶解，即两种原子之间要有良好的亲和力。两种不同金属互溶的程度取决于原子半径及它们在元素周期表中的位置和晶体类型。锡铅焊料，除了含有大量铬和铝的合金的金属材料不易互溶外，与其他金属材料大都可以互溶。为了提高可焊性，一般采用表面镀锡、镀银等措施。

②焊接部位的清洁程度。焊料和母材表面必须"清洁"。这里的"清洁"是指焊料与母材两者之间没有氧化层，更没有污染。当焊料与被焊接金属之间存在氧化物或污垢时，就会阻碍熔化的金属原子的自由扩散，就不会产生润湿作用。元件引脚或印制电路板（PCB）的焊盘氧化是产生"虚焊"的主要原因之一。

③助焊剂。助焊剂可破坏氧化膜、净化焊接面，使焊点光滑、明亮。电子装配中的助焊剂通常是松香。

④焊接温度和时间。焊锡的最佳温度为 250 ℃ ±5 ℃，最低焊接温度为 240 ℃。温度太低易形成冷焊点，高于 260 ℃ 易使焊点质量变差。

⑤焊接时间。完成润湿和扩散两个过程需要的焊接时间内 2～3 s，1 s 仅完成润湿和扩散两个过程的 35%。一般 IC、三极管焊接时间小于 3 s，其他元件焊接时间为 4～5 s。

二、焊料、助焊剂、阻焊剂

焊料和焊剂的性质和成分、作用原理及选用知识是电子组装工艺技术中的重要内容之一，对保证焊接质量具有决定性的影响。

1. 焊料

凡是用来熔合两种或两种以上的金属面，使之形成一个整体的金属的合金都叫焊料。根据其组成成分，焊料可以分为锡铅焊料、银焊料、铜焊料。按熔点，焊料又可以分为软焊料（熔点在 450 ℃以下）和硬焊料（熔点在 450 ℃以上）。在电子装配中常用的是锡铅焊料。

通常所说的焊锡是一种锡和铅的合金，它是一种软焊料。焊锡可以是二元合金、三元合金或四元合金。

(1) 锡铅合金的状态曲线

纯锡能与其他多种金属有良好的亲和力，熔化时与焊接母材金属形成化合物合金层IMC。许多元件的引脚是铜材料，这种合金层是Cu_6Sn_5，这种化合物虽然强固，但较脆。如果用铅与锡制成锡铅合金，则既可以降低焊料的熔点，又可以增加强度。图2-12所示为锡铅合金的状态曲线，表示了锡铅合金的熔化温度随着锡铅含量的变化而变化的情况。横坐标是锡铅合金的质量百分比，纵坐标是温度。从图2-12可以看出，只有纯铅（A点）、纯锡（C点）、易熔合金（B点）是在单一温度下熔化的。其他配比构成则是在一个温度区域内熔化的，$A-B-C$

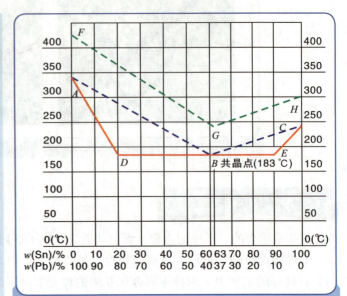

图2-12 锡铅合金的状态曲线

是液相线，$A-D-B-C-E$是一个固相线。两个温度区域之间是半液体区，焊料呈稠糊状。在B点合金不呈半液体状态，可以由固体直接变成液体，B点称为共晶点。按共晶点的配比配制的合金称为共晶合金。锡铅合金焊锡的共晶点配比为锡63%铅37%，这种焊锡称为共晶焊锡。熔化温度为183℃。当锡的质量分数高于63%时，熔化温度升高，强度降低。当锡的质量分数少于10%时，焊接强度差，接头发脆，焊料润滑能力变差。最理想的是共晶焊锡。在共晶温度下，焊锡由固体直接变成液体，无须经过半液体状态。共晶焊锡的熔化温度比非共晶焊锡的低，这样就减少了被焊接元件受损坏的机会。同时由于共晶焊锡由液体直接变成固体，也减少了虚焊现象。所以共晶焊锡的应用非常广泛。

(2) 焊锡合金的特性

1) 导电性能。

相对于铜的电导率，锡铅合金的电导率仅是铜的1/10，即它的导电能力比较差。焊点的电阻与电阻率、焊点的形状、面积等多种因素有关。焊点如果有空洞、深孔等缺陷，电阻就要明显变大。在室温下，一般一个焊点的电阻通常在1~10 mΩ之间。当有大电流流过焊接部位时，就必须考虑其压降和发热。因此，对大电流通过的焊接部位，除了印制导线要加宽外，待焊物件还应该绕焊。

2) 力学性能。

在实际焊接中，即使不考虑焊接过程中所产生的缺陷（如空洞和气泡等）对强度的影响，焊点强度也经常出现问题。电子产品在实际工作中，由于焊点电阻的存在而出现发热现象，在温度循环的情况下，焊点出现蠕变和疲劳，这将极大地影响焊点的力学性能。例如温度在 20 ℃~110 ℃之间循环超过 2 000 次，焊料的抗剪强度仅为正常值的 1/10～1/5。此外焊点的强度还与焊点的形状、负载的方向、IMC 的厚度以及冷却的速度有关。

（3）杂质对焊锡的影响

焊锡中往往含有少量其他元素，这些元素会影响焊锡的熔点、导电性、抗张强度等物理、机械性能。

1）铜 (Cu)。

铜的成分来源于印制电路板的焊盘和元器件的引线，并且铜的熔解速度随着焊料温度的提高而加快。随着铜的质量分数增加，焊料的熔点增高，黏度加大，容易产生桥接、拉尖等缺陷。一般焊料中铜的质量分数为 0.3%～0.5%。

2）锑 (Sb)。

加入少量锑会使焊锡的机械强度增高，光泽变好，但润滑性变差，对焊接质量产生影响。

3）锌 (Zn)。

锌是锡焊最有害的金属之一。焊料中熔进 0.001% 的锌就会对焊料的焊接质量产生影响。当熔进 0.005% 的锌时，会使焊点表面失去光泽，流动性变差。

4）铝 (Al)。

铝也是有害的金属，即使熔进 0.005% 的铝，也会使焊锡出现麻点，粘接性变坏，流动性变差。

5）铋 (Bi)。

含铋的焊料熔点下降，当添加 10% 以上时，有使焊锡变脆的倾向，冷却时易产生龟裂。

6）铁 (Fe)。

铁难熔于焊料中。它使焊料的熔点升高，难以熔解。当熔进 0.005% 的锌时，会使焊点表面失去光泽，流动性变差。

（4）常用焊锡

1）焊锡丝。

焊锡丝是手工焊接用的焊料。焊锡丝是管状的，由焊剂与焊锡制成一体，在焊锡管中夹带固体焊剂。焊剂一般选用特级松香为基质材料，并添加一定的活化剂，如盐酸二乙胺等。锡铅的成分不同，熔点就不同。如 $Sn_{63}Pb_{37}$ 的熔点为 183 ℃，$Sn_{62}Pb_{36}Ag_2$ 的熔点为 179 ℃。常用的焊锡丝有 Multicore 公司的 $Sn_{60}Pb_{40}$，Kester 公司的 $Sn_{60}Pb_{40}$。管状焊锡丝的直径 (mm) 有 0.23、0.4、0.56、0.8、1.0 等多种规格。焊接穿孔元件可选用 0.5、0.6 的焊锡丝。焊接 SMC 或 50MILA 间距的元器件可用 0.4、0.3 的焊锡丝。焊接密间距的 SMD 可选用 0.2 的焊锡丝。扁带焊料的规格也有很多种。

2）抗氧化焊锡。

抗氧化焊锡是在锡铅合金中加入少量的活性金属，使氧化锡、氧化铅还原，并漂浮在焊锡表面形成致密覆盖层，从而保护焊锡不被继续氧化。这类焊锡适用于浸焊和波峰焊。

3）含银的焊锡。

含银的焊锡是在锡铅焊料中添加 0.5%～2.0% 的银，可减少镀银件中的银在焊料中的质量分数，并可降低焊料的熔点。

4）焊膏。

焊膏是表面安装技术中的一种重要的贴装材料，是由焊锡粉、助焊剂以及其他的添加物混合而成的膏体。制成糊状物，能方便地用丝网、模板或点膏机印涂在印制电路板上。焊粉是焊接金属粉末，其直径为 15～20 m，目前已有 Sn-Pb、Sn-Pb-Ag、Sn-Pb-In 等。有机物包括树脂或一些树脂溶剂混合物，用来调解和控制焊膏的黏性。使用的溶剂有触变胶、润滑剂、金属清洗剂。其中触变胶不会增加黏性，但能减少焊膏的沉淀。焊膏适合片式元器件用再流焊进行焊接。由于可将元件贴装在印制电路板的两面，因而节省了空间，提高了可靠性，有利于大量生产。

2. 助焊剂

助焊剂的作用是清除金属表面的氧化物、硫化物、油和其他污染物，并防止在加热过程中焊料继续氧化。同时，它还具有增强焊料与金属表面的活性、增加浸润的作用。

（1）对助焊剂的要求

①有清洗被焊金属和焊料表面的作用。

②熔点要低于所有焊料的熔点。
③在焊接温度下能形成液状，具有保护金属表面的作用。
④有较低的表面张力，受热后能迅速均匀地流动。
⑤熔化时不产生飞溅或飞沫。
⑥不产生有害气体和有强烈刺激性的气味。
⑦不导电，无腐蚀性，残留物无副作用。
⑧助焊剂的膜要光亮、致密、干燥快、不吸潮、热稳定性好。

（2）助焊剂的种类

助焊剂一般可分为有机、无机和树脂三大类。

1) 无机助焊剂。

无机助焊剂包括无机酸和无机盐。无机酸有盐酸、氟化氢酸、溴化氢酸、磷酸等。无机盐有氯化锌、氯化铵、氟化钠等。无机盐的代表助焊剂是氯化锌和氯化铵的混合物（氯化锌75%，氯化铵25%）。它的熔点约为180℃，是适用于钎焊的助焊剂。由于其具有强烈的腐蚀作用，不能在电子产品装配中使用，只能在特定的场合使用，并且焊后一定要清除残渣。

2) 有机助焊剂。

有机类助焊剂由有机酸、有机类卤化物以及各种胺盐树脂类等合成。这类助焊剂由于含有酸值较高的成分，因此具有较好的助焊性能，可焊性好。由于此类助焊剂又具有一定程度的腐蚀性，残渣不易清洗，焊接时有废气污染，所以限制了它在电子产品装配中的使用。

3) 树脂类助焊剂。

这类助焊剂在电子产品装配中应用较广，其主要成分是松香。在加热情况下，松香具有去除焊件表面氧化物的能力，同时焊接后形成的膜层具有覆盖和保护焊点不被氧化腐蚀的作用。由于松脂残渣为非腐蚀性、非导电性、非吸湿性，焊接时没有什么污染，且焊后容易清洗，成本又低，所以这类助焊剂至今还被广泛使用。松香助焊剂的缺点是酸值低、软化点低（55℃左右），且易氧化，易结晶，稳定性差，在高温时很容易脱羧碳化而造成虚焊。目前出现了一种新型的助焊剂——氢化松香，我国已开始生产。它是用普通松脂提炼来的，氢化松香在常温下不易氧化变色，软化点高，脆性小，酸值稳定，无毒，无特殊气味，残渣易清洗，适用于波峰焊接。

（3）助焊剂的主要性能

无机系列：一般无机助焊剂化学作用强，腐蚀作用大，锡焊性好。但对电路元件有破坏作用，焊后必须清洗干净。

树脂系列：松香系列助焊剂在 PCB 焊接中较常用。在应用时分为前涂覆和后涂覆。在焊接前涂覆在 PCB 板上，既可以防止铜箔表面的氧化，又便于 PCB 的保存。后涂覆是在焊接元件时与焊锡一起使用。

3. 阻焊剂

阻焊剂是一种耐高温的涂料。在焊接时可将不需要焊接的部位涂上阻焊剂保护起来，可使焊接只在需要焊接的焊点上进行。应用阻焊剂可以防止桥接、短路等情况发生，减少返修，提高劳动生产率，节约焊料，提高焊接质量。PCB 由于阻焊膜的覆盖，焊接时受到热冲击小，使板面不易起泡、分层。阻焊剂广泛用于浸焊和波峰焊。

（1）阻焊剂的种类

按成膜方法，阻焊剂可分为热固化型、紫外线光固化型及电子束漫射固化型等几种。

1）热固化型阻焊剂。

热固化型阻焊剂的成膜材料有酚醛树脂、环氧树脂、氨基树脂、醇酸树脂等。它们可以单独使用，也可以混合使用。通常把它们制成液体通过丝网漏印在板上，然后加温、固化形成一层阻焊膜。

热固化阻焊剂的优点是价格便宜，粘接强度高。但这类阻焊剂需要在 130 ℃ ~ 150 ℃温度下经过数小时的烘烤才能固化，故生产周期长，效率低，耗电量大，不能适应自动化或半自动化生产的要求，正逐步被光固化阻焊剂所代替。

2）紫外线光固化型阻焊剂。

紫外线光固化型阻焊剂主要使用的成膜材料是含有不饱和双键的乙烯树脂，分为干膜型和液体印料型。干膜型需经过层压贴膜、紫外线曝光、显影，然后形成一层阻焊膜，液体印料型是通过丝网模板漏印在印制板上，然后在一定能量的紫外光源照射下固化，形成一层阻焊膜。光固化型阻焊剂由光固树脂、稀释剂、光敏剂、颜料、填料等组成。光固化树脂黏度大，经稀释剂稀释后才能使用，阻焊剂的性能在很大程度上依赖于稀释剂的性能。紫外光固化主要借助于加入光敏剂完成。加入填料的目的在于提高阻焊剂的硬度和机械强度，同时还可以降低成本。着色的目的是使操作人员易于分辨检查印制板焊接缺陷和保护视力，习惯上配制成绿色。光固化型阻焊剂与一般热固化型阻焊剂比较，具有如下优点：

①固化时间短，适合自动化流水线生产。目前国内一般干燥固化的时间为 1 ~ 3 min，国外为数秒钟。

②光敏固化剂的固化不依靠溶剂挥发，因此对空气的污染较小。

③由于固化时间短，可使印制电路板免受热冲击而变形翘曲。

④设备简单，价格低，维护费用少，占地面积小。

3）电子束漫射固化型阻焊剂。

电子束漫射固化型阻焊剂与光固化型阻焊剂的基本原理相同，但其固化时无须光引发剂，只要在一定能量的电子束漫射激发下，便可形成固化阻焊膜。

（2）阻焊剂的优点

①防止焊锡桥接造成短路。
②使焊点饱满，减少虚焊，而且有助于节约焊料。
③由于板面部分被阻焊剂膜所覆盖，焊接时板面受到的热冲击小，因而不易起泡、分层。

（3）对阻焊剂的要求

阻焊剂是通过丝网漏印方法印制在印制板上的，因此要求它黏度适宜，不封网，不润图像，以满足漏印工艺的要求。阻焊剂应在250 ℃ ~ 270 ℃的锡焊温度中经过10 ~ 25 s而不起泡、脱落，与覆铜箔仍能牢固粘接，具有较好的耐溶剂化学药品性，能经受焊前的化学处理，有一定的机械强度，能承受尼龙刷的打磨抛光处理。

实验一　测量仪器的使用

一、训练目的

1）了解常用电子仪器的基本原理。
2）掌握万用表的使用方法，能对电阻、电流、电压、温度等常规物理量进行测量。
3）熟悉示波器面板上各个旋钮和接地线的使用，练习示波器的基本应用。

二、训练器材

DS5022型双踪示波器一台、科塞尔（EXCEL）的DT9208A万用表一台、音频信号发生器TAG-101一台、15 V高精度直流稳压电源一台。

三、训练步骤

1. 用万用表测量

数字式万用表的使用

（1）电压测量

①将黑表笔插入 COM 插孔，红表笔插入 VΩ 插孔，将万用表调至直流 20 V 挡位上，按下"POWER"电源开关键。

②接好直流稳压电源，按下前面板的"POWER"电源开关键，调节电压输出旋钮，使输出电压值最大。

③将万用表红表笔接到直流稳压电源的红色端子，黑表笔接到黑色端子，读出万用表读数，并填入表 2-2 中的电压值栏的第一格。

④接上音频信号发生器 TAG-101 电源，按下其红色电源按钮，并使波形选择按键弹出，使其输出正弦波，按下 ×10 挡位的频率选择开关，将衰减器开关调至 0，将振幅调节器顺时针旋到底。

⑤将万用表调至交流 20 V 挡位，红表笔接到 TAG-101 的红色鳄鱼夹，黑表笔接到黑色鳄鱼夹，读出万用表读数，并填入表 2-2 中的电压值栏的第二格。

（2）电阻测量

①将黑表笔插入 COM 插孔，红表笔插入 VΩ 插孔，按下"POWER"电源开关键。

②将功能开关置于所需 Ω 量程挡位上，将测试笔跨接在被测电阻上。

③将两个被测电阻的读数分别填入表 2-2 中的电阻栏中。

注意事项：

a. 当输入开路时，会显示过量程状态"1"。

b. 如果被测电阻的阻值超过所用量程，则会指示过量程状态"1"，需换用量程。当被测电阻的阻值在 1 MΩ 以上时，万用表需数秒后方能稳定读数，对于高电阻测量这是正常的。

c. 检测在线电阻时，需确认被测电路已断开电源后，方能进行测量。

d. 当 200 MΩ 量程进行测量时需注意，在此量程，二表笔短接时读数为 1.0，这是正常现象，此读数是一个固定的偏移值。如被测电阻的阻值为 100 MΩ，读数为 101.0 MΩ，正确的阻值是显示值减去 1.0 MΩ，即 101.0-1.0=100.0 MΩ。

测量高阻值时应尽可能将电阻直接插入 VΩ 和 COM 插孔中，长线在高阻抗测量时容易感应干扰信号，使读数不稳。

（3）电流测量

①将黑表笔插入 COM 插孔，当被测电流在 200 mA 以下时红表笔插入 A 插孔，如果被测电流在 200~20 A 之间，则红表笔移至 20 A 插孔，按下"POWER"电源开关键。

②按下直流稳压电源前面板的"POWER"电源开关键，调节电压输出旋钮，使输出电压值最大。

③将万用表挡位调至 20 mA 挡位，红表笔接直流电源红色端子，黑表笔接 1 kΩ 电阻 1 个脚，1 Ω 电阻的另一个脚接直流电源黑色端子，将万用表读数填至表 2-2 中的电流值栏的第一栏。

④按下音频信号发生器 TAG-101 的红色电源按钮，并使波形选择按钮弹出，使其输出正弦波，按下 ×10 挡位的频率选择开关，将衰减器开关调至 0，并将振幅调节器顺时针旋到底。

⑤将万用表调至交流 20 mA 挡位，红表笔接到 TAG-101 的红色鳄鱼夹，黑表笔接 1 kΩ 电阻的 1 个脚，1 kΩ 电阻的另一个脚接到 TAG-101 的黑色鳄鱼夹，将万用表读数填至表 2-2 中的电流值栏的第二栏。

（4）电容测量

①按下万用表"POWER"电源开关键，将挡位调至 200 nF 挡位，将瓷片电容 104 插入万用表的电容输入插孔，其读数填入表 2-2 电容栏中的第一栏。

②将万用表调至 200 μF 挡位，将电解电容插入电容输入插孔，读数填入表 2-2 中的电容栏中的第二栏。

注意事项：

a. 测试单个电容器时，把脚插进位于面板左下边的两个插孔中（插进测试孔之前电容器具务必放尽电，以免损坏仪表）。

b. 测试大电容时，注意在最后指示之前会存在一定的滞后时间。

c. 单位换算：1 μF=1 000 nF，1 nF=1 000 pF。

d. 不要把一个外部电压或已充好电的电容器（特别是大电容器）连接到测试端。

（5）温度测量

①将热电偶传感器的冷端（自由端）插入温度测试孔中，热电偶的工作端（测量端）置于待测物上面或内部，将万用表挡位调至"℃"挡，按下电源"POWER"电源开关键。

②将此时万用表的读数填至表 2-2 温度栏中的第一栏。

③用手心握住热电偶的工作端，观察万用表读数变化，并将最终结果填入表 2-2 温度栏中的第二栏。

（6）二极管的测量

①将万用表调至"○))→"挡，将黑表笔插入 COM 插孔，红表笔插入 VΩ 插孔，并按下"POWER"电源开关键。

②将红表笔接入二极管一端，黑表笔接入另一端。如果万用表显示过量程，则将两表笔调换，直到显示正确读数。此时，红表笔接的二极管一端为阳极，将读数填入表 2-2 中的二极管栏中。

（7）三极管的测量

①用测二极管的方法判别被测三极管是 NPN 型还是 PNP 型，因为晶体三极管的结构可看作是两个背靠背的 PN 结，将结果填入表 2-2 中的三极管第一栏中。

②将万用表功能开关置于 h_{FE} 挡上，按下"POWER"电源开关键，根据判别出的三极管类型，将被测三极管插入测试插孔，因为在第 1 步中 B 极已经判别出来了，E、C 极先任意插进去，如果有正确读数，则插法正确；如果读数为 0 左右，则调换 E、C 脚重新插入。将正确的读数填入表 2-2 中三极管栏中的第二栏。

（8）蜂鸣通断测试

①将黑表笔插入 COM 插孔，红表笔插入 VΩ 插孔。

②将量挡开关置于"○))）➤"挡位，按下"POWER"电源开关键。

③将红、黑表笔短接，则蜂鸣器会常响，LED 灯常亮，当两点之间的电阻值小于 50 Ω 时蜂鸣器便会发出声响。

注意事项：

a. 当输入端开路时，仪表会显示过量程状态。

b. 被测电路必须在切断电源的状态下检测通断，因为任何负载信号都可能会使蜂鸣器发声，导致错误判断。

表 2-2 实验测量结果

电压	电阻	电流	电容	温度	二极管	三极管

2. 用示波器测量简单信号

（1）欲迅速显示该信号的操作步骤

①将菜单中探头的扩展系数设定为 10×，并将探头上的衰减开关设定为 10×。

②将通道 CH1 的探头连接到电路被测点。

③按下 AUTO（自动设置）按钮，示波器将自动设置使波形显示达到最佳。在此基础上，可以进一步调节垂直、水平挡位，直至波形显示符合要求。

（2）进行自动测量

示波器可对大多数显示信号进行自动测量。欲测量信号的峰 – 峰值、频率，请按如下步骤操作：

①测量信号的峰 – 峰值。

按下 MEASURE 按钮以显示自动测量菜单。

按下 1 号菜单操作键选择信道 CH1。

按下 2 号菜单操作键选择测量类型：电压测量。

按下 2 号菜单操作键选择测量参数：峰–峰值。

此时，可以在屏幕左下角发现信号峰–峰值的显示。

例如，使信号发生器的输出频率为 1 kHz，电压输出为 16VP-P 的正弦波信号，将测量结果填入表 2-3 中。

表 2-3　测量电压表

信号源输出衰减 /dB	0	20	40	60
信号源输出电压 (VP-P)				
测电压峰–峰值 (VP-P)				
测电压有效值 /V				

②测量信号的频率。

按下 3 号菜单操作键选择测量类型：时间测量。

按下 2 号菜单操作键选择测量参数：频率。

此时，可以在屏幕下方发现信号频率的显示。

例如：用 DS5022M 示波器测出周期、频率。将测量结果填入表 2-4 中。

表 2-4　测量频率、周期表

信号源输出频率 / kHz	1	5	10	100
被测信号周期 / ms				
被测信号频率 / kHz				

注意：测量结果在屏幕上的显示会随被测信号的变化而改变。

实验二　电子元器件的焊接

一、训练目的

掌握电子元器件的基本焊接方法和焊接注意事项。

二、训练器材

电烙铁、焊料、助焊剂、金属钳、吸锡器、万用表等。

三、训练原理

1. 锡焊原理

目前电子元器件的焊接主要采用锡焊技术。锡焊技术采用以锡为主的锡合金材料作焊料，在一定的温度下焊锡熔化，金属焊件与锡原子之间相互吸引、扩散、结合，形成浸润的结合层。

外表看来印刷板铜铂及元器件引线都是很光滑的，实际上它们的表面都有很多微小的凹凸间隙，熔流态的锡焊料借助于毛细管吸力沿焊件表面扩散，形成焊料与焊件的浸润，把元器件与印刷电路板牢固地黏合在一起，而且具有良好的导电性能。

2. 锡焊条件

①焊件表面应是清洁的，因为油垢、锈斑都会影响焊接。

②能被锡焊料润湿的金属才具有可焊性，对发黄表面易于生成氧化膜的材料，可以借助于助焊剂，先对焊件表面进行镀锡浸润后，再行焊接。

③要有适当的加热温度，使焊锡料具有一定的流动性，才可以达到焊牢的目的，但温度也不可过高，过高时容易形成氧化膜而影响焊接质量。

四、训练内容与步骤

1. 焊接内容

（1）清除焊接部位的氧化层

焊接前，应对元件引脚或电路板的焊接部位进行焊前处理。可用断锯条制成小刀，刮去金属引线表面的氧化层，使引脚露出金属光泽，如图 2-13 所示。印刷电路板可用细砂纸将铜箔打光后，涂上一层松香酒精溶液。

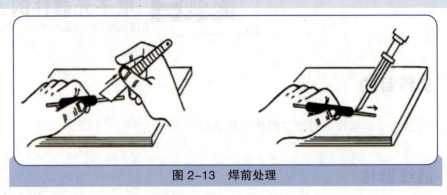

图 2-13 焊前处理

（2）元件镀锡

在刮净的引线上镀锡，可将引线蘸一下松香酒精溶液后，将带锡的热烙铁头压在引线上，并转动引线，即可使引线均匀地镀上一层很薄的锡层。导线焊接前，应将绝缘外皮剥去，再经过上面两项处理，才能正式焊接。若是多股金属丝的导线，打光后应先拧在一起，然后再镀锡。

做好焊前处理之后，就可正式进行焊接。

①右手持电烙铁。左手用尖嘴钳或镊子夹持元件或导线。焊接前，电烙铁要充分预热。烙铁头刃面上要吃锡，即带上一定量的焊锡。

②将烙铁头刃面紧贴在焊点处。电烙铁与水平面大约成60°，以便于熔化的锡从烙铁头上流到焊点上。烙铁头在焊点处停留的时间控制在2～3s。

③抬开烙铁头。左手仍持元件不动，待焊点处的锡冷却凝固后，才可松开左手。

④用镊子转动引线，确认不松动，然后可用偏口钳剪去多余的引线。图2-14所示为焊接质量示意图。焊接时，要保证每个焊点焊接牢固，接触良好，保证焊接质量。

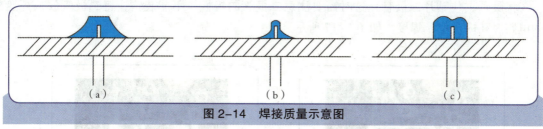

图2-14　焊接质量示意图

（a）合格焊点；（b）焊锡过少；（c）焊锡过多

图2-14（a）所示应是锡点光亮，圆滑而无毛刺，锡量适中。锡和被焊物融合牢固，没有虚焊和假焊。

虚焊是焊点处只有少量锡焊住，造成接触不良，时通时断。假焊是指表面上好像焊住了，但实际上并没有焊上，有时用手一拔，引线就可以从焊点中拔出。

焊接电路板时，一定要控制好时间。太长，电路板将被烧焦，或造成铜箔脱落。从电路板上拆卸元件时，可将电烙铁头贴在焊点上，待焊点上的锡熔化后，将元件拔出。

2. 贴片二极管的焊接

焊接是被焊工件的材质（同种或异种），通过加热或加压或两者并用，并且用或不用填充材料，使工件的材质达到原子间的结合而形成永久性连接的工艺过程。

（1）焊接前的准备

焊接前要准备好松香、松香油或无酸性焊剂。焊接前，把需要焊接的地方先用小刀刮净或者用比较细的砂纸擦干净，使它显出金属光泽，再涂上焊剂。

（2）焊接时的注意事项

①焊接时电烙铁应有足够的热量，但不能过于高温，才能保证焊接质量。要注意不要虚焊和脱焊。

②焊接时间不宜过长。

③电烙铁离开焊点后,零件不能马上移动,否则因焊锡尚未凝固,使零件容易脱焊。

④对接的元件接线最好先绞和后再上锡。

⑤在焊接晶体管等怕高温器件时,最好用小钳或镊子夹住晶体管的引出脚帮助散热,焊接时还要注意时间。

(3)焊接步骤

①在所需焊接的焊盘上涂上适量助焊剂,如图2-15所示。

②用电烙铁将焊锡丝熔化焊在焊盘上,如图2-16所示。

③将镊子夹住贴片二极管,这时需要注意二极管的极性,不能装错,将二极管放入焊盘所需的电路焊孔内定位、焊接,如图2-17所示。

图2-15 焊盘上涂上适量助焊剂　　图2-16 将焊锡丝熔化焊在焊盘上

图2-17 贴片二极管的焊接

一、填空题

1. 电工测量仪表种类繁多，根据测量时得到数值的方式不同可分为_____、_____、_____三类。
2. 电工仪表根据测量结果的获得方式不同，测量方式可分为_____和_____。
3. 在电工测量过程中，不论采用哪一种仪表都会产生误差，根据仪表误差产生的原因，将误差分为_____、_____两类。
4. 万用表测量电压时，红表笔应接被测电路的_____，黑表笔应接被测电路的_____。
5. 数字万用表测量电阻时，黑表笔为内部电池的_____。
6. 测量电压时，应将万用表_____在电路两端；测量电流时应将万用表_____在电路中。

二、简答题

1. 数字式万用表和指针式万用表的主要差异是什么？

2. 指针式万用表由哪几个部分组成？

3. 数字式万用表的使用应注意些什么？

4. 汽车专用万用表有哪些作用？

课题三 汽车基本元器件与基本电路

学习任务

1. 掌握如何用万用表检测电路中的基本物理量。
2. 了解汽车基本电路组成及各部分的作用。
3. 能正确描述汽车电路的特点。
4. 了解汽车电路中的基础元件。
5. 了解汽车电路中的保护器件。

任务一 汽车基本元器件

一、汽车电路中的基础元件

1. 电阻

电阻是利用金属或非金属材料制成便于安装的电路元件。几乎在所有的电路中都离不开电阻。其功能可归纳为降低电压、分配电压、限制电流及向各种电子电路元器件提供必要的工作条件（如电压、电流）等。

（1）电阻的种类

常见的电阻种类很多，按其结构形式可分为固定电阻、可变电阻和电位器三种；按制造材料可分为碳膜电阻、金属膜电阻、金属氧化膜电阻器、贴片电阻（见图3-1）等；按功能可分为负载电阻、采样电阻、分流电阻、保护电阻等。

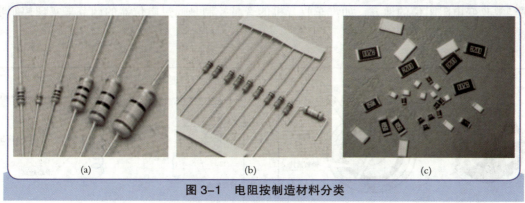

图 3-1　电阻按制造材料分类
（a）碳膜电阻；（b）金属膜电阻；（c）贴片电阻

（2）电阻的标称值与允许误差

大多数电阻上都标有电阻的数值，这就是电阻的标称阻值，简称标称值。电阻的标称值往往和它的实际阻值不完全相同。电阻的实际阻值与其标称值的偏差，除以标称值所得到的百分比，叫作电阻的误差。电阻器的实际阻值对标称值的最大允许偏差范围称为允许误差。误差代码是F、G、J、K等，常见的误差范围是0.01%、0.05%、0.1%、0.5%、0.25%、1%、2%、5%等。

（3）电阻的单位标注

在电路图中，电阻值在兆欧(MΩ)以上的，标注单位为M。电阻值在1～100 kΩ之间，标注单位为K。电阻值在1 000 Ω以下，标注单位为Ω。

（4）电阻的使用

使用电阻时，要根据电路的要求，选用不同种类和误差的电阻。在一般电路中，采用误差为10%或20%的碳膜电阻。

电阻的额定功率要选用等于实际承受功率的1.5～2倍，只有这样选用才能保证电阻耐用和可靠。

电阻在电路板上装配之前，要用万用表欧姆挡核实它的阻值。安装时，要让电阻的类别、阻值等符号容易看到，以便检查、核实。

（5）电位器

电位器实际上是一个可变电阻，其典型的三线电位器结构如图3-2所示，它有三个引出端，其中1、3两端间电阻值为最大，1、2或2、3两端间的电阻值可以通过改变接触弹簧片所在位置加以调节。弹簧片与旋转轴相连,即与端子 2 相连,在弹簧压力的作用下与电阻片保持接触。

可变电阻端子的连接除了三线制的还有两线制,如图 3-3 所示。三线制的可变电阻被称为电位器。两线制的可变电阻被称为电阻器,电位器与一般可变电阻的不同之处在于它用在电路中需要经常改变电阻阻值的地方,如汽车收音机的音量控制是通过电位器的调节来实现控制功能的。

图 3-2 电位器的结构

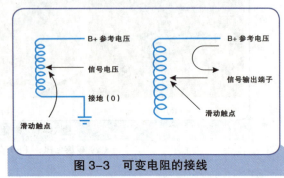

图 3-3 可变电阻的接线

电位器在现代电控汽车上具有非常重要的作用,它的主要用途是作为位置传感器,如发动机电控系统的节气门位置传感器(见图 3-4)、加速踏板位置传感器、底盘控制系统的车身高度传感器等。这些传感器可以精确计量某些位置的微小变化,将位置信号转换成电压信号输出。

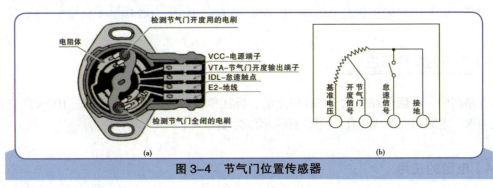

图 3-4 节气门位置传感器

(a)结构;(b)电路

2. 电容器

(1)电容器的分类与作用

电容器是各种电路的主要元器件之一,不同的电容器在电路中起着不同的作用。各式各样的电容器如图 3-5 所示。电容器的功能有调谐、耦合、滤波、去耦、通交流隔直流(旁路交流电、隔断直流电)等。

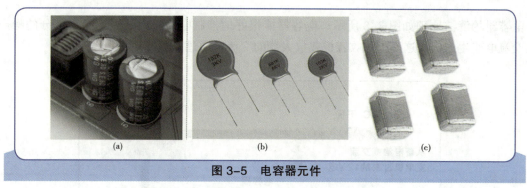

图 3-5　电容器元件

（a）电解电容器；（b）陶瓷电容器；（c）贴片电容器

与电阻器相似，通常简称其为电容，用字母 C 表示。顾名思义，电容器就是"储存电荷的容器"。尽管电容器品种繁多，但它们的基本结构和原理是相同的。两片相距很近的金属中间被某物质（固体、气体或液体）所隔开，就构成了电容器。两片金属称为极板，中间的物质叫作介质。电容器也分为固定容量与可变容量两种，如图 3-6 所示。但常见的是固定容量的电容，最多见的是电解电容和瓷片电容。

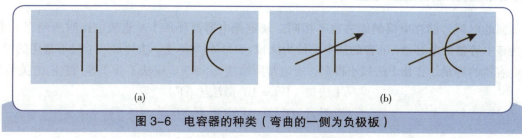

图 3-6　电容器的种类（弯曲的一侧为负极板）

（a）固定容量器；（b）可变容量器

在直流电子电路中，只有在电容器充电过程中才有电流流过，充电过程结束后，电容器是不能通过直流电的，在电路中起着"隔直流"的作用。电容器充电的时候，蓄电池电压迫使电流流过充电电路，如图 3-7 所示。

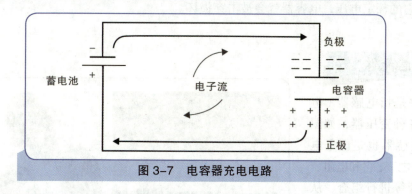

图 3-7　电容器充电电路

在电子线路中，电容既用来通过交流而阻隔直流，也用来存储和释放电荷以充当滤波器，平滑输出脉动信号。小容量的电容，通常在高频电路中使用，如收音机、发射机和振荡器中。大容量的电容往往是作滤波和存储电荷用。

电容器的滤波原理如图 3-8 所示，电容器能很好地抑制电路噪声是因为绝大部分的噪声干扰是交流电产生的，而这些影响收音机或放大器的交流电通过电容接地了。

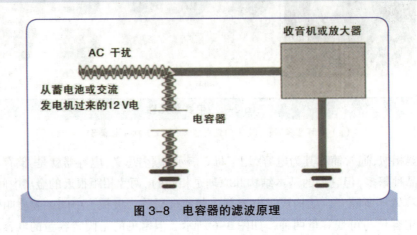

图 3-8　电容器的滤波原理

（2）电容器的容量

不同的电容器储存电荷的能力也不相同。规定把电容器外加 1 V 直流电压时所储存的电荷量称为该电容器的电容量。电容的基本单位为法拉（F）。但实际上，法拉是一个很不常用的单位，因为电容器的容量往往比 1 法拉小得多，所以常用微法（μF）、皮法（pF）等，它们的关系是：

$$1 \text{ 法拉（F）} = 10^6 \text{ 微法（μF）}$$
$$1 \text{ 微法（μF）} = 10^6 \text{ 皮法（pF）}$$

（3）电容器的耐压

电容器在长期可靠的工作中所承受的最大直流电压就是电容器的耐压，也叫电容器的直流工作电压。电容器的耐压值一般直接标注在电容器的外壳上。使用时，加在一个电容器两端的电压超过了它的额定电压，电容器就会被击穿损坏。

3. 电感元件

电感元件是指电感器（电感线圈）和各种变压器，如图 3-9 所示。电感器也是电子电路重要的元件之一，它和电阻、电容、晶体管等进行组合，从而构成各种功能的电子电路。电阻、电容、电感一般称为无源元件；电子管、晶体管、集成电路等通常称为有源元件。

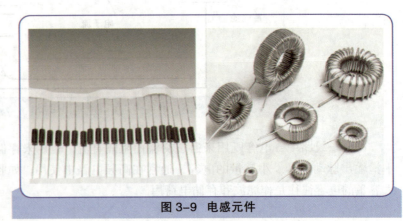

图 3-9　电感元件

电感线圈的种类很多，按其电感形式可分为固定电感线圈和可变电感线圈；按铁磁体的性质，又可分为空芯线圈、磁芯线圈和铜芯线圈等。

4. 变压器

（1）变压器的作用

变压器是利用电磁感应的原理来改变交流电压的装置，主要构件是初级线圈、次级线圈和铁芯（磁芯）。变压器是电子电路中广泛采用的无源器件之一。其功用是对交流电或者交流信号进行电压变换、电流变换或阻抗变换，也可用来传递信号、隔断直流等。

（2）变压器的工作原理

如图 3-10 所示，变压器两组线圈匝数分别为 N_1 和 N_2，N_1 为初级线圈，N_2 为次级线圈。在初级线圈上加一交流电压，在次级线圈两端就会产生感应电动势。初级线圈上的电压是 U_1，次级线圈上的电压为 U_2。当 $N_2 > N_1$ 时，其感应电动势要比初级所加的电压还要高，这种变压器称为升压变压器，即 $U_2 > U_1$；当 $N_2 < N_1$ 时，其感应电动势低于初级电压，即 $U_2 < U_1$，这种变压器称为降压变压器。初级、次级电压和线圈匝数间具有下列关系：

$$\frac{U_1}{U_2}=\frac{N_1}{N_2}$$

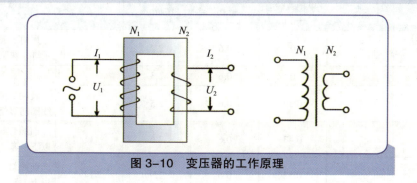

图 3-10 变压器的工作原理

（3）变压器的分类与应用

变压器的种类很多，按其工作频率范围来分，可分为低频变压器、中频变压器和高频变压器三类。常见的电源变压器和输入、输出变压器都属于低频变压器，例如汽车发动机点火系统中的点火线圈。收音机中的线圈是中频变压器，振荡线圈和磁性天线属于高频变压器。如果按照铁芯的材质来分，又可分为铁芯变压器、铁氧体芯变压器和空芯变压器等。铁芯变压器用于低频电路中，而铁氧体芯或空芯变压器则用于中、高频电路中。

二、汽车电路中常见的电气元件

1. 导线

导线在电路中起着连接电源、控制器和用电器的桥梁作用,是汽车用电设备正常工作的保证。在电路中使用的导线主要有两大类型:一类是低压导线,用量很大;另一类是高压导线,主要是汽油发动机的点火系统采用。

(1) 低压导线

1) 导线规格。

低压导线一般为铜质多股软线,根据外皮绝缘包层的材料不同,又可分为 QVR 型(聚氯乙烯)和 QFR 型(聚氯乙烯-丁腈)两种。

低压导线一般是按导线的横截面积来划分的,它是根据所接用电设备的电流值来确定的,汽车电路中所用导线的最小横截面面积一般不小于 $0.5\ mm^2$,我国车用低压导线的结构与规格和 12 V 电气系统主要电路导线横截面面积的推荐值如表 3-1 所示。

表3-1 我国车用低压导线的结构与规格和12 V电气系统主要电路导线横截面面积的推荐值

标称横截面面积 /mm²	线芯结构		绝缘层厚度 /mm	导线最大外径 /mm	允许载流量 /A	适用电路
	根数	单根直径 /mm				
0.5		0	0.6	2.2		尾灯、顶灯、仪表指示灯、牌照灯、仪表等
0.6		0	0.6	2.3		
0.8	7	0.39	0.6	2.5		转向、制动灯、点火线圈初级绕组等
1.0	7	0.43	0.6	2.6	11	前照灯、电喇叭(3 A 以下)等
1.5	1	0.52	0.6	2.9	14	前照灯、电喇叭(3 A 以上)等
2.5	19	0.41	0.8	3.8	20	其他 5 A 以上电路
4	19	0.52	0.8	4.4	25	柴油机电热塞电路
6	19	0.64	0.9	5.2	35	电源电路
8	19	0.74	0.9	5.7		
10	49	0.52	1.0	6.9	50	
16	49	0.64	1.0	8.0		
25	98	0.58	1.2	10.3		
35	133	0.58	1.2	11.3		起动电路
50	133	0.58	1.4	13.3		

2）导线颜色。

汽车电路中导线的用量很大，常采用不同的颜色进行区分，各国汽车导线的颜色有不同的规定，但大体上可分为单色导线和双色导线。

在电路图中，导线或接线端子上通常标有导线的颜色代码，并且国际上也有了相关的规定。但各国导线颜色代码是不一样的，有用英文字母表示的，也有用本国母语作为导线颜色代码的，以下列出部分常见国家和汽车厂家的导线颜色代码。

表3-2所列为中国汽车导线颜色代码。

表3-2 中国汽车导线颜色代码

导线颜色	字母代码	导线颜色	字母代码	导线颜色	字母代码	导线颜色	字母代码
黑色	B	绿色	G	蓝色	Bl	橙色	O
白色	W	黄色	Y	灰色	Gr	粉红	P
红色	R	棕色	Br	紫色	V		

表3-3所列为德国汽车导线颜色代码。

表3-3 德国汽车导线颜色代码

导线颜色	字母代码	导线颜色	字母代码	导线颜色	字母代码	导线颜色	字母代码
黑色	B	红色	R	棕色	Br	紫色	V
白色	W	绿色	G	蓝色	Bl		

表3-4所列为美国汽车导线颜色代码。

表3-4 美国汽车导线颜色代码

导线颜色	字母代码	导线颜色	字母代码	导线颜色	字母代码	导线颜色	字母代码
黑色	BAK	棕色	BRN	粉红	PNK	棕褐	TAN
白色	WHT	蓝色	BLU	深绿	DAK/GRN	无色	CLR
红色	RED	灰色	GRY	浅绿	LT/GRN		
绿色	GEN	紫色	PPT	深蓝	DK/BLU		
黄色	YEL	橙色	ORN	浅蓝	LT/BLU		

表3-5所列为英国汽车导线颜色代码。

表3-5 英国汽车导线颜色代码

导线颜色	字母代码	导线颜色	字母代码	导线颜色	字母代码	导线颜色	字母代码
黑色	Black	棕色	Brown	粉红	Pink	棕褐	Tan
白色	White	蓝色	Blue	深绿	Dark/Green	无色	Clear
红色	Red	灰色	Grey	浅绿	Light/Green		
绿色	Green	紫色	Violet	深蓝	Dark/Blue		
黄色	Yellow	橙色	Orange	浅蓝	Light/Blue		

表3-6所列为日本汽车导线颜色代码。

表3-6　日本汽车导线颜色代码

导线颜色	字母代码	导线颜色	字母代码	导线颜色	字母代码	导线颜色	字母代码
黑色	B	黄色	Y	紫色	Pu	浅绿	Lg
白色	W	棕色	Br	橙色	Or	浅蓝	Sb
红色	R	蓝色	L	粉红	P		
绿色	G	灰色	Gr				

表3-7所列为法国汽车导线颜色代码。

表3-7　法国汽车导线颜色代码

导线颜色	字母代码	导线颜色	字母代码	导线颜色	字母代码
黑色	BL	绿色	GN	灰色	G
白色	W	黄色	Y	紫色	VI
红色	R	蓝色	BU	棕褐	Br

汽车上导线选用的原则是优先采用单色导线，其次采用双色导线，双色导线上主色所占比例要大些，辅色与主色条纹沿导线圆周表面所占比例一般为1∶3～1∶5，常见双色导线搭配代码如表3-8所示。

表3-8　汽车常用双色导线颜色搭配代码

导线颜色	字母代码	导线颜色	字母代码	导线颜色	字母代码	导线颜色	字母代码
黑白	BW	红白	RW	黄红	YR	蓝白	BlW
黑黄	BY	红黑	RB	黄黑	YB	蓝红	BlR
黑红	BR	红黄	RY	黄绿	YG	蓝黄	BlY
白红	WR	红绿	RG	黄蓝	YBl	蓝黑	BlB
白黑	WB	红蓝	RBl	黄白	YW	蓝橙	BlO
白蓝	WBl	绿白	GW	棕白	BrW	灰红	GrR
白黄	WY	绿红	GR	棕红	BrR	灰黄	GrY
白绿	WG	绿黄	GY	棕黄	BrY	灰蓝	GrBl
		绿黑	GB	棕黑	BrB	灰绿	GrG
		绿蓝	GBl			灰黑	GrB

3）导线标注。

为了安装或检修方便，汽车电路图中的导线、接线端子或电器件接线柱上常常标注一些数字或字母，熟悉和掌握它们的含义对阅读电路图有很大的作用，部分数字或字母代表含义如表3-9所示。

表 3-9 导线、接线柱数字或字母含义

数字或字母	含 义
30	与蓄电池正极一直连接，表示经常有电，所以俗称常火线
31	与蓄电池负极一直连接，表示经常搭铁，有时也称永久搭铁
15	点火开关运行挡，也称 ON 挡
49	闪光继电器的电源正极端子
49a	闪光继电器的输出端子
53	刮水器开关或间歇继电器由点火开关供电的电源端子
56	变光开关的输入端子，一般来自灯光开关的第二挡
56a	变光开关前照灯远光输出端子
56b	变光开关前照灯近光输出端子
58	灯光开关第一挡输出，指尾灯和示廓灯等
58b	灯光开关第一挡并经调光电阻后的输出，针对仪表灯供电
85、86	电磁继电器线圈的两端
87	表示电磁继电器常开触点
87a	表示电磁继电器常闭触点
B+	蓄电池正极，发电机输出端子
+B	由主继电器触点输出的点火供电
ACC	点火开关附件挡输出
ON	点火开关第二挡输出，也称运行挡
ST	点火开关起动挡输出
F	在发电机上表示磁场接线端子
D+	在发电机上表示充电指示灯控制端子
N	在发电机上表示中性点输出端子
L	在转向开关上表示左转向输出端子
R	在转向开关上表示右转向输出端子

（2）高压导线

在汽车电路中只有汽油发动机的点火系统采用高压导线，由于工作电压很高(15 kV 或更高)，电流较小，因此高压导线的绝缘包层很厚，耐压性能较强，但线芯横截面面积很小。为了衰减火花塞产生的电磁波干扰，目前广泛使用高压阻尼点火线。常用的高压阻尼点火线有金属阻丝式和塑料芯导线式。

金属阻丝式又有金属阻丝线芯式和金属阻丝线绕电阻式两种。金属阻丝线芯式是由金属电阻丝疏绕在绝缘线束上，在外面包裹绝缘体制成阻尼线；金属阻丝线绕电阻式是由电阻丝绕在耐高温的绝缘体上制成电阻，再与不同形式的绝缘套构成相应的阻尼线。

塑料芯导线式是用塑料和橡胶制成直径为 2 mm 的电阻线芯，在其外面紧紧地编织着玻璃纤维，外面再包有高压 PVC 聚氯乙烯塑料或橡胶等绝缘体，电阻值一般为 6 ~ 25 kΩ/m。这种结构形式，由于制造过程易于自动化，成本低且可制成高阻值线芯，所以美国、日本等国家已大量生产，我国已小批量生产。

2. 电路保护装置

电路保护装置串联在电源与用电器之间,当用电器或线路发生短路或过载时,能及时切断电源,以免电源、用电器和线路损坏。汽车上常用的电路保护装置有熔断器、断路器和易熔线。

(1) 熔断器

熔断器常用于保护局部电路,其限额电流值较小。熔断器的主要元件是熔丝(片),其材料是锌、锡、铅、铜等金属的合金。

常见熔断器按外形可分为插片式、缠丝式、熔管式、熔片式、插拔式等,如图3-11所示。常见熔断器额定电流的规格如表3-10所示。

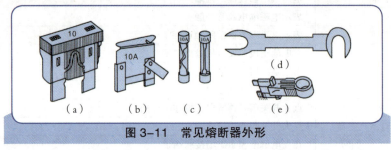

图3-11 常见熔断器外形

(a) 插片式; (b) 缠丝式; (c) 熔管式; (d) 熔片式; (e) 插拔式

表3-10 常见熔断器额定电流的规格

品种规格		额定电流/A								
插片式	电流/A	2	3	5	7.5	10	15	20	25	30	40
	颜色	无色	紫	棕黄	褐	红	浅蓝	黄	白	绿	
缠丝式	电流/A		3		7.5	10	15	20	25	30	
	直径/mm		0.11		0.20	0.25	0.30	0.35	0.40	0.47	
熔片式	电流/A	20			45		60			80	
	厚度/mm	20			45		60			80	

(2) 断路器

电路断路保护器简称断路器(俗称双金属片式保险器),常用于保护电动机等较大功率的电气设备。

电路断路保护器的基本组成是一对受热敏双金属片控制的触点,当电动机因某种原因阻力加大甚至卡死而造成电流过大或发生短路故障时,超过额定电流数倍使双金属片受热变形,触点断开,自动切断电路以保护电气设备或线路。与易熔线和熔断器相比,其特点是可重复使用。

断路器按其作用后的恢复形式不同,可分为接通式与振动式两种。

接通式是电路中发生故障时断开,排除故障后,需要通过按压将双金属片复位,如图3-12(a)所示。

振动式(又称自动回复式)断路器在电路发生过载或短路故障后自动切断电路。但当断路后,双金属片冷却后会使触点重新闭合而接通电路,这种形式的断路器在早期生产的载货汽车前照灯线路中有所应用,在轿车上常用于刮水器电动机、车窗升降电动机等电路中,如图3-12(b)所示。

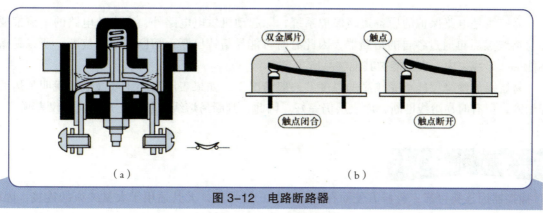

图3-12 电路断路器
(a)接通式;(b)振动式

(3)易熔线

易熔线是一种截面积小于被保护导线截面积的、可长时间通过额定电流的铜芯低压导线或合金导线。当电流超过易熔线额定电流数倍时,易熔线首先熔断,以确保线路或电气设备免遭损坏。易熔线常用于保护总电路或大电流电路。易熔线的多股绞合线外包有聚乙烯护套,比常见的导线柔软,一般长度为50~200 mm,通过插接件接入电路,通常接在电路的起始端,即蓄电池正极附近,如图3-13所示。易熔线以其绝缘护套的颜色区分其容量(负载能力)。常见易熔线的规格如表3-11所示。

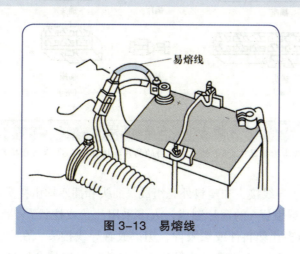

图3-13 易熔线

表 3-11 常见易熔线的规格

标称容量 /A	色别	截面积 /mm²	单线径 /mm× 股数	额定电流 /A	5 s 熔断电流 /A
20	棕	0.3	φ0.3×25	13	150
40	绿	0.5	φ0.32×7	20	200
60	红	0.85	φ0.32×11	25	250
80	黑	1.25	φ0.32×16	33	300

易熔线是电路保护的后备短路保护系统,除起动机供电电路外,大多数电路的电流都要先经易熔线然后再通过各自的熔断器,因此有时可能易熔线已断而熔断器没有烧断,所以易熔线不能绑扎于线束内,也不能被其他物品所包裹。

易熔线的绝缘层能承受较高的温度,一般情况下,如果表层已膨胀或鼓泡,说明易熔线已经熔断,但有时易熔线已断,而表层仍完好。因此,判断易熔线的状况还是要通过仪表测试。

3. 插接器

插接器因连接可靠,检修方便而在汽车上被广泛采用,尤其适用于大量线束的连接,因而插接器在电路中已经成为不可缺少的电气元件。

(1) 插接器的类型

插接器的种类很多,可供几条到几十条导线使用,有长方形、多边形等不同的形式,又可分为单路、双路或多路式等多种。图 3-14 所示为多路插接器。

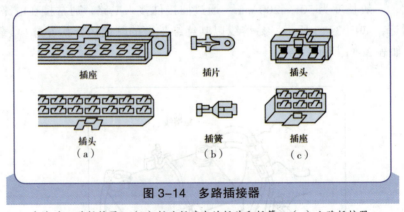

图 3-14 多路插接器
(a)十四路插接器; (b)插头插座内的插片和插簧; (c)六路插接器

插接器由插座、插头、导线接头和塑料外壳组成。插头和插座均由接头(端子)和护套组成,插接器端子由表面镀锡(或镀银)的铜片制成,大多采用片状或柱状(针状)。接头与导线采用冷铆或钎焊连接;护套为多孔塑料件或橡胶件,用以放置导线接头。在导线接头上带有倒刺,当嵌入护套后自动锁止;在护套上也有锁止结构,当插头和插座接合后自动锁止,防止脱开,如图 3-15 所示。

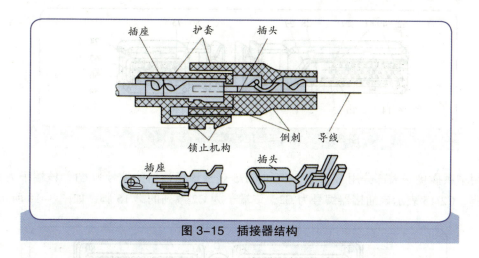

图 3-15 插接器结构

（2）插接器的拆装

插接器在接合时，应把插接器的导向槽（即凹凸导轨）重叠在一起，使插头和插座对准，然后平行插入即可。当要拆开插接器时，压下闭锁，就可以把插接器拉开，否则会拉坏闭锁或连接导线。插接器的拆卸与连接如图 3-16 所示。

有些插接器用钢丝扣锁止，取下钢丝扣后才能将插接器拨开。

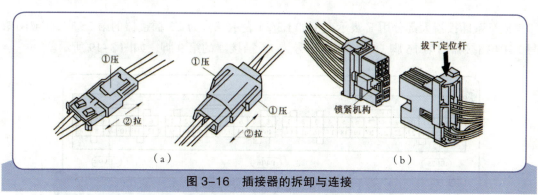

图 3-16 插接器的拆卸与连接
（a）插接器的拆卸；（b）插接器的连接

（3）插接器在电路图中的表示

插接器的形状种类很多，在电路图中没有统一的表示方法，各生产厂家有各自的表示方法，有些车有专用代号，有些车没有代号，有些车是自然编号，有些车在插接器上印有端子号。以下列举其中的几种。

大众车系插接器大部分用 T 表示，例如 T10/8 表示该端子为 10 孔插接器的第 8 孔。再如 T10b/8，表示该端子为 10 孔插接器 b 序列的第 8 孔。在读图时千万要注意同样插接器的不同序列，例如 T80/59 表示该端子为 80 孔插接器的第 59 孔，如图 3-17 中方框所示。

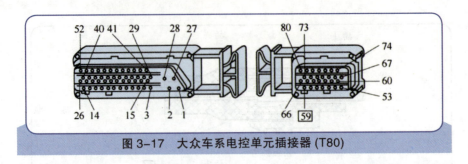

图 3-17　大众车系电控单元插接器 (T80)

通用车系插接器大部分用 C 表示，例如 C1/5 表示该插接器的编号为 C1，该端子为 C1 系列的第 5 脚；C2/15 表示该插接器编号为 C2，该端子为 C2 系列的第 15 脚，如图 3-18 所示。

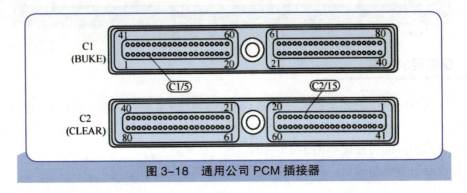

图 3-18　通用公司 PCM 插接器

丰田车系插接器大部分用 E 表示，例如 E3/25 表示编号为 E3 插接器的第 25 脚，E4/16 表示编号为 E4 插接器的第 16 脚，E5/9 表示编号为 E5 插接器的第 9 脚，如图 3-19 所示。

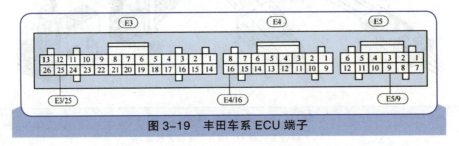

图 3-19　丰田车系 ECU 端子

电路图中部分插接器的表示如图 3-20 所示。

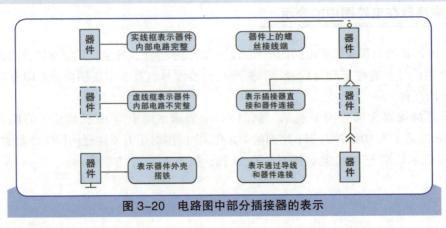

图 3-20　电路图中部分插接器的表示

4. 开关

继电器、三极管也可以做开关吗?

(1) 开关的种类

开关在汽车电路中主要起接通或切断电路的控制作用。

1) 按工作性质分类。

按工作性质不同,开关可分为机械式和电磁式两大类。机械式开关指开关触点的动作是通过操作人员的手、脚或其他外力来实现的;而电磁式开关的触点是通过电磁线圈产生的磁力来实现的。

2) 按功能和用途分类。

按功能和用途不同,开关可分为电源开关、点火开关、照明开关、信号开关、刮水器开关等。

3) 按结构分类。

按结构不同,开关可分为推杆式、顶杆式、旋转式、板柄式、翘板式、按钮式和组合式等。

4) 按操纵方式分类。

按操纵方式不同,开关可分为手动开关、压力开关、温控开关、液位开关、机械开关等。

5) 按状态分类。

按工作状态不同,开关可分为常开型开关、常闭型开关和混合型开关。常开型开关即操作开关时闭合;常闭型开关即操作开关时断开;混合型开关即内置有常闭型开关和常开型开关,操作开关时触点动作相反。

(2) 开关在电路图中的表示

1) 表格法(灯光开关)。

表格法即把开关相关信息通过表格的方法反映在电路图中,开关上主要有挡位、接线端子和开关内部导通情况,如图3-21所示。

从图中可以看出,该开关有两个有效挡Ⅰ、Ⅱ,0挡无输出;共有三个接线端子,其中1号端子为公共端子,2号端子为Ⅰ挡输出端子,3号端子为Ⅱ挡输出端子;当开关置于Ⅰ挡位置时,只有2号端子输出;开关置于Ⅱ挡位置时,2号和3号端子同时输出。

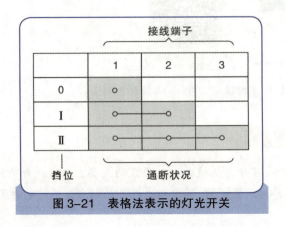

图 3-21　表格法表示的灯光开关

2）**图形符号法（点火开关）**。

图形符号法，即把开关按实际挡位用相应的触点和触点臂表示在一个方框内，能体现操作方向、触点导通关系以及外部接线端子等相关信息，如图 3-22 所示。

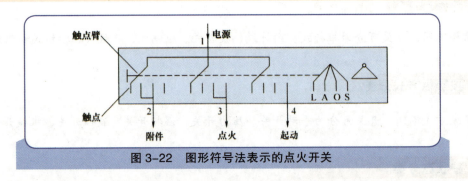

图 3-22　图形符号法表示的点火开关

从图中可以看出该开关是一个三掷（三个触点臂）四位（四个触点）四端子（开关接线端子）的多挡位开关，共有四个挡位，1 号端子为公共输入端子，2 号为第一挡输出端子，3 号为第二挡输出端子，4 号为第三挡输出端子，开关导通情况如下：

L(LOCK)：关闭挡或静止位置，该挡位无输出。

A(ACC)：第一个有效挡，主要提供给附件设备电源，由 2 号端子输出。

O(ON)：第二个有效挡，也是发动机能够工作的挡位，也称点火挡或运行挡，该挡位除了 3 号端子给发动机相关设备提供电源外，还有 2 号端子给附件设备提供电源，所以，该挡位有两个端子输出。

S(START)：第三个有效挡，是专门用于起动发动机的，主要由 4 号端子给起动系统提供起动信号，使起动机运转，同时由 3 号端子给发动机相关设备供电。所以，该挡位也是有两个端子输出。

3）结构法（刮水器开关）。

结构法是采用类似内部触点和触点臂的实际结构来反映开关内触点间的导通情况，如图3-23所示。

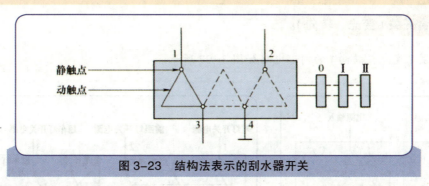

图3-23　结构法表示的刮水器开关

从图中可以看出，该开关是一个三挡位四端子开关，在0挡（即关闭挡）有端子1和端子3导通，Ⅰ挡时端子3和端子4导通，Ⅱ挡时端子2和端子4导通。

（3）典型开关的内部电路

1）危险报警开关。

危险报警开关的内部电路如图3-24所示。

2）前后雾灯开关。

前后雾灯开关的内部电路如图3-25所示。

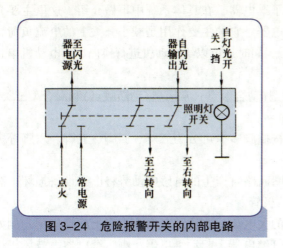

图3-24　危险报警开关的内部电路

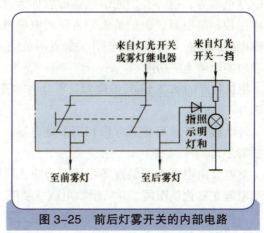

图3-25　前后灯雾开关的内部电路

3）鼓风机开关。

鼓风机开关的内部电路如图3-26所示。

4）组合开关（变光、转向）。

组合开关（变光、转向）的内部电路如图3-27所示。

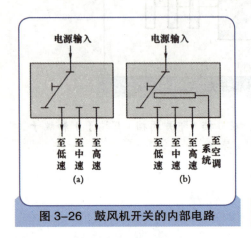

图3-26 鼓风机开关的内部电路

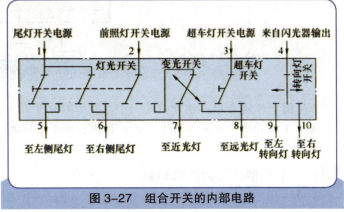

图3-27 组合开关的内部电路

5. 继电器

（1）继电器的类型

汽车用继电器分为功能继电器和电路控制继电器两种。功能继电器如闪光继电器、刮水器间歇继电器等，这种类型的继电器可以称为电子继电器，在具体系统中再做介绍，这里主要介绍电路控制继电器，也就是人们常说的电磁继电器。它的主要作用是减小开关上的电流负荷，实现电路的通断与转换，保护开关触点不被烧蚀，同时还可以给电动机进行换向，使电动机串、并联时实现调速的功能。

根据触点的状态不同，继电器又可分为常开型（动合触点）、常闭型（动断触点）和混合型三类，如图3-28所示。

继电器按外形可分为方形和圆形继电器；按插脚多少可分为三脚、四脚、五脚、六脚等多种插脚形式。

继电器由电磁铁和触点等组成，为防止线圈断路时产生的自感电动势将电子设备损坏，有的继电器在磁化线圈两端并联泄放电阻或续流二极管。

工作时，流经开关的小电流控制用电装置的大电流。这种继电器在汽车上广泛应用，例如电源继电器、卸荷继电器、前照灯继电器、雾灯继电器、起动继电器、喇叭继电器、鼓风机继电器、风扇继电器、空调压缩机继电器、电控系统主继电器、燃油泵继电器等。

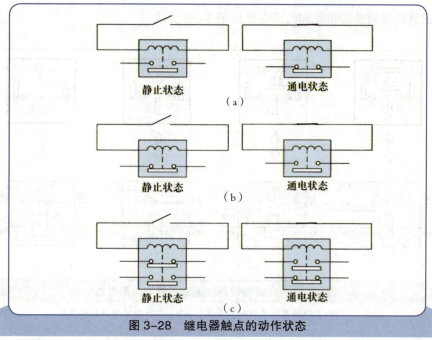

图 3-28　继电器触点的动作状态

（a）常开型；（b）常闭型；（c）混合型

常开型继电器的触点平时是断开的，继电器线圈通电后，产生磁力吸动触点，常开触点变为闭合触点，接通控制电路（见图 3-28（a））。

常闭型继电器的触点平时是闭合的，继电器线圈通电后，产生磁力吸动触点，常闭的触点断开，切断控制电路（见图 3-28（b））。

混合型继电器，平时常闭触点接通，常开触点断开，线圈通电后，产生磁力吸动触点，触点则处于相反状态（见图 3-28（c））。

继电器线圈的工作电压一般有 12 V 和 24 V，这两种应用较为广泛。此外，还有 6 V 电压的继电器用于特殊的地方，比如充电指示灯继电器。

继电器的使用应严格按照线圈额定工作电压使用，不能互换电压等级不同的工作电压。

（2）继电器在电路图中的表示

常见电磁继电器的外形如图 3-29 所示。

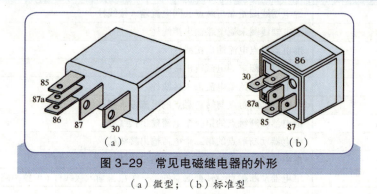

图 3-29　常见电磁继电器的外形

（a）微型；（b）标准型

常见电磁继电器的插脚布置和内部电路如图 3-30 所示。

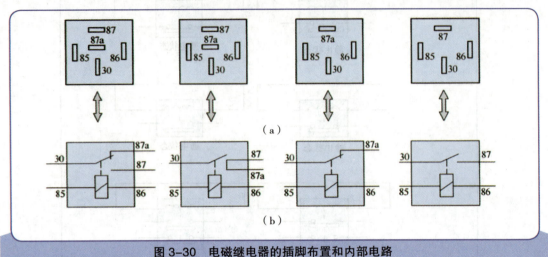

图 3-30　电磁继电器的插脚布置和内部电路

(a) 标准型继电器插脚布置；(b) 标准型继电器内部电路

常见电磁继电器的符号如图 3-31 所示。

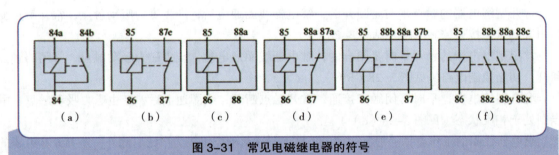

图 3-31　常见电磁继电器的符号

(a) 绕组与触点共用一个输入端；(b) 带一个常闭触点；(c) 带一个常开触点；
(d) 带一个转换触点；(e) 带组合转换触点；(f) 带三个触点的继电器

常见电磁继电器的接线柱标识及含义如表 3-12 所示。

表 3-12　常见电磁继电器的接线柱标识及含义

接线柱标识	接线柱标识的含义
84	继电器线圈始端与触点共同电流输入接线柱
84a	继电器线圈末端电路输出接线柱
84b	继电器触点电流输出接线柱
85	继电器线圈末端电流输出接线柱
86	继电器线圈始端电流输入接线柱
87	继电器动断触点与转换触点的电流输入接线柱
87a	继电器动断触点的第一个电流输出接线柱
87b	继电器动断触点的第二个电流输出接线柱
87e	继电器动断触点的第三个电流输出接线柱
87z	继电器动断触点与转换触点的第一个电流输入接线柱 (单独回路时)(未示出)

续表

接线柱标识	接线柱标识的含义
87y	继电器动断触点与转换触点的第二个电流输入接线柱(单独回路时)(未示出)
87x	继电器动断触点与转换触点的第三个电流输入接线柱(单独回路时)(未示出)
88	继电器动合触点与转换触点的电流输入接线柱
88a	继电器动合触点的第一个电流输出接线柱
88b	继电器动合触点的第二个电流输出接线柱
88e	继电器动合触点的第三个电流输出接线柱
88z	继电器动合触点与转换触点的第一个电流输入接线柱(单独回路时)
88y	继电器动合触点与转换触点的第二个电流输入接线柱(单独回路时)
88x	继电器动合触点与转换触点的第三个电流输入接线柱(单独回路时)

6. 中央配电盒

(1) 中央配电盒的组成

为便于诊断故障、规范布线,现代汽车均设有中央配电盒,常将大部分的熔丝和继电器都安装在中央配电盒上。安装在驾驶室内的中央配电盒的熔丝一般用于功率较小的电气设备;安装在发动机室或蓄电池旁的中央配电盒一般用于功率相对较大的用电设备。

(2) 中央配电盒的正面信息

汽车电气系统是以中央配电盒为核心进行控制的。它的正面安装有继电器和熔丝,并且有与电路图相对应的继电器插座位置和熔丝编号。图 3-32 所示为中央配电盒正面信息。

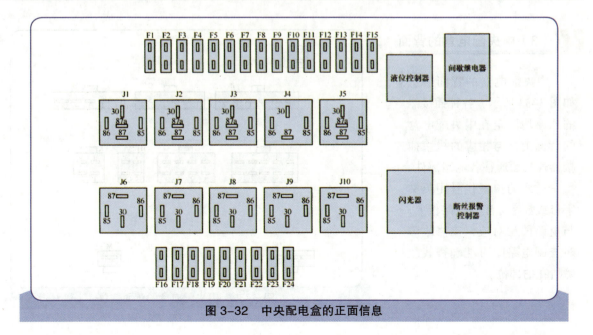

图 3-32 中央配电盒的正面信息

熔丝编号及保护电路如表 3-13 所示。

表 3-13 熔丝编号及保护电路

熔丝编号	保护电器	熔丝编号	保护电器
F1	刮水器电路	F13	收放机和室内灯
F2	倒车电路	F14	转向
F3	备用	F15	诊断
F4	排气制动电路	F16	收放机和点烟器
F5	仪表电路	F17	电源 2
F6	电源 1	F18	小灯
F7	排气制动电路	F19	远光
F8	转向助力液位报警和转向电路	F20	空调和鼓风机
F9	干燥器	F21	近光
F10	预热电路	F22	雾灯
F11	ECU	F23	制动灯
F12	ECU	F24	喇叭

继电器座代号及继电器名称如表 3-14 所示。

表 3-14 继电器座代号及继电器名称

继电器座代号	继电器名称	继电器座代号	继电器名称
J1	刮水器低速继电器	J6	小灯继电器
J2	刮水器高速继电器	J7	远光继电器
J3	ECU 继电器	J8	空调继电器
J4	喇叭继电器	J9	近光继电器
J5	制动灯继电器	J10	雾灯继电器

（3）中央配电盒的背面

中央配电盒的背面信息如图 3-33 所示，各种插接器的插座均固定在中央配电盒的背面上，与相应的线束插接器连接后通往各电器部件。每个插座的位置代号用英文字母或数字标注在线路板上，与电路图相对应，检修故障时查阅电路图可准确查找故障所在的部位。

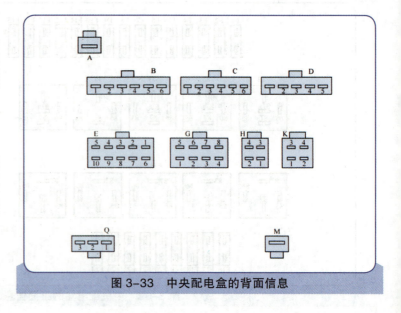

图 3-33 中央配电盒的背面信息

任务二　汽车基本电路

一、汽车电路的组成与特点

1. 汽车电路的组成

汽车电路的认知

按照汽车电气设备的工作原理以及设备相互之间的内在联系，用导线和车身金属机件把车辆电源、电路保护装置、控制器件和用电设备等装置连接起来，形成能够使电流流通的闭合回路，称为汽车电路。根据汽车电路中各电器的连接关系绘制成的电路图称为汽车电路图。

现代汽车的电气设备种类和数量越来越多，但汽车电路主要是由电源、过载保护装置、控制器件、用电设备及导线等组成的，简单的汽车电路如图3-34所示。

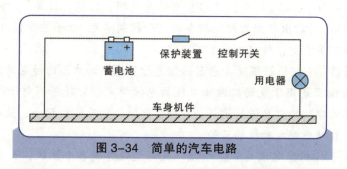

图3-34　简单的汽车电路

（1）电源

汽车上的电源主要由蓄电池和发电机以及调节器组成。当发动机不工作或起动时，车辆上的电源主要是依靠蓄电池来提供；发动机工作后车辆上的电源主要是由发电机来提供，同时给蓄电池进行充电。调节器的作用是在发电机工作时对其发电量进行调节以保证输出电压的稳定。

汽车供电设备

（2）过载保护装置

过载保护装置一般有熔断器（俗称保险丝）、电路断路器及易熔线等。其中，熔断器主要用于保护局部电路，其限额电流值较小；电路断路器用于保护电动机等较大容量的电气设备；易熔线用于保护总电路或大电流电路。它们共同的特点是当电路中的电流超过规定值时，能及时切断电路起到保护作用。

汽车电路中保险丝的认知

(3) 控制器件

汽车电路中可以作为控制器件的大体可分为开关和控制器两大类型。其中开关又可分为手动开关和非手动开关；控制器包括电磁继电器、电子继电器和电子控制器。

1）开关。

①手动开关是指通过驾驶人的手直接操纵的开关，例如点火开关、照明开关、转向开关等。

②非手动开关是指通过压力、温度、液位、机械等方式使开关动作，例如机油压力报警开关、空调高、低压压力开关、制动液位报警开关、制动、倒车、门灯开关等。

2）控制器。

①电磁继电器在汽车电路中用途很广，它是通过电磁线圈通电后产生的磁力吸动触点，实现小电流控制大电流的目的。

②电子继电器是由电磁继电器和电子控制部分组合而成的，除了具备电磁继电器的作用外，还有时间、频率等控制功能，如刮水器间歇继电器、闪光继电器等。

③把一些控制项目（内容）较多，内部具有信息处理、比较、计算等功能，根据不同的输入信号作出准确的判断，并输出相应的控制指令的电子控制单元、电子控制模块都称为电子控制器，只不过是控制内容有多有少，所以叫法也不一样。

例如预热控制器，它能根据温度传感器的信息控制预热加热器的通电时间，功能相对简单；较为典型的电子控制器是用于发动机燃油系统的电控单元，它能根据电子控制器内存储的程序和数据对各种传感器输入的信息进行运算、处理、判断，然后输出指令，控制多个执行器动作，达到快速、准确、自动控制发动机的目的。

现代汽车上电子控制器越来越多，已经涉及电气设备的各个系统，如自动变速器、防抱死制动、安全气囊、空调系统、悬架、车窗、座椅等。它们共同的特点是：电子控制器的工作一般有独立的工作电源，并需要相关的传感器或开关提供信号。

(4) 用电设备

现代汽车上的电气设备随车辆用途的不同，数量多少并不确定，也没有统一的标准，但大体上可以按照车辆的基本配置、辅助电器和发动机控制三大部分进行划分。

1）基本配置。

将机动车辆行驶必备的一些电气设备归类到基本配置，它们包括起动系统、照明系统、信号装置、仪表及报警装置。

2) 辅助电器。

辅助电器一般是与发动机无关或关系不大的电气设备，主要有电动风窗刮水器和洗涤器、空调系统、音响、点烟器、电动车窗、电动座椅、电动后视镜、电动天窗、电动门锁以及防盗系统等。随着人们对舒适性和安全性的要求，越来越多的电气设备用于车辆，有些车辆已经配备了自动悬架、音响娱乐、电子导航、卫星定位、车距监测、倒车报警等电气设备，而且车辆的豪华程度越高，电气设备越多，可以用不胜枚举来形容。

无论车辆电气设备的数量有多少，真正作为用电器也就是执行器的电器件仍然以灯泡、电动机、电磁阀数量居多，它们是学习和掌握汽车电器工作原理的重点部分。

3) 发动机控制。

现代车辆无论是采用柴油作为燃料的柴油发动机，还是采用汽油作为燃料的汽油发动机，都已经采用了电子技术对发动机进行控制，其主要控制项目是燃油喷射的控制。汽油发动机还包括点火控制，其辅助控制项目随车辆用途及豪华程度的不同，有发动机怠速控制、燃油泵控制、废气再循环控制、预热控制、排气制动控制、空调控制、冷却风扇控制、故障报警指示、自诊断功能以及与其他电控系统的网路控制功能。

发动机采用电子控制可以使汽车上的各个系统均处于最佳工作状态，达到提高汽车动力性、经济性、安全性、舒适性，降低汽车排放污染的目的。发动机电子控制是车辆上众多电控装置的典型代表，学习和掌握它的结构和工作原理有助于其他电子控制系统的学习和理解。

汽车电气设备的基本组成如图 3-35 所示。

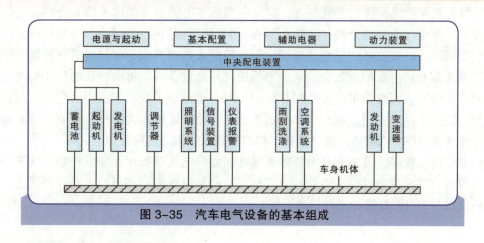

图 3-35 汽车电气设备的基本组成

2. 汽车电路的特点

汽车的种类和型号很多，所用电器和电子设备的种类也较多且数量不等，安装位置、连接方法也有一定的差异，但其电路的设计都遵循一定的电路规律和原则。虽然各国汽车制造厂商都有各自的标准，但也有一些共同的特点和规律，了解和掌握这些特点对正确识读汽车电路图会有很大的帮助。

（1）两个电源

汽车上基本都有两个电源，一个是蓄电池，另一个是发电机。发电机是主电源，主要提供汽车运行时各用电设备的用电，同时给蓄电池进行充电；蓄电池为辅助电源，在发动机未工作时，向有关电气设备供电，特别是起动发动机时，对起动机提供足够大的起动电流，以保证发动机顺利起动。两者互补可以有效地使电气设备在不同的情况下都能正常地工作，有利于延长蓄电池的使用寿命。蓄电池和发电机在汽车电路中为并联关系。

（2）低压直流

无论是蓄电池还是发电机，它们向用电设备提供的电流都是以直流电的方式输出的，目前汽车电气设备使用电源的额定电压主要有两种，汽油车普遍采用低压直流 12 V 电源，重型柴油车多用低压直流 24 V 电源，部分轻型柴油车也有用 12 V 电源供电的。

在发动机工作或车辆运行时，12 V 的电源电压可以达到 14 V，24 V 的电源电压可以达到 28 V。

随着汽车用电设备的增多和环保节能的需要，汽车制造厂商正在探索通过提高电源电压来尽可能地将导线、线束变细的方案，目前公认的比较理想的汽车电源电压为 42 V。这是一种趋势，相信在不久的将来，42 V 的汽车电源将会成为汽车的动力之源。

（3）单线并联

单线制是汽车电路设计的共同特点，它是利用汽车上的金属机体（即车身与发动机和变速器等构件）作为电气设备的公共并联端（常称"搭铁端"）使用。安装在非金属机体上的电气设备则采用双线制。电气设备的正极与电源、用电器的连接则采用一根导线进行连接。任何一个电路中的电流都是由电源的正极经开关、导线流入用电设备后，再由搭铁的负极通过金属机体流回电源负极而形成回路。单线制使用导线少，同时也减小了线束所占用的空间，而且减轻了汽车自重，简化了汽车电路，减少了导线的连接点，使故障率大大降低，也便于安装和检修。对于工作环境和工作要求较高的电路连接，仍然按照双线制的连接方法。

汽车用电设备较多，采用并联电路能确保各支路的电气设备相互独立控制，互不干扰。每条电路均有各自的控制器件保证电路独立工作，且每条电路都有各自的电路保护装置，防止因电路短路或过载而引起导线及用电器的损坏。

（4）负极搭铁

采用单线制时，蓄电池的一个电极需与车身金属机体相连接，即搭铁。所谓负极搭铁，就是将蓄电池的负极通过电缆线与车身金属机体连接；若将蓄电池的正极与车身连接，则称为正极搭铁。由于采用负极搭铁方式不仅使汽车车身、车架均不宜锈蚀，而且电气设备对无线电的干扰也较正极搭铁方式小，所以目前国内外汽车均采用负极搭铁。

随着电子技术特别是微电子技术在汽车上应用程度的不断提高，现代汽车电路中传统的汽车电气正在逐步向电子化、专业化、机电一体化方向快速发展，并且成为不可阻挡的发展趋势。电子控制技术已经涉及汽车电气设备的方方面面，今后汽车电路图的识读、汽车电路的分析、电路故障的排除将以电子技术为基础，掌握电控技术是前提保障。

二、汽车电路图的分类与识读

1. 原理图

（1）原理框图

原理框图是用来表示汽车电气系统全部或部分项目的基本组成及其相互关系的一种简图，主要用于了解电气系统的概貌及基本工作原理，为操作和维修提供参考。

原理框图通常采用方框符号或者带注释的框绘制，其框内的注释可以是文字，也可以是符号或者同时出现；可以是实线框，也可以是虚线框。

1) 部分电气系统的原理框图。

图3-36所示为汽车部分电气系统的原理框图。

2) 电控系统的原理框图。

为了表明层次关系，采用了框的嵌套形式，直观形象地反映了系统的层次划分。电控喷射系统的原理框图如图3-37所示。

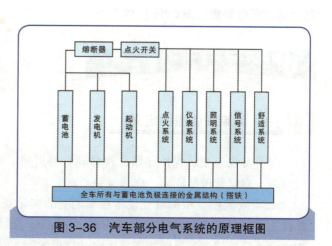

图3-36 汽车部分电气系统的原理框图

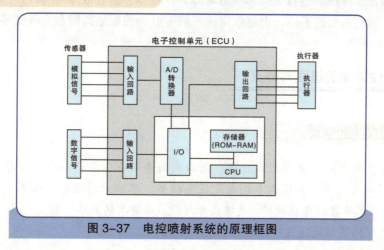

图3-37 电控喷射系统的原理框图

(2) 电路原理图

电路原理图也称电路图，能够较为详细、完整地表示车辆上全部或部分电气设备的基本组成和相关元器件之间的连接关系，采用电气图形符号、导线代码、端子代号按照一定的工作顺序或功能布局绘制而成，不考虑实际位置，具有电路清晰、简单明了的特点，对于了解电路结构、理解电路工作原理意义重大。

任何一个完整的电路都是由电源、开关、用电器和导线等组成的。所不同的是，电源有交流、直流之分，电压等级各异，开关则可以是手动或非手动开关，而用电器要想正常工作，必须得到额定的工作电压，使用电器与电源构成一个完整的闭合回路。对于直流电路而言，电流总是要从电源正极通过导线、开关、熔丝、用电器，再经导线回到同一电源负极，这一闭合回路是一个最基本、最简单，同时也是最重要的电学概念，掌握并熟练应用对识读电路图至关重要。

2. 汽车电路敷线图

敷线图基本上是按照汽车电气设备在车辆上的实际安装位置、线束走向、相似或相近外形来反映电气设备本身或器件之间的连接关系，为了尽可能真实，图中器件大多采用其外形轮廓或其特征表示，能够比较准确地反映车辆上的实际线路情况，对查找线路连接、导通情况提供了方便。典型的汽车电路敷线图如图3-38所示。

3. 线束安装图

(1) 线束安装图的定义

为了安装方便、保护导线、检修时容易更换，在车辆上将同一去向的若干导线用编织物或塑料带、螺纹管包扎成束，称为线束。

线束安装图是根据电气设备在车辆上的实际安装部位绘制的全车电路图。在图上，部件与部件之间的导线是以线束的形式出现。线束图与敷线图相似，但图面比敷线图简单明了，能更加真实地反映器件、导线的连接去向，接近实际，在检修、查找故障时有较强的实用性。

根据所表示的侧重点的不同，电路线束图一般可分为线束结构图和布线图等。

(2) 线束安装图的组成与特点

1) 线束安装图的组成。

线束安装图主要是以线束的形式出现，图面的线条较少，在一些电气设备简单的车辆上一般由主线束和分线束组成，而现代车辆电气设备较多，很难分清主、次线束，所以大多以某某系统线束区分。为了检修时查找故障、更换线束方便，目前车辆上尽可能设计成许多独立的线束，而线束与线束之间的连接则通过过渡连接器进行连接。

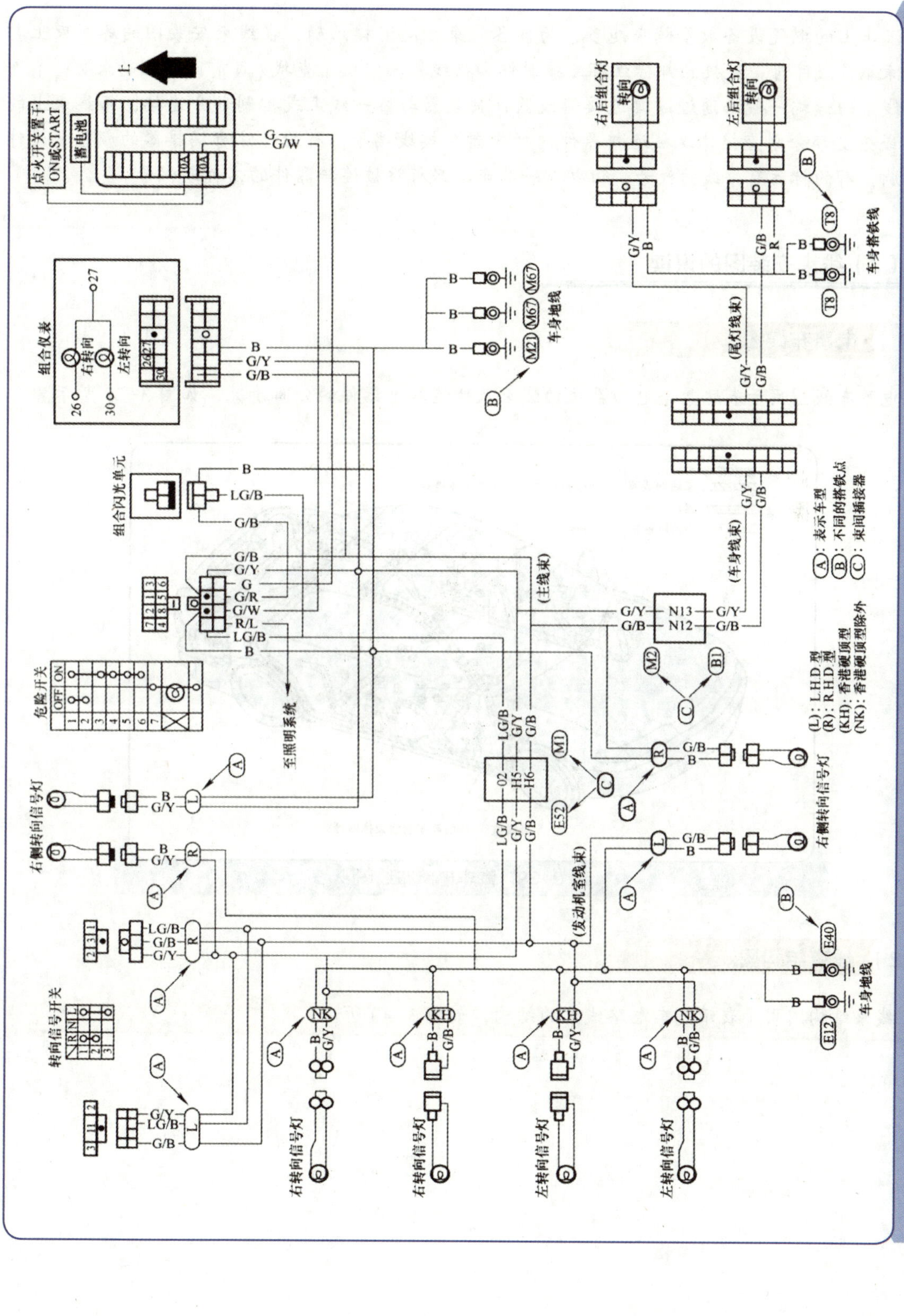

任务二 汽车基本电路

图 3-38 典型的汽车电路敷线图

2）线束安装图的特点。

汽车上的电气设备数量越来越多，为使各线束之间连接正确，在线束安装图的各线束上都有线束编号或字母，连接点都标注有连接器件和接线标志以便于查找（目前国际上尚未统一）。

线束的始端一般都通过过渡连接器或器件插接器与另一线束或控制部分连接，而线束上的终端或分支部分则直接体现被连接器件的插接器或接线端子，有的标注有插接器的颜色、器件的插脚，有的标注有导线的代号，但也有一些车辆只标注被连接器件的名称或代号。

（3）线束安装图的识读

1）电路布线图。

电路布线图用于表达某个电力系统的线束及所连接电器件的分布情况，如图3-39所示。

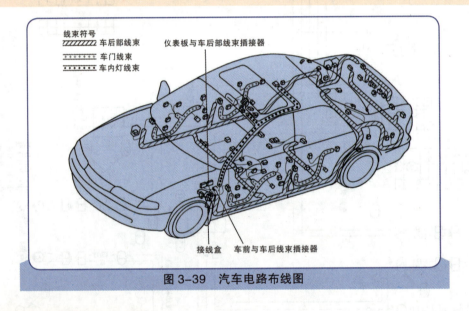

图3-39 汽车电路布线图

2）线束结构图。

线束结构图用于表示汽车电路线束的结构，如图3-40所示。

任务二 汽车基本电路

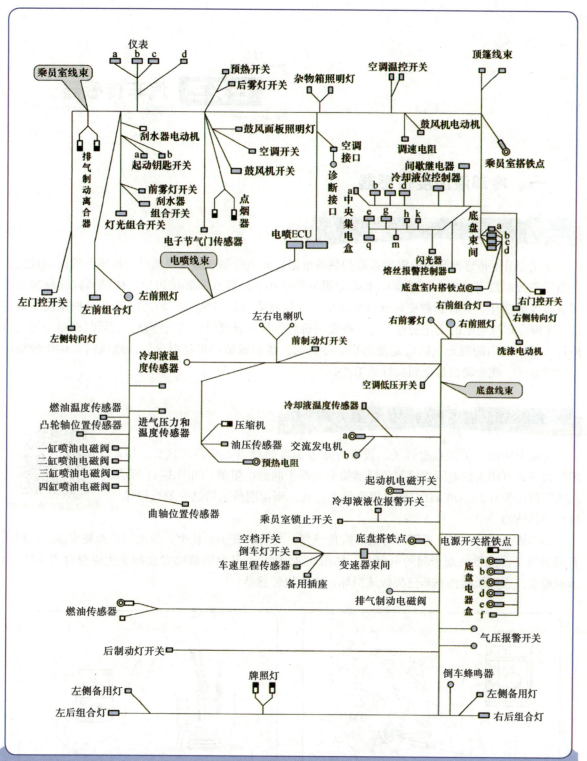

图 3-40 汽车电路线束的结构

任务三 汽车传感器

一、冷却液温度传感器

1. 冷却液温度传感器的工作原理

冷却液温度传感器采用负温度系数的热敏电阻，即当冷却液温度较低时，传感器的电阻较大，而当冷却液温度升高时，传感器的电阻却明显地变小。这样在实际使用中，传感器就能感知到冷却液温度的变化，并将这种变化通过电路的连接转化为电信号输送给ECU。ECU可根据输入的电信号（即冷却液温度的变化信号）对电喷发动机的喷油量及喷油时间进行修正，同时调整空燃比，使进入发动机内的混合气能稳定地燃烧。冷机时，供给较浓的可燃混合气；热机时，供给较稀的可燃混合气，使发动机稳定而良好地工作。

2. 冷却液温度传感器的检测方法

①就车检测。关闭点火开关，拔下冷却液温度传感器连接器的接头，用高阻抗数字式万用表的电阻挡检测传感器接头两端子间的电阻值，如图3-41所示。其电阻值应为0.2～20 kΩ，若电阻值偏差过大，则说明传感器已失效或损坏，应更换传感器。

冷却液温度传感器检测

②单体检测。从车上拆下冷却液温度传感器，并将其置于水杯中，缓慢加热提高水温，同时用万用表测量传感器两端子间的电阻值，如图3-42所示。其电阻值随温度的变化应符合表3-15所示的要求，否则说明传感器已失效或损坏，应更换传感器。

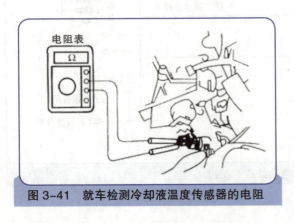

图3-41 就车检测冷却液温度传感器的电阻

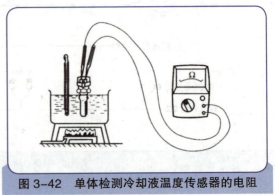

图3-42 单体检测冷却液温度传感器的电阻

表 3-15 冷却液温度传感器阻值随温度的变化

冷却液温度 /℃	电阻值 / kΩ	冷却液温度 /℃	电阻值 / kΩ
-20	10~20	40	0.9~1.3
0	4~7	60	0.4~0.7
20	2~3	80	0.2~0.4

二、进气温度传感器

1. 进气温度传感器的工作原理

　　进气温度传感器也是由负温度系数的热敏电阻组成的，即温度升高时传感器的电阻明显减小。其用来检测发动机的进气温度，并将这种温度信号通过电路的连接以电信号的形式输送给 ECU，ECU 则根据输入的电信号对喷油量进行修正。如果进气温度传感器出现故障，就会使输送给 ECU 的进气温度电信号中断，使进入发动机气缸中的混合气过稀或过浓，燃烧情况变坏，出现热起动困难、废气排放量增大、工作不稳定的情况。同时，若在行车中出现上述情况，则应对进气温度传感器进行检测。

2. 进气温度传感器的检测方法

进气温度传感器检测

（1）电阻检测

　　①单体检测。关闭点火开关，拔下进气温度传感器连接器接头，拆下进气温度传感器。用电吹风机吹或用热水加热进气温度传感器，并用万用表电阻挡测量在不同温度下进气温度传感器的电阻值，如图 3-43 所示。其电阻值随温度的变化应与冷却液温度传感器相同，如果电阻值不在此范围内，则应更换进气温度传感器。

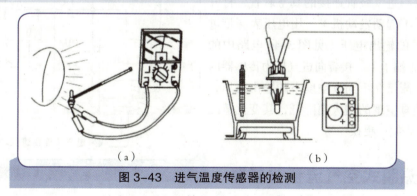

图 3-43 进气温度传感器的检测

（a）电吹风机传感器；（b）热水加热传感器

　　②就车检测。关闭点火开关，拔下进气温度传感器连接器接头，用高阻抗数字式万用表的电阻挡检测传感器接头两端子间的电阻，其阻值应为 0.2 ~ 20 kΩ，若电阻值的偏差过大，则说明传感器已失效或损坏，应更换传感器。

（2）电压检测

打开点火开关，用万用表的两端子分别连接进气温度传感器的信号线或 ECU 的信号线端子与地线端子（即 THA 与 E2），注意正负极，用其电压挡测量传感器的输出电压值，其大小应随进气温度的变化而变化，即温度低时电压高，温度高时电压低，测量结果应符合规定（在 20 ℃ 时电压值应为 0.5 ~ 3.4 V）；否则，应更换传感器。

三、进气压力传感器

进气歧管绝对压力传感器（也称进气压力传感器或 MAP）用在 D 型汽油喷射系统（应用在发动机上的电子控制多点间歇式汽油喷射系统中，基本特点是：以进气歧管压力和发动机转速为基本控制参数，用来控制喷油器的基本喷油量）中，根据发动机的负荷测出进气歧管内压力的变化，并通过电路的连接转化为电信号和转速信号，并一起输送给汽车电控单元（ECU），作为确定喷油器喷油量的基本依据。它大多安装在汽车发动机的进气歧管上，也有少部分安装在汽车发动机 ECU 的控制盒内（如 AudiAS）或发动机的驾驶室内。

进气压力传感器的种类较多，按其信号的产生原理可以分为电压型和频率型两种。电压型又可分为半导体压敏电阻式（电阻应变计式）和膜盒传动可变电感式；频率型的可分为电容式和表面弹性波式。其中以半导体压敏电阻式应用最多。

半导体压敏电阻式进气压力传感器的检测方法如下：

①拔下传感器的连接器插头，接通点火开关（但不起动发动机），用万用表的电压挡检测连接器插头电源端和接地之间的电压（见图 3-44 电路中的 UC 端子与 E2 端子），应在 4 ~ 6 V；若无电压，应检测 ECU 相应端子间的电压，若正常，则是传感器与 ECU 间连接线路发生故障；若仍无电压，则是 ECU 发生故障。

②检测进气压力传感器的输出电压。拔下进气压力传感器与进气歧管连接的真空软管，打开点火开关（但不起动发动机），用电压表测量进气压力传感器的输出电压（见图 3-44 电路中的 PIM 端子与 E2 端子）。接着向进气压力传感器内施加真空，并测量在不同真空度下的输出电压，该电压值应随真空度的增大而降低，其变化情况应符合规定，否则应更换。

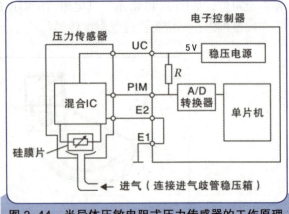

图 3-44 半导体压敏电阻式压力传感器的工作原理

四、热膜式空气流量传感器

1. 热膜式空气流量传感器的工作原理

热膜式空气流量传感器与热线式空气流量传感器的工作原理大致一样。传感器的热膜电阻 R_H、温度补偿电阻 R_T、精密电阻 R_1 及 R_2、信号取样电阻 R_S 在电路板上以惠斯顿电桥的方式连接，如图 3-45 所示。

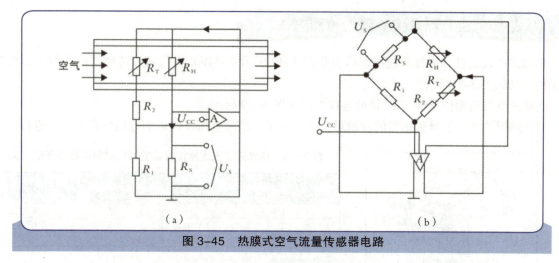

图 3-45 热膜式空气流量传感器电路

（a）热膜式空气流量传感器的连接电路；（b）传感器内电阻组成的电桥电路
R_T—温度补偿电阻；R_H—热膜电阻；R_S—信号取样电阻；R_1、R_2—精密电阻；U_{CC}—电源电压；U_S—信号电压；A—控制电路

当空气气流流经发热元件并使其受到冷却时，发热元件即热膜电阻温度降低，阻值减小，电桥电压失去平衡，控制电路将增大供给发热元件的电流，使其温度保持高于温度补偿电阻温度一个固定值（一般为 100 ℃）。电流增量的大小取决于发热元件受到冷却的程度，即取决于流过传感器的空气量。当电桥电流增大时，信号取样电阻 R_S 上的电压就会升高，从而将空气流量的变化转化为电压信号 U_S 的变化。输出电压与空气流量之间的关系特征曲线如图 3-46 所示。信号电压输入 ECU 后，ECU 可根据信号电压的高低计算出空气流量的大小。

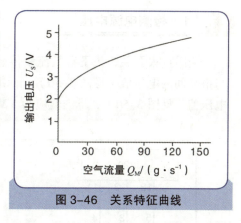

图 3-46 关系特征曲线

当发动机怠速或空气为热空气时，因为怠速时节气门关闭或接近全闭，所以空气流速低，空气量少；又因空气温度越高，空气密度越小，所以在体积相同的情况下，热空气的质量小，因此发热元件受到冷却的程度小，阻值减小的幅度小，所以电桥平衡需要的电流小，如图 3-47（a）所示，故信号取样电阻上的信号电压低。控制单元 ECU 根据信号电压即可计算出空气流量的大小。

当发动机负荷增大或空气为冷空气时，因为节气门开度增大，空气流速加快使空气流量增大；因为冷空气密度大，在体积相同的情况下冷空气质量大，所以发热元件受到冷却的程度增大，阻值减小的幅度大，保持电桥平衡需要的电流增大，如图 3-47（b）所示，因此当发动机负荷增大时，信号电压升高。

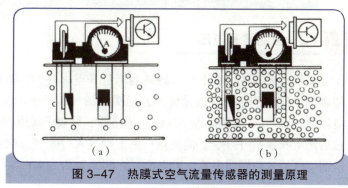

图 3-47 热膜式空气流量传感器的测量原理

（a）怠速或热空气时；（b）负荷增大或冷空气时

2. 热膜式空气流量传感器的检测方法

热膜式空气流量传感器的连接器插头如图 3-49 所示，热膜式空气流量传感器的连接器插头各端子的含义如表 3-16 所示。

热膜式空气流量传感器与 ECU 的连接电路如图 3-49 所示。

对此热膜式空气流量传感器的检测可从电源电压、信号电压及线束的导通性几个方面进行。

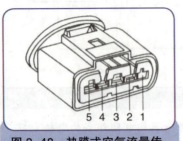

图 3-48　热膜式空气流量传感器的连接器插头

表 3-16　热膜式空气流量传感器的连接器插头各端子的含义

空气流量传感器(5芯)插头各端子号	含义	空气流量传感器(5芯)插头各端子号	含义
1	空	4	5 V 电源
2	12 V 电源	5	正信号线
3	负信号线		

空气流量传感器检测

（1）检测电源电压

关闭点火开关，拔下空气流量传感器的插头，起动发动机。首先用万用表测量插头 2 端子与搭铁间的电压值（见图 3-50），标准值应为 12 V。然后用万用表测量插头 4 端子与搭铁间的电压值（见图 3-50），标准值应为 5 V。

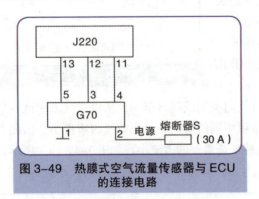

图 3-49　热膜式空气流量传感器与 ECU 的连接电路

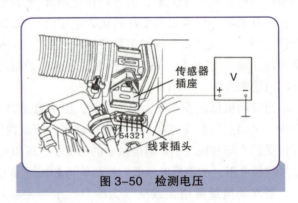

图 3-50　检测电压

（2）检测信号电压

关闭点火开关，拆下空气滤清器。打开点火开关，即置于"ON"位置不起动发动机。用万用表的电压挡测量空气流量传感器插头中的 5 端子（正信号线）与 3 端子（负信号线）之间的电压值。用"+"表笔插入空气流量传感器 5 号端子线束中，"-"表笔插入 3 号端子的线束中。然后用电吹风机（冷风挡）向流量传感器空气入口吹气，观察信号电压的变化。若信号电压不变化，说明空气流量传感器失效，应更换。标准值为 2 ~ 4 V。

（3）检测线束导通性（断路）

检测热膜式空气流量传感器线束的导通性，如图 3-51 所示，具体方法如下：

关闭点火开关，拔下空气流量传感器的插头，拔下电控单元 ECU 的线束连接器，用万用表检测插头 3 端子与 ECU 连接器的 12 端子间的电阻值，标准值应小于 1Ω。用万用表检测插头 4 端子与 ECU 连接器的 11 端子间的电阻值，标准值应小于 1Ω。用万用表检测插头 5 端子与 ECU 连接器的 13 端子间的电阻值，标准值应小于 1Ω。

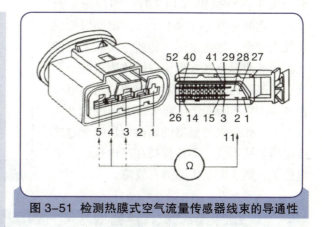

图 3-51 检测热膜式空气流量传感器线束的导通性

五、氧传感器

1. 二氧化锆式氧传感器的工作原理

氧传感器检测

二氧化锆式氧传感器的工作原理如图 3-52 所示。

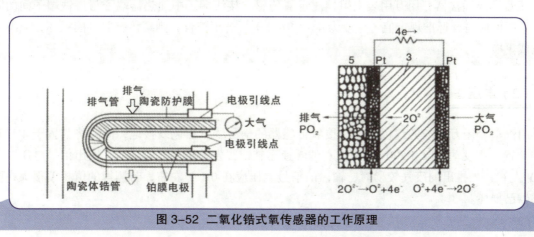

图 3-52 二氧化锆式氧传感器的工作原理

锆管的陶瓷体是多孔的，渗入其中的氧气在温度较高时发生电离。只要锆管内侧（与大气相通）、外侧（与排气相通）氧的质量分数不一致，存在浓度差，氧离子就将从大气侧向排气侧扩散，从而使锆管成为一个微电池，在两铂极间产生电压。

当供给发动机的可燃混合气较稀时，由于排气中氧的质量分数较高，锆管内、外表面的氧浓度差较小，因此锆管两铂膜电极间的电势差很小，产生很小的电压，即传感器的输出电压几乎为零；当供给发动机的可燃混合气浓时，排气中氧的质量分数较低，同时伴有较多的未完全燃烧的产物（如 CO、H_2 等），这些成分在锆管外表面上的催化剂铂的作用下，与氧发生反应，消耗排气中残余的氧，这将使锆管外表面本来就极其稀少的氧浓度含量进一步降低，而锆管内表面仍与大气相通，氧的质量分数较高，这样锆管内、外表面的氧浓度差就较大，因此锆管两铂膜电极之间的电势差就较高，产生较大的电压，即传感器的输出电压接近 1 V，如图 3-53 所示。

从图 3-53 中还可以看出，这种电压的突变发生在空燃比为 14.7 时，即理论空燃比时，此时空气过量系数为 1。但要保持混合气为理论空燃比是不可能的。实际上反馈控制只能使混合气在理论空燃比附近的一个狭小的范围内波动，故氧传感器的输出电压在 0 ~ 1 V 不断变化（通常每 10 s 变化 8 次以上）。如果氧传感器的输出电压变化过缓或电压保持不变（不论保持在高电位还是低电位），则表明氧传感器有故障。

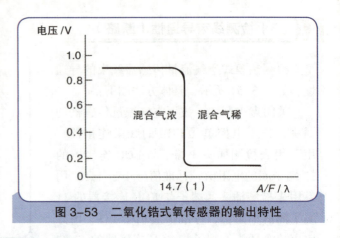

图 3-53　二氧化锆式氧传感器的输出特性

2. 二氧化锆式氧传感器的检测方法

（1）电阻法

利用万用表测量二氧化锆式氧传感器在暖机和非暖机情况下的电阻，在充分暖机状态下，氧传感器的电阻值约为 300 kΩ，不在暖机状态下其电阻值应为 ∞。

对于带加热器的二氧化锆式氧传感器，可检测其加热器电阻：将点火开关置于 OFF，拔下氧传感器导线插接器，用万用表电阻挡测量氧传感器接线端子中加热器端子与搭铁端子间的阻值，其阻值应符合标准规定值（一般为 4 ~ 40 Ω）。若不符合，则氧传感器可能损坏，应继续检测或更换。

（2）电压法

用汽车专用万用表的红色测试线接氧传感器的信号线，黑色线接地，同时将其置于 4 V 直流挡位置。让发动机以 2 500 r/min 左右的转速运转，当发动机尾气较浓时，输出信号电压应在 0.9 V 左右，当排出的废气较稀时，输出的信号电压应在 0.1 V 左右，若测得的值相差很大，则传感器已损坏。

六、节气门控制

1. 触点开关式节气门位置传感器的工作原理

触点开关式节气门位置传感器的输出特性如图 3-54 所示。

当节气门关闭时，传感器的怠速触点（IDL）闭合，功率触点（PSW）断开，怠速触点（IDL）输出端子输出一个低电平信号"0"，功率触点（PSW）输出端子输出一个高电平信号"1"。ECU 接收到节气门位置传感器 TPS 输入的这两个电压信号时，若车速传感器输入 ECU 的信号表示车速为 0，那么 ECU 便可根据这两个信号判定发动机处于怠速状态，并控制喷油器增加喷油量，保证发动机怠速转速稳定而不致熄火；如果此时车速传感器输入 ECU 的信号表示车速不为 0，那么

ECU便可根据这两个信号判定发动机处于减速状态,从而控制喷油器停止喷油,以减少排放量和提高经济性。

当节气门开度逐渐增大时,凸轮随节气门轴转动并将怠速触点(IDL)顶开,从而使怠速触点处于断开状态,但由于此时功率触点(PSW)也处于断开状态,因此怠速触点(IDL)端子输出高电平信号"1",功率触点(PSW)端子也输出高电平信号"1"。ECU接收到两个高电平信号时,便可判定发动机处于部分负荷状态,此时ECU再根据空气流量传感器信号和曲轴转速信号计算确定喷油量,保证发动机的经济性和排放性能。

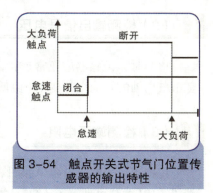

图3-54 触点开关式节气门位置传感器的输出特性

当节气门接近全部开启(80%以上负荷)时,凸轮转动使功率触点(PSW)闭合,此时(PSW)端子输出一个低电平信号"0",而IDL端子仍处于断开状态,从而输出一个高电平信号"1"。ECU接收到这两个信号时,便可判定发动机处于大负荷运行状态,从而控制喷油器增加喷油量,保证发动机输出足够的动力。

当节气门全开时,ECU将控制系统进入开环控制模式,此时不采用氧传感器信号。如果此时机车空调器在工作,那么ECU将中断空调主继电器信号约15 s,以便切断空调电磁离合器的线圈电流,使空调压缩机停止工作,增大发动机输出功率,提高汽车的动力性。

2.触点开关式节气门位置传感器的检测方法

现以丰田轿车的触点开关式节气门位置传感器为例对此类型传感器的检测方法进行介绍。丰田轿车触点开关式节气门位置传感器与ECU的连接电路如图3-55所示。

其检测方法如下所示。

(1)检测电源电压

开关式节气门位置传感器的电源电压检测如图3-56所示。检测时应拔下传感器插头,用万用表电压挡测量线束插接器中可动触点(TL端子)的电源电压,应为12 V,否则应检查线路是否断路。

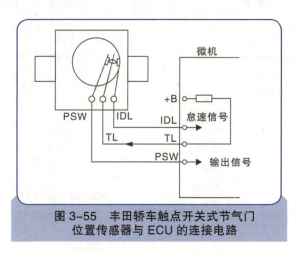

图3-55 丰田轿车触点开关式节气门位置传感器与ECU的连接电路

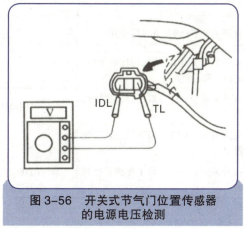

图3-56 开关式节气门位置传感器的电源电压检测

（2）检测输出信号电压

检测时，传感器应正常连接，接通点火开关，输出的信号电压应为高电平或低电平，并且随节气门轴的转动交替变化（由低电平"0"变为高电平"1"或由高电平"1"变为低电平"0"）。

（3）检测端子电阻

①检测怠速端子电阻，如图3-57所示。拔下传感器接线插头，用万用表的电阻挡测量怠速端子（IDL）与可动端子（TL）之间的电阻，其电阻值应为0。转动节气门轴约40°，其电阻值应为∞。

②检测功率端子电阻，如图3-58所示。拔下传感器接线插头，用万用表的电阻挡测量传感器的功率端子（PSW）与可动端子（TL）之间的电阻值，其电阻值应为∞。转动节气门轴约55°，电阻值应为0。

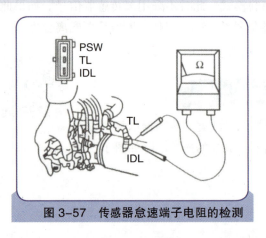

图3-57 传感器怠速端子电阻的检测

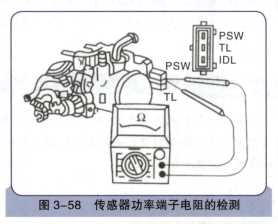

图3-58 传感器功率端子电阻的检测

触点开关式节气门位置传感器的检测标准值如表3-17所示。

表3-17 触点开关式节气门位置传感器的检测标准值

检测条件	检测端子		标准值
点火开关置于ON，节气门全闭（IDL闭合）	IDL-E		> 0.5 V
	PSW-E		4.5~5 V
点火开关置于ON，节气门全开	IDL-E		4.5~5 V
	PSW-E		> 0.5 V
点火开关置于ON，节气门在全闭和全开之间（部分负荷）	IDL-E		不能同时小于0.5 V
	PSW-E		
点火开关置于OFF，取下传感器导线连接器	节气门全闭	IDL-E	< 10 Ω
		PSW-E	> 1 MΩ
点火开关置于OFF，取下传感器导线连接器	节气门全开	IDL-E	> 1 MΩ
		PSW-E	< 10 Ω
点火开关置于OFF，取下传感器导线连接器	节气门在全闭与全开之间	IDL-E	不能同时低于10 Ω
		PSW-E	

七、曲轴位置传感器

1. 霍尔式曲轴位置传感器的结构与原理

曲轴位置传感器检测

霍尔式曲轴位置传感器是利用霍尔效应产生与曲轴转角相对应的电压脉冲信号的原理制成的,可分为触发叶片式和触发轮齿式两种曲轴位置传感器。

霍尔效应是指把一块金属或半导体薄片垂直放在磁感应强度为 B 的磁场中,沿着垂直于磁场的方向通以电流 I,会在薄片的另一侧面产生电动势 U_H,如图 3-59 所示。所产生的电动势称为霍尔电动势,这种薄片(一般为半导体)称为霍尔片或霍尔元件。触发叶片式霍尔曲轴位置传感器的工作原理如图 3-60 所示。

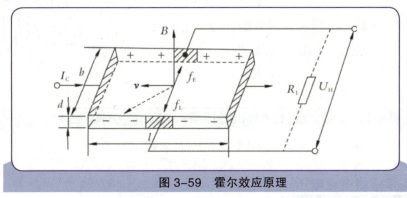

图 3-59 霍尔效应原理

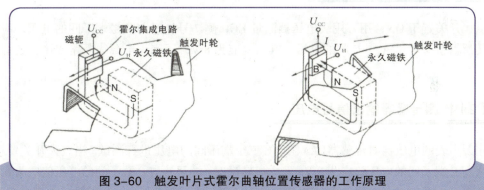

图 3-60 触发叶片式霍尔曲轴位置传感器的工作原理
(a)叶片进入气隙,磁场被旁路;(b)叶片离开气隙,磁场饱满

当曲轴转动并带动转子轴转动时,触发叶轮随转子轴一起转动,触发叶轮的叶片便从霍尔集成电路与永久磁铁之间的气隙中转过。

当叶片进入气隙时,霍尔集成电路中的磁场被叶片旁路,此时霍尔元件产生的霍尔电压为零,集成电路输出端被三极管截止,传感器输出一个高电平信号电压(实验表明:当电源电压 U_{CC}=14.4 V 时,信号电压 U_0=9.8 V;当电源电压 U_{CC}=5 V 时,信号电压 U_0=4.8 V)。

当叶片离开气隙时,永久磁铁的磁通便经过霍尔集成电路和导磁钢片构成回路,此时霍尔元件产生霍尔电压 U_H(U_H=1.9~2.0 V),霍尔集成电路输出端被三极管导通,传感器输出一个低电平电压信号 U_0(实验表明:当电源电压 U_{CC}=14.4 V 或 5 V 时,信号电压 U_0=0.1~0.3 V)。

ECU 根据输入的脉冲信号计算出曲轴的转角及活塞上止点的位置,从而对发动机的点火和喷油时刻进行控制。

2. 霍尔式曲轴位置传感器的检测方法

霍尔式曲轴位置传感器的检测主要是指电源电压、信号输出电压、连接导线电阻的检测，如图3-61（a）所示。

线束插头为三端子插头，插头上有A、B、C三个端子，如图3-61（b）所示。A端子为电源端子，连接ECU插座端子7；B端子为信号输出端子，连接ECU插座端子24；C端子为搭铁端子，连接ECU插座端子4。曲轴位置传感器的检测方法如下。

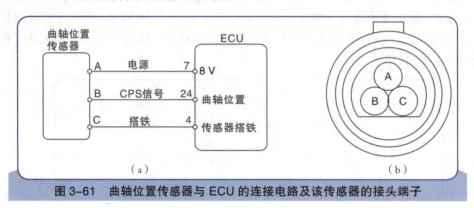

图3-61　曲轴位置传感器与ECU的连接电路及该传感器的接头端子

（a）连接电路；（b）接头端子

（1）检测传感器电源电压

点火开关置于ON，用万用表电压挡测量ECU侧7号端子与4号端子间的电压，应为8 V，测量传感器接头端子A与C间的电压，其值也应为8 V，否则为电源线断路或接头接触不良。

（2）检测传感器输出信号电压

用万用表的电压挡对传感器的A、B、C三个端子间的电压进行测试。当点火开关置于ON时，端子A与C端子间的电压值应为8 V；发电机转动时，端子B与C端子间的电压值应为0.3～5 V，且数值显示应呈脉冲性变化，最高电压为5 V，最低电压为0.3 V。若无脉冲电压或电压值不在此范围内，则应更换曲轴位置传感器。

（3）检测传感器端子电阻

点火开关置于OFF；拔下曲轴位置传感器导线连接器，用万用表电阻挡测量端子A与B或端子A与C间的电阻值，此时万用表应显示∞（开路）。如果指示有电阻，则应更换曲轴位置传感器。

八、爆震传感器

1. 爆震传感器的组成和原理

爆震传感器是一种振动加速度传感器，装在发动机气缸体上，一般安装在2、3缸之间，有利于发动机爆震平衡，ECU利用爆震传感器输出的振动频率信号通过ECU内部滤波，进而判断发动机是否发生了爆震，当检测到爆震信号时，ECU会逐步减小，直到不发生爆震为止，然后再逐步恢复，直到爆震消失，如此反复。

爆震传感器检测

2. 爆震传感器的故障检测

故障检测是指主要检查传感器上两根线和ECU对应针脚之间的连接是否出现短路、断路，传感器与缸体之间是否压合不良，或者传感器和缸体之间是否有异物。

工作温度区间：–40 ℃ ~ 150 ℃。

电阻值：大于 1 MΩ。

任务四　汽车电路故障及检测方法

一、常见的电路故障

汽车电气系统的故障总体上可分为两大类：一类是电气设备（含电路基础元件、控制单元等）故障；另一类是线路故障。

1. 电气设备故障

电气设备故障是指电气设备自身丧失其原有机能，包括电气设备的机械损坏、烧毁以及电子元件的击穿、老化、性能减退，等等。在实际使用和维修中，常常因线路故障而造成电气设备的故障。电气设备的故障一般是可修复的，但对于一些不可拆的电子设备出现故障后只能更换。

2. 线路故障

线路故障包括断路、短路、接触不良或绝缘不良等。接触不良故障有时会出现一些假象，给故障诊断带来困难。例如，某中控门锁系统的搭铁线与车身出现接触不良时，就有可能造成中控门锁电动机打开车门后再动作，锁上车门，电气设备工作混乱。有的搭铁线为多个电气设备共用，一旦该搭铁线出现接触不良，它便把多个电气设备的工作电路联系到一起，就有可能通过其他线路找到搭铁途径，造成一个或多个电气设备工作异常。

二、常见的检测工具

汽车常见的检测工具有跨接线、试灯、试电笔（二极管灯）、万用表（指针式、数字式）等。

1. 跨接线

跨接线的一端接蓄电池正极，以便为要检查的部件提供极好的 12 V 电源。用跨接线短路掉电路中的开关、导线和插接器的办法检查负载部件。跨接线还能用来将电路中要检查的部分搭铁，如图 3-62 所示。

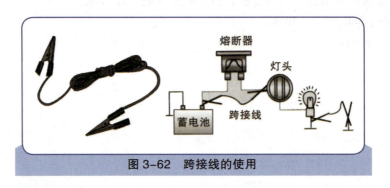

图 3-62 跨接线的使用

2. 试灯

试灯又分为无源试灯和有源试灯两种，如图 3-63 所示。

无源试灯的手柄是透明的，里面装有一只灯泡。手柄的一端伸出带尖的探头，另一端引出一根带夹子的搭铁线。

还有一种是有源的通、断试灯。使用时，要将电路的电源断开，搭铁夹子接负载部件的搭铁端子，探头接触被检查的电线。若电路是连通的，内装电池便将灯点亮；若电路是不连通的（有断路的地方），灯不亮。

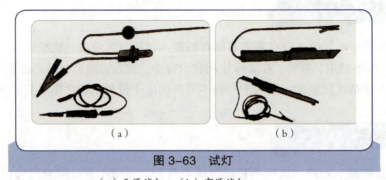

图 3-63 试灯

(a)无源试灯；(b)有源试灯

3. 试电笔（二极管灯）

汽修电工经常要用试电笔来检查线路的好坏和传感器的一般故障。例如，用二极管试电笔是否闪亮来检查喷油嘴有无驱动电压；用 Ne 信号点火磁脉冲触发信号、霍尔传感器信号、光电传感器信号等来判断这些传感器是否工作正常。

把试电笔的测头夹子夹在接地体上，另一测头接触到电路上预测处，如果电路上无断路点，测笔上的小灯亮。若小灯不亮说明电路不通，可能存在断点。依次序改变测试地点，就可以找出断电点，如图 3-64 所示。

二极管试电笔的小巧、便于携带等优点对维修工作带来很大的便利，大家可以自己制作一个（用一个双向二极管，串联一个 330~680 Ω 的电阻，一端接一探针，另一端引出一跟带夹子的搭铁线）。一般用于检测电控发动机的微弱信号，如点火信号、喷油脉宽信号、各种传感器信号等。

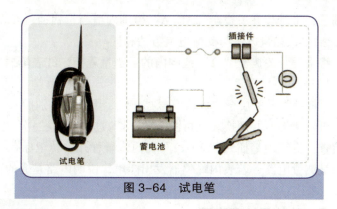

图 3-64　试电笔

4. 万用表

万用表一般分为指针式万用表（模拟式）和数字式万用表（见图 3-65）。

数字式万用表可测量直流电压、交流电压、喷油脉冲、二极管判断、电阻、电流、频率、转速、闭合角、百分比表、故障码等。

其测量电路能将待测电量和电参数转换为毫安级的直流电压，供数字式万用表测量，当量程开关选择不同位置时，可组成不同的测量电路。

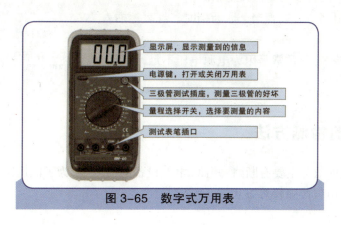

图 3-65　数字式万用表

(1) 数字式万用表的使用方法

①直流电压的测量：将量程开关有黑线的一端拨至"DC-V"范围内的适当量程挡，黑表笔插入"COM"插口，红表笔插入"V·Ω"插口，将电源开关拨至"ON"挡，表笔接触测量点后，显示屏上便出现测量值。量程开关置于 200 mV 挡，显示值以"mV"为单位，其余各挡以"V"为单位。

②交流电压的测量：将量程开关拨至"AC-V"范围内适当量程挡，表笔接法同上，其测量方法与测量直流电压相同。

③直流电流的测量：将量程开关拨至"DC-A"范围内的适当量程挡，当被测电流小于 200 mA 时，红表笔应插入"mA"插口，黑表笔插入"COM"插口，接通内电源，把仪表串联接入，即可显示读数。

④交流电流的测量：将量程开关拨至"AC-A"范围内适当量程挡，红表笔应按量程不同插入"mA"或"10 A"插口，测量方法与支流电流方法相同。

⑤电阻的测量：将量程开关拨至"Ω"范围内的适当量程挡，红表笔插入"V·Ω"插口，黑表笔插入"COM"插口。

⑥二极管的测量：将量程开关拨至二极管符号挡，红、黑表笔分别插入"V·Ω"和"COM"插口，将表笔接至二极管两端，并调换表笔再测一次，读数应一次通一次不通。

⑦电路通断的检查：将红表笔插入"V·Ω"孔内，量程开关转至标有"·))))"的符号处，然后用表笔触及被测量电路，若表内蜂鸣器发出叫声，说明电路是通的；反之，则不通。

(2) 数字式万用表的使用注意事项

①测量前，应校对量程开关位置及两表笔所接触的插孔，无误后再进行测量。严禁在测量高电压或大电流时拨动开关，以防止产生电弧，烧坏开关触点。

②对无法估计的待测量件，应选取最高量程挡测量，然后根据显示结果选取合适的量程。

③严禁带电测电阻。

④仪表应避免在高温、寒冷、阳光直射及强烈震动的环境下使用或存放。

⑤交流电压挡只能直接测量低频正弦波信号。

⑥在使用各电阻挡、二极管挡、通断挡时，红表笔插入"V·Ω"挡，黑表笔插入"COM"插口。

⑦仪表测量误差增大，常常是因为电源电压不足，测量时应该注意电压指示符号，若显示"←"时应更换电池。

三、常见的检测方法

汽车电路中发生的故障主要有断路、短路、电气设备的损坏等。为了能迅速、准确地诊断出故障，下面介绍几种常见的电气故障检修方法。

1. 直观诊断法

汽车电路发生故障时，有时会出现冒烟、火花、异响、焦臭、发热发烫等异常现象。这些现象可通过人的眼、耳、鼻、手感觉到，从而可以直接判断出故障所在的部位。

例如，一辆桑塔纳出租车在行驶中，突然发现转向灯与转向指示灯均不亮，用手一摸，发现闪光器发热烫手，说明闪光器已被烧坏。事后，检测该车的组合尾灯，发现转向灯灯座上的导电金属片发热严重，用手触摸感觉温度很高，于是更换组合尾灯灯座，故障即排除。

2. 断路法

汽车电路设备发生搭铁(短路)故障时，可用断路法判断，即将怀疑有搭铁故障的电路段断路后，根据电气设备中搭铁故障是否还存在，判断电路搭铁的部位和原因。

例如，汽车行驶时，听到喇叭长鸣，则可以将喇叭继电器的开关控制线拔下；此时如果喇叭停鸣，则说明方向盘上的喇叭开关至继电器这段电路中有搭铁现象。

3. 试灯法

试灯法是利用试灯对线路故障进行诊断的一种方法，其优点是可迅速判断出电路中的短路、断路故障。试灯法又分为短路检测法和断路检测法两种。短路法主要用于检测线路中的断路故障，而断路法则主要用于检测线路中的短路故障。

断路检测法的测试原理如图3-66所示，当电路出现断路时，电路中的保险丝熔断后可自动切断电路。检查这一类故障时，先检查保险丝，将试灯的一端直接接入保险丝的位置，并按图中标注的序号①—②—③依次打开插接器，如果灯灭，则说该插接器下游的部件为短路的地方。

短路检测法的测试原理如图3-67所示，当线路出现短路时，用电器无法工作。用一个汽车灯泡作试灯，检查汽车电器或电路有无故障。此方法特别适合不允许直接短路的电器装置（如带有精密电子的元器件）。

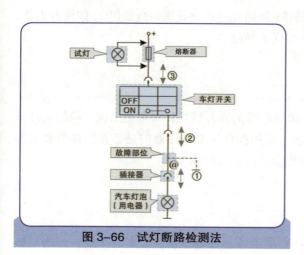

图3-66 试灯断路检测法

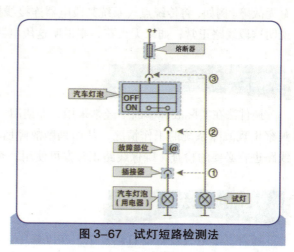

图3-67 试灯短路检测法

4. 仪表法

仪表法是通过观察汽车仪表板上的电流表、水温表、燃油表、机油压力表等的指示情况来判断电路中有无故障的方法。

例如，燃油表发生故障，接通点火开关时，若燃油表指示最低刻度位置，而此时汽车已加油，这说明燃油油位传感器有故障或该线路有搭铁。

5. 高压试火法

高压试火法即对高压电路进行搭铁试火，观察电火花状况，从而判断点火系统的工作情况的方法。

具体方法是：取下点火线圈或火花塞的高压导线，将其对准火花塞或缸盖等，距离约 5 mm，然后接通起动开关，转动发动机，看其跳火情况。如果火花强烈，呈天蓝色，且跳火声较大，则表明点火系统工作基本正常；反之，则说明点火系统工作不正常。

这种方法只适用带分电器的传统点火系统，不可在发动机模块控制的点火系统上进行试验。

6. 低压搭铁试火法

低压搭铁试火法是拆下用电设备接线的某一线端，对汽车的金属部分（搭铁）碰试而产生火花来判断故障的方法。这种方法比较简单，是广大汽车电工经常使用的方法。搭铁试火法可分为直接搭铁和间接搭铁两种。

所谓直接搭铁，是指未经过负载而直接搭铁，以是否产生强烈的火花来判断电路有无故障。例如，要判断点火线圈至蓄电池一段电路是否有故障，可拆下点火线圈上连接点火开关的线头，在汽车车身或车架上刮碰，如果有强烈的火花，说明该段电路正常；如果无火花产生，说明该段电路出现了断路。采用这种方法时，直接搭铁时间应尽可能短，否则会烧断保险丝。

间接搭铁是指通过汽车电器的某一负载而间接搭铁，以是否产生微弱的火花来判断线路或负载有无故障。例如，将传统点火系统某段电器连接线搭铁（回路经过点火线圈初级绕组），如果有火花，说明这段线路正常；如果无火花，则说明这段电路出现了断路。

7. 换件法

换件法在实际故障诊断中经常采用，即使用一个无故障的元件替换怀疑可能出现故障的元件，观察出现故障系统的工作情况，从而判断故障所在。采用换件法必须注意的是，在换件前要对其线路进行必要的检查，确保线路正常方可使用，否则会造成更大的损失。

8. 仪器法

随着汽车电气设备的日趋复杂，在维修中，特别是维修装置电子设备较多的车辆，使用一些专用的仪器是十分必要的。例如，检测点火、喷油系统时使用波形示波器，检测发动机电控系统时使用专用诊断仪。

实验一　指针式万用表测量电路基本物理量

一、训练目的

掌握用万用表测量电压、电流和电阻的操作方法。

二、训练器材

MF47-1型万用表，330 Ω、2 kΩ和100 kΩ电阻三只，0~30 V电源一只。

三、训练原理

1. MF47-1型万用表使用说明

MF47-1型万用表，如图3-68所示，有电阻挡、电压挡、电流挡、蜂鸣挡、三极管放大倍数挡，还有遥控器发射管检测挡，表板上有4条刻度。最上方的一条刻度供测量电阻时使用，测量电阻值由此读出，测量范围是0~∞。第二条刻度供测量交直流电压、直流电流时使用，其测量范围是：交流电压小于500 V；直流电压小于500 V；直流电流小于500 mA。第三条刻度供测量交流低电压时使用，测量范围小于10 V。第四条刻度供测量音频电平使用，测量范围是–10~+22 dB。

2. 直流电流的测量

转换开关置于直流电流挡，被测电流从正、负两端接入，便构成直流电流测量电路。图3-68中R_{A1}、R_{A2}、R_{A3}是分流器电阻，与表头构成闭合电路。通过改变转换开关的挡位来改变分流器电阻，从而达到改变电流量程的目的。要串接在被测电路中（不能测量电压，否则会烧坏表笔），量程大于实际测量值。测量汽车电路的电流时应调到500 mA挡且红表笔插入"+"极孔内，读数读10 V挡。

3. 直流电压的测量

转换开关置于直流电压挡，被测电压接在正、负两端，便构成直流电压的测量电路。图3-68中R_{V1}、R_{V2}、R_{V3}是变压器电阻，与表头构成闭合电路。通过改变转换开关的挡位来改变变压器电阻，从而达到改变电压量程的目的。测量直流电压时，变压器电阻要并接在被测电路中，量程大于实际测量值。

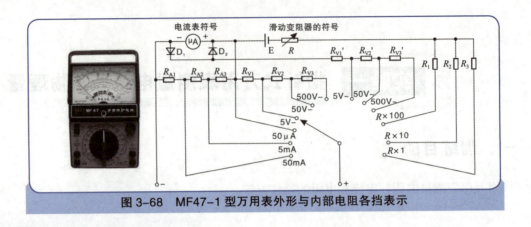

图 3-68　MF47-1 型万用表外形与内部电阻各挡表示

4. 电阻的测量

转换开关置于电阻挡，被测电阻接在正、负极两端，便构成电阻测量电路。电阻自身不带电源，因此接入电池 E。电阻的刻度与电流、电压的刻度方向相反，且标度尺的分度是不均匀的（断开电源测量）。测量电阻前必须调零，确保测量数据准确。表刻度的右边是小电阻值，左边为大电阻值。看最上一层数值，所测量的数字要乘以电阻倍数。

四、训练内容与步骤

1. 电阻测量

1）在使用电阻挡的时候，原理如图 3-69 所示，电表内部电源的负极和红表笔（+）相连，内部电源的正极和黑表笔（-）相连。

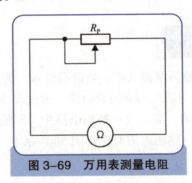

图 3-69　万用表测量电阻

2）用电阻挡测量电阻时，每次变换挡位后，均应校零。调零方法是：将万用表的两表笔短接在一起，然后旋动校零旋钮使指针指示在零的位置上。如果无论怎样调，指针都无法指示在零的位置上，则应该更换万用表的干电池。

3）测量电阻的时候，应选用量程较大的挡位进行测量。

4）在同一挡位上被测电阻越大，表头中的电流越小，万用表指示电阻越大。

5）测量电阻表笔直接接在被测量电阻两端，不分红、黑表笔，指针读数应在刻度盘 1/3 ~ 2/3 处最佳。

6）测量 330 Ω、2 kΩ 和 100 kΩ 电阻，将数据填入表 3-18 中。

表 3-18　电阻测量数据

被测量电压 /V	万用表挡位选择	正确读数
5		
12		
24		

注：每次变化挡位都应调零，不要接在电源上测量。

2. 直流电源电压的测量

如图 3-70 所示，测量电压时，将表置于直流电压挡合适的量程上，将两根表笔按并联的方式与被测电路相接，红表笔接正极，量程应选得大一点，挡位的选择遵循由大往小的原则，将测量数据填入表 3-19 中。

表 3-19　直流电压测量数据

被测量电压 /V	万用表挡位选择	正确读数
5		
12		
24		

注：电压表并接在被测量电路中，红表笔接电源正极，黑表笔接电源负极。

3. 直流电流的测量

如图 3-71 所示，电压为 12 V，电阻为 330 Ω、2 kΩ、100 kΩ，将表置于直流电流挡，且必须串联在被测电路中，此时一定要注意电流量程的选择，用小量程去测大电流会损坏指针，甚至烧坏指针线圈。

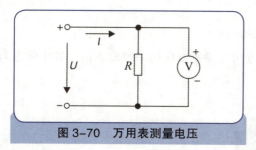

图 3-70　万用表测量电压

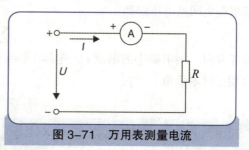

图 3-71　万用表测量电流

按图 3-71 把电阻分别接在电路中测量，将数据填入表 3-20 中。

表 3-20　直流电流测量数据

被串联的电阻	万用表挡位选择	正确读数
330 Ω		
2 kΩ		
100 kΩ		

注：电流表串接在被测量电路中，红表笔接电源正极，黑表笔接电源负极，该挡位表笔禁止接在电源两端。

实验二 基尔霍夫定律的验证

一、训练目的

通过实训验证基尔霍夫电流定律和电压定律，加深理解"节点电流代数和"及"回路电压代数和"的概念，加深对参考方向概念的理解。按技术操作规程实训，注意人身及设备安全，记录实训数据，写出实训报告。

二、训练器材

0~30 V 可调直流稳压电源，电阻，直流电压、电流表，实验电路板，短接桥，导线。

三、训练步骤

1. 原理

基尔霍夫节点电流定律：

$$\sum I = 0$$

基尔霍夫回路电压定律：

$$\sum U = 0$$

参考方向：当电路中的电流（或电压）的实际方向与参考方向相同时取正值，其实际方向与参考方向相反时取负值。

2. 验证基尔霍夫电流定律（KCL）

在图 3-72 中，可假定流入节点 B 的电流为正（反之也可），并将电流表负极接在该点接口上，电流表正极接到支路接口上进行测量，将测量结果填入表 3-21 中。

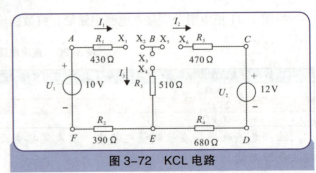

图 3-72　KCL 电路

表 3-21 电流测量结果

各处电流 /mA	计算值	测量值	误差值
I_1			
I_2			
I_3			
$\sum I$			

3. 验证基尔霍夫电压定律 (KVL)

在图 3-73 中，用短接桥将 3 个接口短接，测量时可选顺时针方向为绕行方向，并注意电压表的指针偏转方向及取值的正与负，将测量结果填入表 3-22 中。

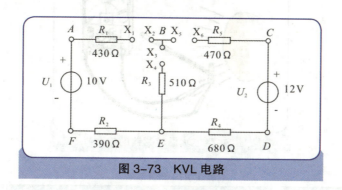

图 3-73 KVL 电路

表 3-22 电压测量结果

各处电压 /V	U_{AB}	U_{BE}	U_{EF}	U_{FA}	回路$\sum U$	U_{BC}	U_{CD}	U_{DE}	U_{EB}	回路$\sum U$
计算值										
测量值										
误差										

实验三　用万用表检测汽车温度传感器

一、训练目的

掌握使用万用表检测汽车电子元件的方法。

二、训练器材

万用表一只、酒精灯一个、烧杯一个、玻璃温度计一只、汽车进气温度传感器一只、汽车水温传感器一只。

三、训练步骤

1. 水温传感器的检测

水温传感器实际上是一个负温度系数热敏电阻，温度越高，阻值越小；温度越低，阻值越大。

将水温传感器置于盛有水的烧杯中，加热杯中的水，同时用电阻表测量在不同温度下传感器两接线端之间的电阻，如图3-74所示。将测量结果填入表3-23中，并将测得的电阻值与标准值进行对比。

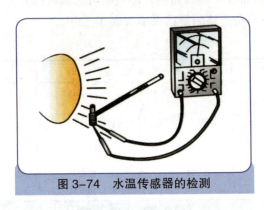

图3-74 水温传感器的检测

表3-23 测量结果

冷却水温 /℃	20	30	40	50	60	70	80	85	90	100
电阻值 /kΩ										

2. 进气温度传感器的检测

进气温度传感器也是一个负温度系数热敏电阻，可以用检测水温传感器的方法进行检测。另外还可用电热吹风器、红外线灯进行加热，如图3-75所示。将测量结果填入表3-24中，并将测量值与标准值进行对比。

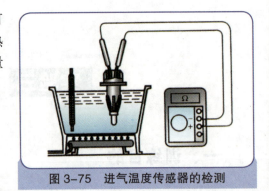

图3-75 进气温度传感器的检测

表3-24 测量结果

进气温度 /℃	20	25	30	35	40	45	50	60	70	80
电阻值 /kΩ										

> **注意**
>
> 1）加热温度传感器时，应将传感器悬于加热水中，不可将传感器放在烧杯底部，否则将损坏传感器。
>
> 2）测量传感器阻值时，可逐渐加热进行测量，然后再随着水温降低进行测量。对比两次测量的阻值。

一、填空题

1. 磁脉冲式位置传感器由____、____、____等组成。
2. 进气温度传感器主要由____、____、____、____、____等组成。
3. 冷却液温度传感器主要由____、____、____和____组成。
4. 开关在电路中起_____的作用。

二、选择题

1. 电路主要由负载、线路、电源、（　　）组成。
   A. 变压器　　　　B. 开关　　　　C. 发电机　　　　D. 仪表
2. 电流的大小用电流强度来表示，其数值等于单位时间内穿过导体横截面的（　　）的代数和。
   A. 电流　　　　B. 电量（电荷）　　　　C. 电流强度　　　　D. 功率
3. 导体的电阻不但与导体的长度、截面有关，而且与导体的（　　）有关。
   A. 温度　　　　B. 湿度　　　　C. 距离　　　　D. 材质
4. 阻值不随外加电压或电流的大小而改变的电阻叫（　　）。
   A. 固定电阻　　　　B. 可变电阻　　　　C. 线性电阻　　　　D. 非线性电阻
5. 阻值随外加电压或电流的大小而改变的电阻叫（　　）。
   A. 固定电阻　　　　B. 可变电阻　　　　C. 线性电阻　　　　D. 非线性电阻
6. 电容器在直流稳态电路中相当于（　　）。
   A. 短路　　　　B. 开路　　　　C. 高通滤波器　　　　D. 低通滤波器

三、简答题

画出继电器内部结构图。

课题四 汽车中常用的半导体器件

学习任务

1. 了解半导体和二极管、三极管的概念。
2. 了解二极管、三极管的基本特性。
3. 了解二极管的续流作用。
4. 了解稳压二极管和发光二极管在汽车上的应用。
5. 了解三极管的三种工作状态。

任务一 二极管及其在汽车中的应用

一、半导体的概念

自然界中，物质的种类繁多，性质各异。根据物质导电性能不同，可将物质分为三类。一类是导体，即导电性能良好的物质，如银、金、铜、铁等。另一类是几乎不能导电的物体，叫作绝缘体，如塑料、陶瓷、玻璃、橡胶等。还有一类物质，它的导电能力介于导体和绝缘体之间，这样一类物质叫作半导体，如硅、锗、砷化镓及一些金属氧化物等。

人们常用硅、锗晶体制造电子器件。同时，为了提高它的电特性，常在其中添加其他元素。根据所加元素及导电特性的不同，半导体材料可分为 P 型半导体和 N 型半导体两种。在纯净的半导体中加入五价元素就形成 N 型半导体，在 N 型半导体中多数导电微粒是电子，少数导电微粒是空穴；在纯净的半导体中加入三价元素就形成 P 型半导体，在 P 型半导体中多数导电微粒是空穴，少数导电微粒是电子。

二、二极管

一块 P 型半导体和一块 N 型半导体有机地结合在一起,形成一个 PN 结,用两金属导体将这块半导体分别引出,用绝缘物质封装起来便构成一个二极管,如图 4-1 所示。

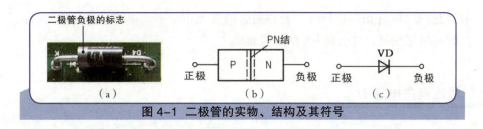

图 4-1 二极管的实物、结构及其符号

二极管按制造的材料不同可分为硅二极管、锗二极管。二极管可以看作电流的单向止回阀,它只允许电流以一个方向流动,即从二极管的正极流向负极,这就是二极管的单向导电性。

1. 二极管的伏安特性

流过二极管的电流随着加在二极管上的电压变化而变化的性质称为二极管的伏安特性。图 4-2 所示为二极管的伏安特性曲线。

(1) 正向特性

从图 4-2 可看出,当在二极管上加的正向电压小于某一数值 U_{th} 时,正向电流很小,几乎为零,二极管呈现出较大的电阻,这段区域称为"死区"。U_{th} 叫作死区电压或门槛电压。硅管 U_{th}=0.5 V,锗管 U_{th}=0.1 V。当正向电压超过 U_{th} 后,正向电流按指数曲线规律增长,二极管处于导通状态。硅管的导通压降为 0.7 V,锗管的导通压降为 0.3 V。

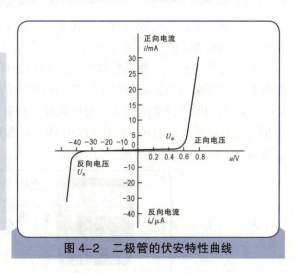

图 4-2 二极管的伏安特性曲线

(2) 反向特性

当二极管被加上反向电压时,流过二极管的电流很小,称为反向饱和电流 I_S,硅管 I_S 小于 0.1 μA,锗管 I_S 为几十微安。

(3) 反向击穿特性

当反向电压增加到某个数值 U_R 时,流过二极管的反向电流将急剧增大,这种现象叫作反向击穿,U_R 叫作反向击穿电压。使用二极管时,应避免反向电压超过击穿电压,以防止二极管损坏。

2. 二极管的主要参数

（1）最大电流 I_F

最大电流是指二极管长期运行时，允许通过的最大正向平均电流。实际使用时的工作电流应小于 I_F，如果超过此值，将引起 PN 结过热而烧坏。

（2）最高反向电压 U_{RM}

最高反向电压是指二极管工作时两端所允许加的最大反向电压。通常 U_{RM} 约为反向击穿电压 U_R 的一半，以保证二极管安全工作，防止被击穿。

三、二极管的检测与焊接

1. 二极管的极性判断与好坏检测

一般情况下，二极管都有一定的标注，塑料封装二极管有标记环的一侧是负极；国产二极管带色点的一端为正极。

无标记的二极管，如果要检测二极管的好坏，可以用万用表电阻挡来判断二极管的正、负极和好坏。根据二极管正向电阻小、反向电阻大的特点，将万用表拨到 $R×1$ k 挡（不能用 $R×1$ 和 $R×10$ k 挡，$R×1$ 挡电流太大，可能烧坏二极管；$R×10$ k 电压太高，可能击穿二极管）。用表笔分别与二极管的两极相接，测出两个电阻值。在所测得的阻值较小的一次，与黑表笔相接的一端为二极管的正极。同理，在所测得的电阻值较大的一次，与黑表笔相接的是二极管的负极，如 4-3 所示。

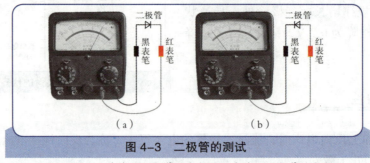

图 4-3 二极管的测试

（a）测二极管正向电阻；（b）测二极管反向电阻

● 操作：按照上述方法，用指针式万用表判断二极管的正、负极。

● 讨论：上述内容叙述的是使用指针式万用表的检测方法，如果用数字式万用表，表笔情况正好相反，即在所测得的阻值较小的一次，与黑表笔相接的一端为二极管的负极。同理，在所测得的电阻值较大的一次，与黑表笔相接的是二极管的正极。

如果测得的正、反向电阻值均很小，说明二极管内部短路；若正、反向电阻值均很大，说明二极管内部开路。这两种情况下，二极管就不能使用了。

以上是普通二极管的检测方法，汽车交流发电机上的整流二极管就可以按照上述方法进行检测。

● 操作：用万用表检测汽车交流发电机整流板上的正极管、负极管。

2. 二极管的焊接

二极管的焊接与电子元件焊接类似，但要求焊接时间短，要有协助散热措施等（如吹风）。
操作：用电烙铁将汽车交流发电机整流板上的二极管拆下，检测后再焊接上。

四、二极管在汽车上的应用

1. 二极管的整流电路

将交流电变成直流电的过程叫作整流。在汽车交流发电机中，就是利用二极管组成的整流板将发电机发出的三相交流电整流为直流电。为了适应汽车发电机的需要，专门制作了用于汽车的整流二极管，它们分为正极管和负极管，如图4-4所示。

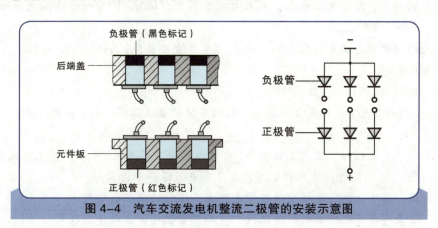

图4-4 汽车交流发电机整流二极管的安装示意图

正极管的外壳为负极，引出极为正极，在管壳底上一般标有红色标记。在负极搭铁的硅整流发电机中，三个正极管的外壳压装在散热板的三个座孔内，共同组成发电机的正极，由一个与发电机后端盖绝缘的整流板固定螺栓通至机壳外，作为发电机的火线接线柱"B"（"+""A"或"电枢"接线柱）。

负极管的外壳为正极，引出极为负极，在管壳底上一般标有黑色标记。三个负极管的外壳压装在后端盖的三个孔内，和发电机外壳一起成为发电机的负极。

三个正极管和三个负极管构成的整流电路称为三相桥式整流电路，将发电机的交流电变为12 V的直流电。汽车交流发电机的整流电路和电压波形如图4-5所示。

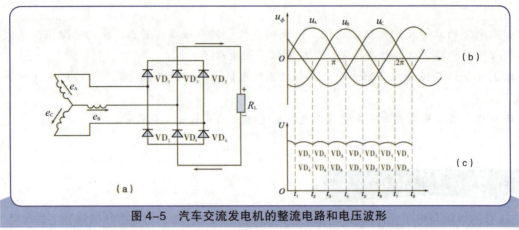

图 4-5　汽车交流发电机的整流电路和电压波形
（a）整流电路；（b）三相交流电压波形；（c）整流后负载上的电压波形

●重点：三相桥式整流电路的工作原理。在电路中，三个正极管的正极引出线分别与三相绕组的首端相连。在某一瞬间，只有与电位最高的一相绕组相连的正极管导通。同样，三个负极管的引出线也分别同三相绕组的首端相连。在某一瞬间，只有与电位最低的一相绕组相连的负极管导通。

其整流过程如下：

在 $t=0$ 时，$U_A=0$，U_B 为负值，U_C 为正值，则二极管 VD_5、VD_4 处于正向电压作用下而导通。电流从 C 相流出，经 VD_5、负载、VD_4 回到 B 相构成回路。由于二极管内阻很小，所以此时 B、C 之间的线电压几乎都加在负载上。

在 $t_1 \sim t_2$ 时间内，A 相电压最高，而 B 相电压最低，VD_1、VD_4 处于正向电压而导通，A、B 之间的线电压加在负载上。

在 $t_2 \sim t_3$ 时间内，A 相电压仍最高，而 C 相电压变为最低，VD_1、VD_6 导通。A、C 之间的线电压加在负载上。

在 $t_3 \sim t_4$ 时间内，VD_3、VD_6 导通。

依次下去，周而复始，在负载上得到一个比较平稳的直流脉动电压，其电压波形如图 4-5（c）所示。

有些汽车交流发电机为了提高发电功率、电压调节精度等功能，采用的整流方式有 8 管电路、9 管电路和 11 管电路等几种，这几种电路将在汽车电器课程中讲授。

●重要提示：汽车交流发电机故障经常是整流二极管的损坏引起的。
●讨论：如果汽车交流发电机的整流板中有二极管损坏会出现什么现象？
●提示：除交流发电机的三相桥式整流电路外，在汽车电路中还有其他形式的整流电路。

2．二极管的续流电路

一个通电的线圈，当突然断电时，就会在线圈中产生一个反向电动势，如果这个反向电动势叠加在电路中的其他电子元件上（一般为三极管），就会引起元件的损坏。为了避免这种现象的出现，一般都在线圈旁边并联一个二极管来吸收反向电动势，这种电路就是二极管的续流电路，如图 4-6 所示。在这种电路中，二极管起到了对其他电子元件的保护作用，所以也称为保护二极管。

二极管极性与好坏判断

- ●操作规范：与线圈并联的二极管一定是负极接高电位，正极接低电位。
- ●提示：二极管的续流电路在汽车电子电路中随处可见，一般在继电器、线圈等旁边都并联有保护二极管。保护二极管有些装在器件外部，有些装在器件内部、线圈的旁边。

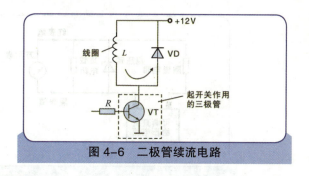

图4-6 二极管续流电路

五、特殊二极管及其在汽车上的应用

除了普通二极管外，还有专供特殊用途的二极管，如稳压管、发光二极管和光电二极管等。

1. 稳压管

稳压管是一种经过特殊工艺制造成的二极管，它与电阻配合使用，具有稳定电压的功能。普通二极管加上反向电压不导通，可是当反向电压达到一定程度（大于U_R）时二极管会反向击穿，普通二极管就会被烧毁，但是经过特殊工艺制造的稳压管就能够耐得住反向电流。稳压管的外形与普通二极管区别不大，它的图形符号及伏安特性曲线如图4-7所示。

稳压管设计成能工作在击穿区（BC段）的二极管，当反向电压达到U_Z时，大电流反向流过稳压管，阻止电压继续升高。这种特性使稳压管成为调节电压的电子器件。

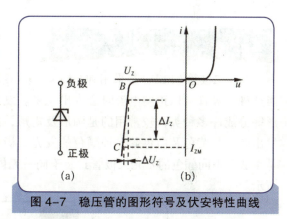

图4-7 稳压管的图形符号及伏安特性曲线

（a）图形符号；（b）伏安特性曲线

- ●操作：用可调直流稳压电源验证二极管的稳压作用。如图4-8（a）所示，限流电阻的阻值为500 Ω，负载电阻阻值为3 kΩ，稳压管的稳压值为5.3 V，调整稳压电源的电压输出值从4～12 V逐步变化，对应一个输出值，用万用表测量负载电阻两端的电压，观察电压的变化。
- ●操作规范：稳压管在正常工作时必须与一个电阻串联，这个电阻提供了稳压管的稳定工作电流。这个电阻的阻值根据稳压管的参数而有一个取值范围。

稳压管在工作时一定是正极接低电势，负极接高电势。

在汽车电路中由于各个电器总成或元件工作电流比较大，汽车电源系统的电压会出现波动。在汽车的仪表电路和一部分电子控制电路中，一些需要精确电压值的地方经常利用稳压管来获取所需电压。如图4-8（b）所示，是利用稳压管为汽车仪表提供稳定电源的电路，图中的稳压管与电阻串联而与仪表并联。如果仪表电压必须限定在7 V，便可使用额定电压为7 V的稳压管。汽车电源电压一部分降落在电阻上，7 V电压降落在稳压管上。即使电源电压发生变化，也只是引起不同大小的电流流过电阻和稳压管，改变降落在电阻上的电压，而稳压管始终维持7 V电压不变。

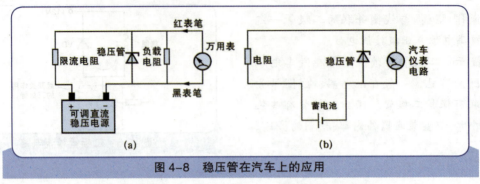

图 4-8　稳压管在汽车上的应用

(a) 稳压管起稳压作用的实验电路；(b) 简化的汽车仪表稳压电路

● 提示：稳压管达到反向导通的电压也称为齐纳（Zener）电压，所以稳压管也被称为齐纳二极管。

● 操作规范：稳压管虽然能够稳压，但它毕竟是二极管，所能通过的电流有限，一般只应用在低电压、小电流的工作场合，对一些高电压或大电流的工作场合不能选用稳压管稳压。

2. 发光二极管

发光二极管（LED）是采用砷（As）、镓（Ga）、磷（P）合成的二极管，它同样具有单向导电性，当这种二极管通以正向电流时会发出光来。发光二极管可按制造材料、发光色别、封装形式和外形等分成许多种类，较常用的是圆形及矩形，发光颜色以红、绿、黄、橙等单色为主，目前还开发出蓝色、紫色及白色等多种颜色的发光二极管。还有一种发光二极管能发出 3 种色光，实际上是将 2 只不同颜色的发光二极管封装于同一壳体内制成的。发光二极管的外形及图形符号如图 4-9 所示。

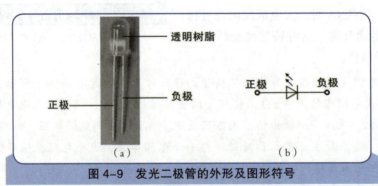

图 4-9　发光二极管的外形及图形符号

（a）外形；（b）图形符号

● 操作规范：使用发光二极管时，一定要串联一个限流电阻。发光二极管的理想正向工作电流一般为 10 mA，正向导通压降一般为 2 V。在汽车上如果直接将发光二极管接在电源上，应该串联的限流电阻的阻值为：

$$R = \frac{(12-2)\text{ V}}{10 \text{ mA}} = 1\,000\ \Omega = 1\ \text{k}\Omega$$

发光二极管的检测：对于发光二极管，在用万用表检测时正反向电阻差值很小，不易区分，可以用图 4-10 所示的方法，自制一根测试线，连接到发光二极管上，直接检测是否发光。

在汽车电路中发光二极管随处可见，主要应用在仪表板上作为指示信号灯或报警信号灯。如液体液面过低，制动蹄片过薄，制动灯、尾灯、前照灯等烧坏，这时相应的发光二极管就会被接通发光，发出报警指示。

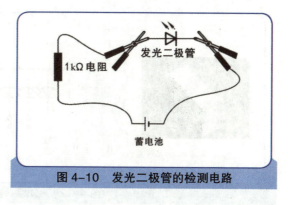

图 4-10　发光二极管的检测电路

● 讨论：发光二极管在日常生活中有什么应用？

图 4-11 所示为浮子舌簧管开关式液位传感器的结构及应用电路。

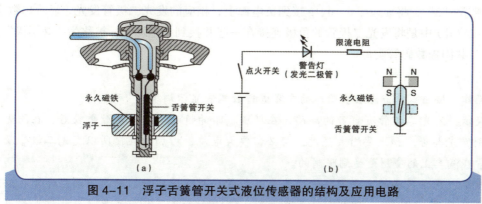

图 4-11　浮子舌簧管开关式液位传感器的结构及应用电路
（a）结构；（b）应用电路

如图 4-11（a）所示，这种传感器是由树脂软管制成的轴和沿轴作上下移动的环状浮子组成的。圆管状轴内装有易磁化的强磁性材料制成的触点（舌簧管），浮子内嵌有永久磁铁。当液位低于规定值时，舌簧管与浮子的位置关系如图 4-11（b）中虚线浮子位置所示。当永久磁铁接近舌簧管时，磁力线从舌簧管中通过，舌簧管的触点闭合，报警二极管电路被接通，报警二极管发光，提示驾驶员液位已经低于规定值。当液位达到规定值时，浮子上升到规定位置，如图 4-11（b）中实线所示，没有磁力线通过舌簧管，在舌簧管本身的弹力作用下，舌簧管触点打开，报警二极管熄灭，表示液位合乎要求。

● 讨论：这种传感器可用于检测制动液液位、发动机机油液位、洗涤液液位、水箱冷却液液位以及沉淀物内的含水量。红外发光二极管经常作为光源与光电三极管（后文叙述）组合在一起组成光电传感器或光电耦合器，作为汽车传感器应用到燃油流量检测、曲轴位置检测、车速检测、车高位置检测、转向盘转角检测等方面。

● 提示：有些高级轿车在仪表盘上装有转向盘转角监控仪，利用发光二极管显示转向盘转角、前轮转角、车门的开闭状态。

● 内容拓展：由发光二极管构成的数码显示器，是由 8 个发光二极管或多个发光二极管组成 1 个七段数码管或多段数码管，用来表示一个字或数字，如图 4-12 所示。

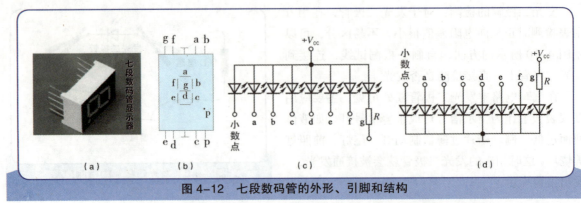

图 4-12 七段数码管的外形、引脚和结构

（a）外形；（b）LED 引脚；（c）共阳极 LED 结构；（d）共阴极 LED 结构

图 4-12（c）中的发光二极管的正极连接在一起，接到正电源上，所以被称为"共阳极"数码管。按照显示需要，只要把对应的发光二极管的负极通过限流电阻接到负电源上，就能显示相应的数字。例如显示数字"3"，将 a、b、c、d、g 接到负电源上，相应的发光二极管发光，显示出数字"3"。

图 4-12（d）中是将发光二极管的负极连接在一起并接到负电源上，被称为"共阴极"数码管，显示原理与共阳极数码管类似。

●操作：按照本章节课后实验二的内容进行数码管显示训练。

●提示：发光二极管有自身的缺陷，在环境较暗的情况下，显示效果较好，在阳光直射下很难辨别发光与否。如果要增大亮度，势必需要大电流，增加功耗，所以发光二极管及其构成的数码管在汽车上的使用是受到限制的。

在汽车上用于显示的电子器件除了发光二极管和数码管以外，还有液晶显示器（LCD）、真空荧光显示器（VFD）、阴极射线管显示器（CRT）和石英指针式显示器。这些均可在现代轿车电子仪表板上见到。

●讨论：观察电子仪表板实物，在教师的指导下，分辨出各种类型的显示器。

3. 光电二极管

光电二极管的反向电流随光照强度的增加而上升。它的主要特点是：管子工作在反向状态，反向电流与光照度成正比。光电二极管的结构、外形及图形符号如图 4-13 所示。

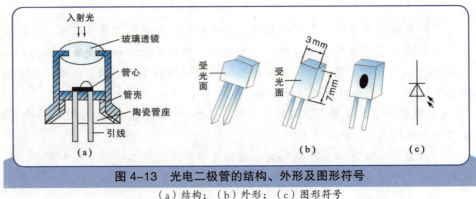

图 4-13 光电二极管的结构、外形及图形符号

（a）结构；（b）外形；（c）图形符号

利用光电二极管制成光电传感器，可以把非电信号转变为电信号，以便控制其他电子器件。汽车上的许多传感器就是利用光电二极管制成的，用于汽车自动空调系统的日照强度传感器就是一个光电二极管，如图4-14所示。

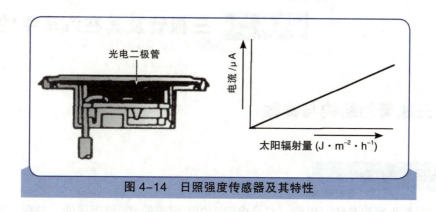

图4-14　日照强度传感器及其特性

日照强度传感器可以把太阳的照射情况转换成电流的变化，车内的自动空调计算机对这种变化进行检测，来调节排风量和排风口温度。图4-15所示为应用在丰田凌志LS400 UCF20型轿车上的日照强度传感器电路。

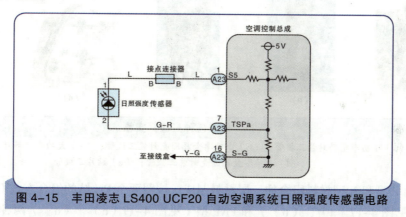

图4-15　丰田凌志LS400 UCF20自动空调系统日照强度传感器电路

光电二极管作为光传感器还被应用到汽车灯光自动控制器中，用来检测车辆周围的亮、暗程度。

●操作规范：光电二极管大部分应用场合与稳压管类似，是反向工作，负极接高电位，正极接低电位。但在有些场合采用正向工作。

任务二　三极管及其在汽车中的应用

一、三极管的结构与参数

1. 三极管的结构

半导体三极管也称为晶体三极管。它是由两个相距很近的 PN 结组成的，是在一块半导体晶片上制造的三个掺杂区，形成两个 PN 结，再引出三个电极，用管壳封装，实物如图 4-16 所示。

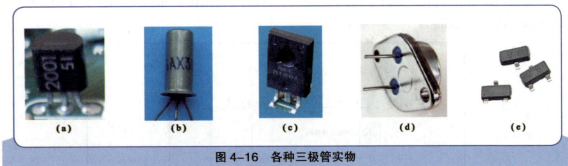

图 4-16　各种三极管实物

(a) 小功率塑料封装三极管；(b) 小功率金属圆壳封装三极管；(c) 大功率塑料封装三极管；
(d) 大功率金属圆壳封装三极管；(e) 贴片三极管

三极管由 P 型和 N 型材料组合的三层材料制成。按照两个 PN 结的组合方式不同，三极管可分为 NPN 型（见图 4-17（a）、(b)）和 PNP 型（见图 4-17（c）、(d)）两种。实际上，一个三极管是拥有共同中间层的两个二极管。

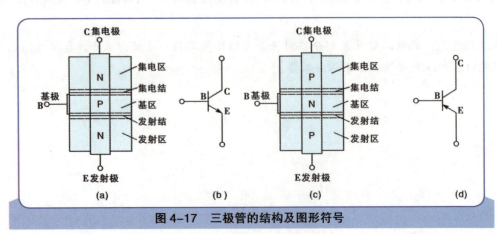

图 4-17　三极管的结构及图形符号

●操作规范：NPN 型三极管与 PNP 型三极管不能互相代替。三极管并不是两个 PN 结的简单组合，不能用两个二极管代替。

三极管的三个极分别为发射极 E、集电极 C、基极 B。三极管的基本功能就是利用基极电流控制集电极和发射极之间的电流。三极管可以看作一个电流的控制阀，集电极和发射极是电流的通路，而基极就是控制这个电流的阀门，只不过这个阀门不是靠旋转来改变通路的大小，而是靠本身流过的电流——基极电流来控制集电极和发射极之间流过电流的大小。三极管图形符号中的箭头就表示了两种不同类型的三极管集电极和发射极之间电流的方向。NPN 型三极管电流从集电极 C 流向发射极 E；PNP 型三极管电流从发射极 E 流向集电极 C。

2. 三极管的基本参数

三极管的性能可以用参数来进行描述，三极管的参数是工程实践中选用管子的主要依据，各种参数均可在三极管手册中查到。

（1）电流放大倍数 β

三极管在有输入信号的情况下，输出信号的电流变化与输入信号的电流变化之比称为电流放大倍数，也就是一般简称的三极管放大倍数。电流放大倍数决定了三极管的基本放大能力。

●提示：三极管在不同的集电极电流下，电流放大倍数会有不同，但在实际使用中可认为近似不变。工程中提到的放大倍数均是指 β，但是在讨论输入信号的电压变化时，也可以用 β 作为近似的电压放大倍数。

（2）穿透电流 I_{CEO}

当基极 B 开路，集电极 C、发射极 E 之间加上一定的电压时，CE 之间并不是没有电流流过，只是流过的电流很小，称为穿透电流 I_{CEO}。三极管的穿透电流越小，管子的质量越好。

（3）极限参数

使三极管得到充分利用而又安全可靠工作的参数，叫作极限参数。

1）集电极最大允许电流 I_{CM}。

集电极电流的上升会引起电流放大倍数的下降，通常将 β 值下降到正常值的三分之二时所对应的集电极电流称为集电极最大允许电流 I_{CM}。集电极电流 i_C 超过 I_{CM} 时，三极管不一定损坏，但放大能力会下降。

2）集电极最大允许耗散功率 P_{CM}。

集电极耗散功率是指集电极流过的电流与加载的电压的乘积。当集电极耗散功率上升时，三极管发热，温度上升，管子性能下降，甚至损坏。P_{CM} 是指集电极温度不超过允许值（手册上有规定）时，集电极所允许的最大功耗。

●提示：对于一个三极管，P_{CM} 是一个常量。因此，当三极管集电极电流 i_C 增大时，必须将输出电压减小。

3）反向击穿电压。

三极管工作时，加在任何两个电极之间的反向电压超过一定值时，都会产生很大电流，从而导致管子损坏。$U_{(BR)CEO}$ 是指基极开路时，集电极与发射极之间的击穿电压值。除此之外，还有 $U_{(BR)EBO}$、$U_{(BR)CEO}$ 等，均可在手册中查出。

●操作规范：I_{CM}、P_{CM}、$U_{(BR)CEO}$ 是三极管的极限参数，使用时不允许超过它，这三个参数共同确定了三极管的安全工作区域。
●操作：由教师带领学生，查阅三极管参数手册。
●重要提示：温度对三极管的性能影响很大，三极管最怕过电压和过热。如今后遇到发动机预热后电子模块停止工作的问题，不妨用一根手头发试试电子组件是否发热。

二、三极管的工作状态

根据三极管连接的外部电路条件，三极管有截止、放大和饱和三种工作状态。

1. 截止

当 NPN 型三极管连接成如图 4-18（a）所示的电路时，基极 B 与发射极 E 电势差小于 0.7 V，这种情况称为基极加了反向偏压。在这种状态下，三极管不导通，没有电流流动，称为三极管的截止状态。如果把 CE 间看作一个开关的两端，截止状态相当于开关断开。

对于 PNP 型三极管，当发射极 E 与基极 B 电势差小于 0.3 V 时，如图 4-18（b）所示，基极加了反向偏压，PNP 型三极管截止。

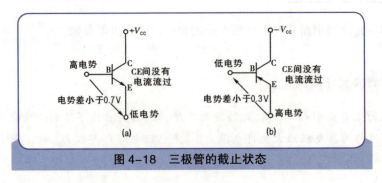

图 4-18 三极管的截止状态

2. 放大

如图 4-19（a）所示，当 NPN 管的基极 B 与发射极 E 的电势差大于 0.7 V 时，这种情况称为基极加了正向偏压。在这种状态下，三极管导通，集电极 C 至发射极 E 有电流，而且流过的电流大小与基极 B 流入的电流成正比，称为三极管的放大状态。

对于 PNP 管，放大状态的条件是基极 B 的电势比发射极 E 的电势低 0.3 V 以上，如图 4-19（b）所示。

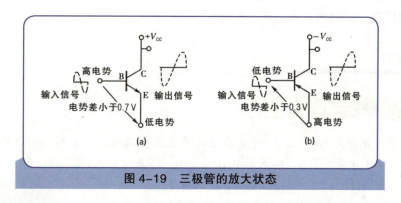

图 4-19 三极管的放大状态

3. 饱和

在放大状态，三极管 CE 之间的电流是随着基极 B 的电流增大而增大的。但是，当三极管的基极电流增加到一定值时，再增大正向偏压，加大基极电流，CE 之间的电流就维持在一个最大值而不再增大了，这种状态称为三极管的饱和状态。在饱和状态，三极管 CE 之间的电势差很小，几乎为零，相当于一个开关的两端闭合。在分析汽车电路时，如果遇到三极管饱和的状态，可认为 C、E 电势相等。

● 操作：按照图 4-20 所示的电路连接，调节电位器 R_p，改变基极电位，观察接在发射极上的万用表流过的电流值，体会三极管的三种工作状态。

● 讨论：总结归纳三极管处于截止、放大、饱和状态的条件。三极管在汽车电子电路中通常有两种应用，一种是利用三极管的放大功能，对微弱的传感器信号进行放大后，传给 ECU；另一种是利用三极管的截止与饱和两个状态互相变换，作为一个电子开关，控制其他的电子元件。

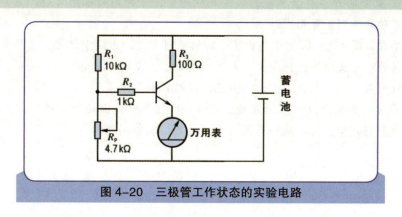

图 4-20 三极管工作状态的实验电路

三、三极管的检测

1. 管型与管脚的判别

在实际工作中,经常遇到三极管管型、管脚极性的判别问题,以及检测判断三极管是否损坏的问题。判定的方法主要有目测和万用表检测两种方法,实际工作中经常采用目测法,在目测法不能作出准确判断时,再利用万用表进行检测。

(1) 目测法

1) 管型的判别。

一般情况下,管型是 NPN 还是 PNP 应该从管壳上标注的型号来判别。依照部颁标准,三极管型号的第二位(字母),A、C 表示 PNP 管;B、D 表示 NPN 管。例如:
3AX、3CG、3AD、3CA 等均表示 PNP 型三极管。
3BX、3DG、3DD、3DA 等均表示 NPN 型三极管。

● 提示:
三极管型号中的第一位数字 3 表示三极管;第三位字母表示三极管的功率及频率特性;第四位数字表示序列号。详细内容请参考三极管手册。

此外国际流行的 9011～9018 系列三极管,除 9012 为 PNP 管外,其余标号均为 NPN 管。

2) 管脚极性的判别。

常用的小功率三极管有金属圆壳封装和塑料封装(半圆柱形)等,管脚排列如图 4-21 (a) 所示。大功率三极管的外形有金属壳封装(扁柱形),管脚排列如图 4-21 (b) 所示,以及塑料封装(扁平、管脚直列)等形式。

对于小功率管,图 4-21 (a) 中列出了管脚的排列方式,为便于记忆,总结如下:
金属圆壳封装:"头向下,腿向上,大开口朝自己,左发右集电"。
塑料半圆柱封装:"头向下,平面向自己,左起 CBE"。
对于大功率管,金属壳扁柱形封装按照图 4-21 (b) 中列出的管脚排列方式判别即可。塑料扁平封装、管脚直列型,没有统一形式,要经过万用表检测判别。

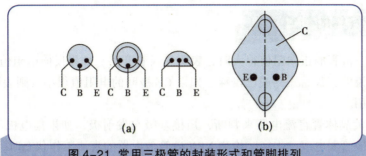

图 4-21 常用三极管的封装形式和管脚排列
（a）小功率管；（b）大功率管

（2）用万用表电阻挡判别

三极管内部有两个 PN 结，利用 PN 结的单向导电性，可用万用表电阻挡判别管子类型和 E、B、C 三个极。

1）基极的判别。

判别管脚时应首先确认基极。一般情况下，基极排列在三个电极的中间（大功率金属壳扁平形封装除外）。

用指针式万用表的黑表笔接假定的基极，用红表笔分别接触另外两个极。若测得电阻都较小，为几百欧至几千欧，则将红、黑表笔对调；若测得电阻都较大，为几百千欧以上，则这个管子就是 NPN 管，最初黑表笔接的就是基极。

用指针式万用表的黑表笔接假定的基极，用红表笔分别接触另外两个极。若测得电阻都较大，为几百千欧以上，则将红、黑表笔对调；若测得电阻都较小，为几百欧至几千欧，则这个管子就是 PNP 管。最初黑表笔接的就是基极。

2）集电极和发射极的判别。

对于 NPN 管，确定基极后，用指针式万用表的两个表笔分别接触另外两个管脚，同时用指尖轻触基极，观察万用表指针的摆动情况；将两个表笔对调，重复上述过程。取指针摆动较大一次的表笔接触位置，黑表笔接触的是集电极 C，红表笔接触的是发射极 E。

对于 PNP 管，确定基极后，用指针式万用表的两个表笔分别接触另外两个管脚，同时用指尖轻触基极，观察万用表指针的摆动情况；将两个表笔对调，重复上述过程。取指针摆动较大一次的表笔接触位置，黑表笔接触的是发射极 E，红表笔接触的是集电极 C。

●提示：在有些万用表（部分指针式和所有数字式）上，具有 h_{FE} 挡，利用这一功能，将三极管的三个管脚插入测试插孔内，当能测试出放大倍数时，插孔边标注的 E、B、C 即是插孔内三极管管脚的名称。

●操作：对于各种封装形式的三极管，目测管子型号和极性判别，并用万用表验证是否正确。

2. 三极管好坏的判断

如果测得晶体三极管的正向阻值很大时，表明三极管开路。如果反向电阻值很小，或 CE 极间的电阻值接近零，说明三极管短路或已击穿。如果 CE 极间的电阻值很小，则表明三极管的穿透电流过大，已不能使用。

也可以通过测量晶体管直流电压来判断，短接基极与发射极，如果集电极不变化或低于电源电压，表示晶体三极管漏电或已击穿。检测 NPN 硅管放大器的直流工作状态时，可以测 U_B、U_E、U_C。U_B 应比 U_E 高约 0.7 V，即 U_{BE}=0.7 V，这可作为判断三极管好坏的依据。另外汽车电路中用 NPN 型晶体管作振荡器，正常时基极电压应比发射电压低。

但上述测量是用指针式万用表在三极管的空脚上进行的，如果三极管是焊在电路上的，就要考虑并联处电路的影响，不能仅以电阻值来判断三极管的好坏。

四、三极管放大电路在汽车电子电路中的应用

1. 三极管的基本放大电路

按照三极管处于放大状态的条件构成三极管的基本放大电路，如图 4-22 所示。

图 4-22 所示为 NPN 管放大电路。放大电路在工作时，NPN 管的集电极必须接高电势。需要被放大的信号从基极输入，经过三极管放大后，放大了的信号从集电极输出。三极管的放大电路能够将从传感器输出的微弱信号进行放大，然后传输到汽车电控单元（ECU）。另外，对于控制电路，三极管放大电路可以将功率较小的控制信号放大成功率较大的信号用以驱动附件。

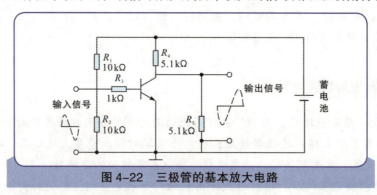

图 4-22 三极管的基本放大电路

●操作：用信号发生器产生如图 4-23（a）所示的电压波形，输入到图 4-22 电路中的基极，在集电极就会得到如图 4-23（b）所示的电压波形。用示波器观察并对比输入、输出波形。

●讨论：信号经过三极管放大，在放大电路中发生了三个变化：

a. 输入电压信号被放大。

b. 输入电流被放大。

c. 输出波形反了 180°

●操作规范：用三极管进行信号放大时，信号一定是从基极输入的，放大的信号可以从集电极输出也可以从发射极输出。

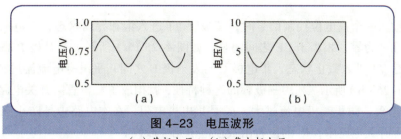

图 4-23 电压波形

(a) 基极电压;(b) 集电极电压

2. 汽车电子电路中的三极管放大电路

三极管最主要的性能是放大。在汽车电子电路中,主要用来对微弱信号进行放大。图 4-24 所示为利用三极管的放大特性制作的汽车电气线路搭铁(短路)探测器的电路。汽车在行驶过程中,由于颠簸、振动等原因,电气线路与车体摩擦而损坏其绝缘层,发生搭铁(短路)故障。本探测器就是为了在不拆解导线的情况下,快速查出搭铁故障所发生的部位。

探测器的工作原理为:当导线搭铁后,在搭铁点就会产生短路电流,短路点就会向周围发出高次谐波信号。这个信号被由线圈和铁芯构成的传感器接收到,在传感器中产生交变的电信号。这个信号很微弱,经过三极管 VT_1 放大后,在 VT_1 的集电极就会得到放大了的交变信号,再送入 VT_2 的基极进行放大,使接在 VT_2 集电极的发光二极管闪烁发光,接在 VT_2 发射极的耳机发出声响。传感器越接近故障点,接收到的信号越强,经过放大后,发光二极管越亮,耳机发出的声响越强。根据发光二极管的亮度变化和耳机声音变化,就能快速地找到故障点。

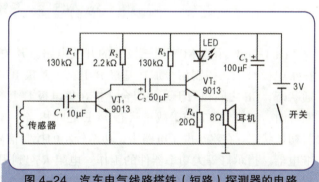

图 4-24 汽车电气线路搭铁(短路)探测器的电路

●提示:汽车电子电路中,由一个三极管组成的单管放大电路已经很少用到了。经常是应用由多个三极管和外围元件组成的集成运算放大器来承担信号的放大任务,集成运算放大器将在课题六中进行讲解。

五、三极管开关电路在汽车电子电路中的应用

1. 三极管开关电路

(1) NPN 型三极管开关电路

三极管在基极电流控制下,在截止与饱和两种状态下交替变换,就如同一个开关的断开与闭合状态交替变换一样。图 4-25 所示为 NPN 管的开关状态。

当基极 B 输入一个高电位控制信号时，三极管 VT 进入饱和导通状态，集电极 C 与发射极 E 之间的电势差几乎为零，相当于 CE 之间闭合，如图 4-25（a）所示。当基极 B 高电位控制信号撤离后，三极管 VT 进入截止状态，集电极 C 与发射极 E 之间几乎没有电流流过，相当于 CE 之间断开，如图 4-25（b）所示。利用三极管的这种特性，就构成了三极管的开关电路。图 4-25 中，R_b 是基极限流电阻，防止基极电流过大。R_c 是集电极电阻，在本电路中是防止三极管导通时电源短路。在实际开关电路中，R_c 的位置由被控电子元件取代。

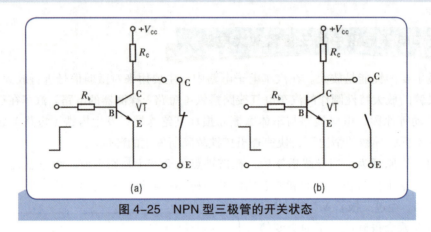

图 4-25　NPN 型三极管的开关状态

图 4-26 所示为 NPN 型三极管的开关电路。开关电路在工作时，受控制的电子元件一般接在集电极 C 上，控制信号加在基极 B 上。当基极 B 有控制信号到来时，三极管 VT 处于饱和导通状态，CE 之间相当于开关闭合，接在集电极 C 上的电子元件得电工作；当控制信号与基极 B 断开时，三极管 VT 处于截止状态，CE 之间相当于开关断开，电子元件的电路被切断失电，恢复初始状态。在汽车电子电路中，功率较小的控制信号经过三极管开关电路，可以控制喷油器、继电器、指示灯等大功率器件的工作。电阻 R 起到限制基极电流的作用，防止因控制信号过大损坏三极管。二极管 VD 起续流作用，保护三极管免受反向电动势的冲击。

- ●操作：按照图 4-27 所示电路连接。当按下开关后，发光二极管发光；开关断开后，发光二极管熄灭。
- ●讨论：分析图 4-27 电路的工作原理。

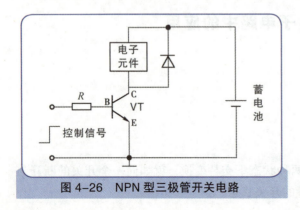

图 4-26　NPN 型三极管开关电路

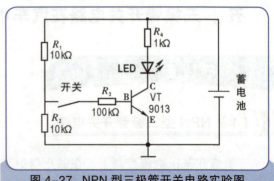

图 4-27　NPN 型三极管开关电路实验图

（2）PNP 型三极管开关电路

PNP 型三极管的开关电路与 NPN 型三极管开关电路的组成和工作原理类似，只不过加在基极 B 上的控制信号要低于发射极电位。图 4-28 所示为 PNP 管的开关状态。

当基极 B 输入一个低电位控制信号时，三极管 VT 进入饱和导通状态，发射极 E 与集电极 C 之间的电势差几乎为零，相当于 EC 之间闭合，如图 4-28（a）所示。当基极 B 低电位控制信号撤离后，三极管 VT 进入截止状态，发射极 E 与集电极 C 之间几乎没有电流，相当于 EC 之间断开，如图 4-28（b）所示。利用三极管的这种特性，可以构成 PNP 型三极管的开关电路，如图 4-29 所示。

● 操作：按照图 4-29 所示电路连接。当开关闭合后，发光二极管发光；开关断开后，发光二极管熄灭。

● 讨论：分析图 4-29 电路的工作原理。

● 术语：工程实践中，一些三极管经过特殊工艺制造，只需要很小的基极电流就能够达到饱和导通状态，这种管子几乎就只工作在截止和饱和导通两种状态，即开关状态。一般将经常工作在开关状态，起开关作用的三极管叫作开关管。

● 操作规范：在开关管控制的继电器或喷油器等线圈结构的电子器件旁边一定并联一个续流二极管。

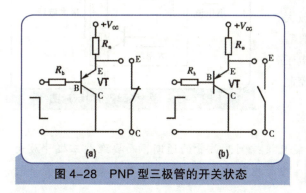

图 4-28 PNP 型三极管的开关状态

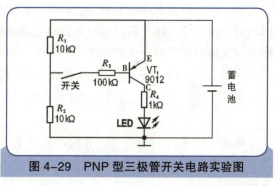

图 4-29 PNP 型三极管开关电路实验图

（3）多级开关电路

有时在电路中为了控制的需要，要用到两级或三级开关电路，这些电路在汽车发电机电子调压器电路中经常用到。

图 4-30（a）所示为两级开关电路，图 4-30（b）所示为三级开关电路。

两级开关电路的工作原理是：开关断开时，蓄电池电压经过 R_1 加到三极管 VT_1 上，VT_1 基极得到电流，VT_1 导通，B 点电势几乎为零，三极管 VT_2 基极没有电流，VT_2 截止，发光二极管不发光。开关闭合时，A 点电势为零，VT_1 的基极没有电流，VT_1 截止，电源电压 12 V 经过 R_2 加到三极管 VT_2 的基极，VT_2 基极得到电流，VT_2 饱和导通，发光二极管发光。这时 B 点电势等于 VT_2 管 BE 之间的电压，约为 0.7 V。

● 讨论：分析图4-30（b）所示的三级开关电路原理。

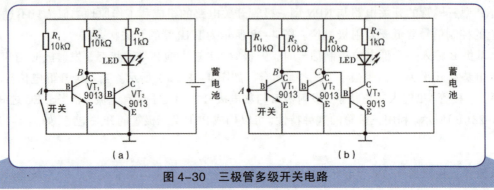

图4-30 三极管多级开关电路
（a）两极开关电路；（b）三级开关电路

（4）达林顿管

所谓达林顿管，就是连接在一起的两只三极管，也称为复合管，它的放大倍数是两个三极管放大倍数的乘积。如图4-31所示，三极管VT_1用作前置放大管，它产生推动VT_2的基极电流，VT_2是末级放大管，它与控制电路是隔离的，将电流继续放大以驱动负载部件。在分析电路时可以将达林顿管看作点画线框内构成的一个大功率三极管。汽车电子点火系统的控制模块大多采用达林顿管作为控制输出端。

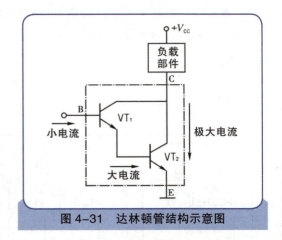

图4-31 达林顿管结构示意图

● 提示：在汽车电路中，有时控制信号不能直接控制开关管的通断，而要经过三极管放大后再去控制开关管，这种电路的搭配常见于汽车电子电路中，在分析电路时要注意两个管子的不同作用。

2. 汽车电子电路中的三极管开关电路

三极管开关电路在汽车电路中的应用相当广泛，主要用于电子调压器、电子点火器以及各种信号报警电路等。

（1）电子调压器

汽车交流发电机发出的电压随着发动机的转速和负荷会产生波动，发电机输出电压与发电机励磁绕组通过的励磁电流成正比，通过控制励磁线圈电路的通断就可以控制流过励磁电流的平均值的大小，从而使发电机输出电压基本稳定在一个定值。电子调压器就是利用三极管的开关作用来控制励磁线圈电路的通断，从而达到调节电压的目的。

● 提示：电子调压器虽然内部电路比较复杂，但封装后只引出三个或四个引脚，在外观测试时表现出的就是一个受发电机输出电压控制的电子开关。

1）国产 JFT106 型电子调压器。

国产 JFT106 型电子调压器为 14 V 外搭铁式，调节电压为 13.8～14.6 V，可与 14 V、750 W 的九管外搭铁硅整流发电机配套使用，也可与 14 V、1 000 W 的普通六管硅整流发电机配套使用，其电路如图 4-32 所示。

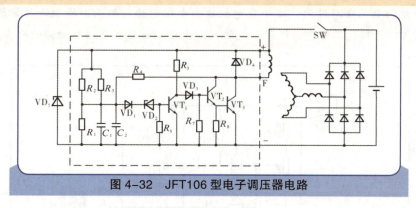

图 4-32　JFT106 型电子调压器电路

电阻 R_2 和 R_3 并联后与 R_1 串联构成分压电路，接通点火开关时，蓄电池电压加在该分压电路上，R_1 上的分压经二极管 VD_1 和电阻 R_6 加在稳压管 VD_2 上，此时，R_1 上的分压值低于稳压管 VD_2 的反向击穿电压，故 VD_2 截止，三极管 VT_1 因无基极电流而截止。VT_1 截止时，R_5、VD_3、R_7 构成串联电路，R_7 上的电压便加到 VT_2 的基极，使 VT_2 获得基极电流而导通。VT_2、VT_3 接成复合管形式（以提高放大倍数），因而 VT_3 也导通。VT_3 导通时，磁场绕组有电流通过而产生磁场。如果发电机旋转，其输出电压便会迅速升高。

当发电机端电压超过规定值，R_1 的分压值大于稳压管 VD_2 的反向击穿电压，则 VD_2 击穿导通，VD_1 有基极电流而导通，VT_1 导通时，其集电极电势接近于零而使 VT_2、VT_3 截止，切断了发电机的磁场电路，使得发电机输出电压下降。

当发电机输出电压小于规定值时，稳压管 VD_2 重又截止，VT_1 也截止，VT_2、VT_3 重新导通，使磁场电路接通，发电机输出电压重新升高。如此反复，发电机输出电压便被稳定在规定值。

R_3 为调整电阻，根据稳压管 VD_2 反向击穿电压的不同，选装不同阻值的调整电阻。

2）国产 JFT201 型电子调压器。

JFT201 型电子调压器适用于 14 V、500 W 以下的各种交流发电机，电路如图 4-33 所示。
电阻 R_2、R_3、R_4 组成分压电路，B 点电势随着发电机输出电压的变化而变化。在发电机输出电压小于预定调节电压值时，AB 之间的电压小于稳压管 VZ 的反向击穿电压，稳压管 VZ 截止，三极管 VT_1 基极电流等于零，VT_1 截止。而 VT_2 的发射极和基极处于较高的电压作用下饱和导通，接通励磁线圈，发电机正常发电。

当发电机输出电压升高，达到预定调节值时，AB之间的电压大于稳压管VZ的反向击穿电压，稳压管VZ导通，三极管VT_1基极流过电流，VT_1饱和导通，同时VT_1将VT_2的发射极和基极短路，使VT_2截止，断开励磁线圈，发电机输出电压下降。

当发电机输出电压稍低于调节值时，稳压管VZ又恢复到截止状态，VT_1由导通变为截止，使VT_2导通。如此反复，使发电机的输出电压维持在规定的调整值附近。

电阻R_5提供VT_1基极工作电势，R_7是VT_1的负载电阻，R_6提供VT_2基极工作电势。电阻R_8和C_3可以加速三极管VT_2的开关转换速度，减少损耗。电容C_1的作用是延缓分压电阻上的电压变换速度，降低开关管的开关频率，减少VT_2管的发热程度。电容C_2是滤波电容，可以使稳压管VZ两端的电压平滑过渡，减小发电机输出电压的脉动影响，降低开关管的开关频率和损耗。二极管VD是续流二极管，保护开关管VT_2免受励磁线圈反向电动势的冲击。

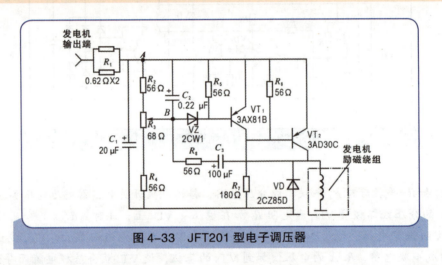

图4-33　JFT201型电子调压器

（2）电子点火器

晶体管点火电路的点火信号由装在分电器内的信号发生器提供，图4-34所示为一种磁感应式电子点火系统。

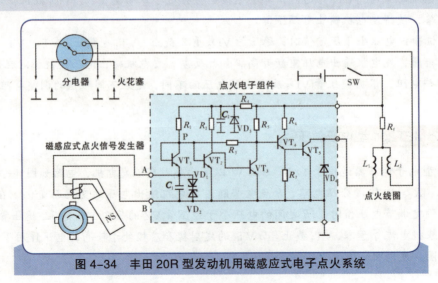

图4-34　丰田20R型发动机用磁感应式电子点火系统

磁感应式点火信号发生器由信号转子、传感线圈、铁芯、永久磁铁等组成，如图4-35所示。整个信号发生器装在分电器内，永久磁铁和铁芯固定在分电器内，传感线圈绕在铁芯上。信号转子由分电器轴带动，其上的凸齿数与发动机气缸数相同。

当信号转子转动时，其中某一凸齿靠近永久磁铁，磁阻减小，通过传感线圈的磁通增加；凸齿离开永久磁铁时，磁阻增大，通过传感线圈的磁通减少。当穿过传感线圈的磁通发生变化时，线圈中将产生感应电动势。感应电动势的大小与磁通变化率成正比，感应电流产生的磁通阻碍原磁通的变化。

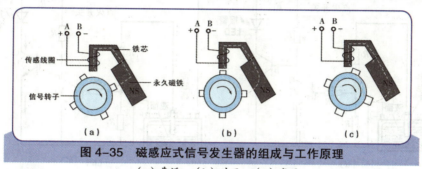

图4-35　磁感应式信号发生器的组成与工作原理
(a)靠近；(b)对正；(c)离开

不同转速下传感线圈的磁通变化和感应电动势如图4-36所示。当信号转子转到某一位置Ⅰ时，磁通变化率最大(a点)，其感应电动势最高。当转子凸齿和铁芯中心线正好在一条直线上时，凸齿与铁芯间的空气间隙最小，通过线圈的磁通量最大，但磁通的变化率为零(b点)，因而传感线圈中的感应电动势亦为零。当信号转子转到某一位置Ⅱ时，磁通减小的变化率最大(c点)，线圈的感应电动势(反方向)的绝对值最大。信号转子每转一圈产生四个交变信号。随着发动机转速的升高，磁通变化率增大，感应电动势的峰值也将增大。

● 提示：上述电子点火器的信号发生器是磁感应式的，汽车上还有霍尔式、光电式等信号发生器，功能都是提供点火时刻信号。

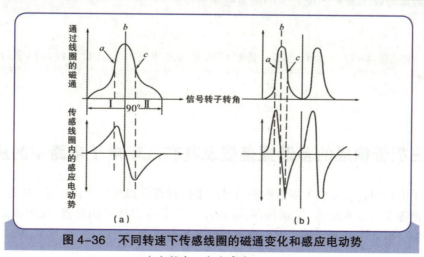

图4-36　不同转速下传感线圈的磁通变化和感应电动势
(a)低速；(b)高速

（3）信号报警电路

汽车电路中包含很多信号报警电路，基本原理就是通过监控一个点的电动势变化，来控制三极管的开关，发出声音或光的报警信号。

图4-37所示为监测蓄电池液位的报警电路。

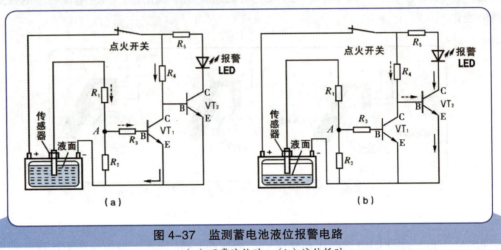

图4-37　监测蓄电池液位报警电路
（a）正常液位时；（b）液位低时

报警电路的传感器为装在蓄电池盖子上的铅棒。当蓄电池液位符合规定要求时，如图4-37（a）所示，铅棒浸在蓄电池液中，铅棒（相当于正极）与蓄电池的负极之间产生电压，三极管VT_1的基极流过电流，VT_1处于饱和导通状态，VT_1的CE之间电势几乎相等，A点电势几乎为零，三极管VT_2截止，报警灯（发光二极管）不亮。当蓄电池液位低于规定要求时，如图4-37（b）所示，铅棒未能浸入蓄电池液中，铅棒与蓄电池的负极之间不能产生电压，三极管VT_1的基极没有电流，VT_1处于截止状态，A点电位上升，三极管VT_2的基极B有电流流入，三极管VT_2饱和导通，报警灯亮，通知驾驶员蓄电池液量不足。

电阻R_5为报警灯（发光二极管）的限流电阻。

● 操作：组装图4-37所示的电路，将铅棒从蓄电池中浸入和拔出，观察报警灯的亮灭，分析电路的工作状态。

六、三极管构成的多谐振荡器及其在汽车电子电路中的应用

在汽车电子电路中，需要产生多谐振荡信号用于控制器件和发出声音，这些电路一般都是由三极管构成的多谐振荡器来实现的。多谐振荡器电路常见于汽车晶体管闪光器、无触点晶体管电喇叭、刮水器间歇控制、电动汽油泵驱动、迅响信号报警器等电路中。

1. 多谐振荡器

多谐振荡器是由三极管放大电路和将三极管集电极输出信号反传给三极管基极的正反馈电路组成的,如图4-38(a)所示。这种电路一般都画成左右对称的形式,在电路中比较容易辨认。图4-38(b)所示为帮助理解多谐振荡器的电路。当开关断开后,由于电容的隔直作用,B点电位为+12 V,当电容充满电后,A点电势为零。在开关闭合的瞬间,B点电势突变为零,这时由于电容两端电压不能突变,还是12 V,A点电位就变为-12 V。理解上述过程,有助于理解图4-38(a)多谐振荡器实际电路。

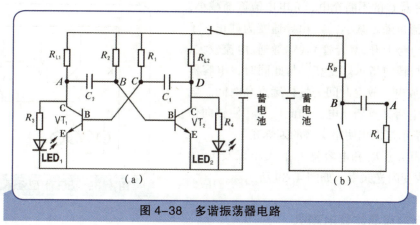

图4-38　多谐振荡器电路

(a)实际电路；(b)理想电路

多谐振荡器的工作原理:多谐振荡器是自激工作,在一开始得电工作时,可能是两个三极管中的任意一个导通,另一个截止。假设开始时,VT_1导通,VT_2截止。在这种状态下,A点电势为零,LED_1不亮;12 V电压通过R_{L2}加到LED_2上,LED_2发光。VT_1导通,电容C_2被充电,充电电路是+12 V→R_2→C_2→VT_1的CE结→负极。电容C_1也被充电,充电电路是+12 V→R_{L2}→C_1→VT_1的BE结→负极。电路中电阻R_{L1}、R_{L2}的阻值小于电阻R_1、R_2的阻值,这样电容C_1的充电很快完成。由于R_1向VT_1提供基极电流,使VT_1维持导通。随着电容C_2的充电,B点电势上升,使三极管VT_2逐步由截止向饱和导通过渡。当B点电势足够大时,VT_2导通,D点电势变为零,LED_2熄灭,同时由于电容C_1电压的存在,C点电势变为负电势,强迫VT_1截止。VT_1截止,A点电势上升,由于C_2电压的存在,B点电势进一步升高,加速了三极管VT_2的导通。VT_1截止,使+12 V电压通过电阻R_{L1}加到LED_1上,LED_1发光。这时VT_1截止,VT_2导通,电容C_1被从$C→D$方向充电,充电电路是+12 V→R_1→C_1→VT_2的CE结→负极。电容C_2被从$A→B$充电,电路是+12 V→R_{L1}→C_2→VT_2的BE结→负极。重复上述变化,使两个发光二极管以固定周期亮、灭。在两个三极管的集电极就会得到振荡信号。电阻R_3和R_4是发光二极管的限流电阻。

●操作:用示波器观察图4-38所示电路的输出波形,描绘三极管基极和集电极的波形。选用不同容量的C_1和C_2及不同阻值的R_1和R_2,就可以改变电容的放电时间,由此改变振荡电路的振荡周期。

2. 多谐振荡器在汽车中的应用

（1）晶体管闪光器

汽车转弯时，接通转向灯开关 S，R_2 和 C 的充电电流同时提供给 V_3 的基极，V_3 导通。V_3 导通后，V_2 的基极电势很低（仅 0.3 V 左右），于是复合管 V_1、V_2 处于截止状态。此时仅 V_3 的导通电流流过了转向灯，电流很小（约 60 mA），灯暗，即不亮。

随着电容器 C 的不断充电，充电电流逐渐减小，V_3 的基极电流也随之减小，V_3 由导通变为截止，于是 V_2 的基极电势上升，复合管 V_1、V_2 导通。电流较大，转向信号灯与转向指示灯变亮。与此同时，电容器通过 R_3、R_2 放电，放电时间为灯持续点亮时间。电容器 C 放完电后又重新充电，如此反复，使转向信号灯与转向指示灯发出明暗交替的闪烁光。

改变电阻 R_2、R_3 和电容器 C 的大小以及 V_3 的 β 值，即可改变闪光频率，如图 4-39 所示。

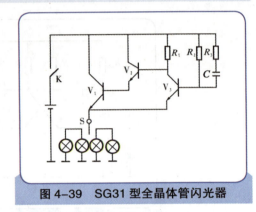

图 4-39　SG31 型全晶体管闪光器

（2）无触点晶体管电喇叭

电子式电喇叭即无触点电喇叭，它具有音色和音量不变且易调整、故障少等优点，因而在现代汽车上使用越来越广泛。电子式电喇叭主要由多谐振荡器及功率放大器组成，图 4-40 所示为其电路。V_1、V_2、V_3 构成一多谐振荡器。为了保证其振荡频率稳定，多谐振荡器接在由稳压管 V_7 和温度补偿二极管 V_6 组成的稳压电源上。V_4、V_5 组成直接耦合放大器，喇叭线圈 L 则串接在 V_5 的集电极。电容器 C_3 用以防止汽车点火电路引起的干扰。

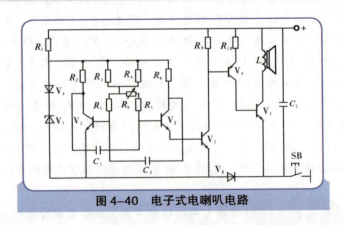

图 4-40　电子式电喇叭电路

如果振荡器线路中 V_2 截止，则 V_3 也截止，于是 V_4、V_5 导通，喇叭线圈 L 中有电流，电磁系统吸动喇叭膜片。如果 V_2 导通，V_3 也导通，于是 V_4、V_5 截止，喇叭线圈 L 中无电流，膜片复位。如此反复，膜片不断地振动，使喇叭发出声响。

显然，V_2、V_3 截止点的时间越长，则喇叭线圈 L 中通电的时间就越长，膜片的振幅越大；声音也越大；相反，声音越小。这样，只要改变 R_6+R_7 及 C_1 的时间常数也就是调整电位器 R_6 就可以调整声音的大小。V_8 用于保护管子不被烧坏。

（3）刮水器间歇控制

图 4-41 所示为多谐振荡器控制的间歇式电动刮水器。其中 R_1 和 C_1 决定继电器 J_1 的通电时间；R_2 和 C_2 决定继电器 J 的断电时间。当雨刮开关置于"0"（"空"）挡时，若接通间歇开关，多谐振荡器工作，作周期性翻转。

当 V_2 导通，V_1 截止时，继电器线圈 J 中无电流流过，常闭触点 J_1 闭合，由于这时自动复位开关和上触点 K_1 接通，故刮水电动机不转。

当 C_2 充电至一定值后，V_1 导通、V_2 截止，继电器线圈 J 中有电流通过，常闭触点 J_1 打开，常开触点 J_2 闭合，刮水电动机电路接通：电流从蓄电池"+"极→电刷 B_3→刮水电动机→电刷 B_1→刮水器开关（L、P）→触点 J_2→搭铁→蓄电池"-"极，构成回路。刮水电动机以低速转动，从而驱动刮水片动作。当 C_1 充电至一定值后，V_2 导通、V_1 截止，继电器线圈 J 断电，常开触点 J_2 打开，常闭触点 J_1 又闭合，电动机又停转，如此反复，刮水电动机便间歇旋转。刮水片间歇工作，间歇时间的长短可通过改变 R_2 和 C_2 的值来控制。

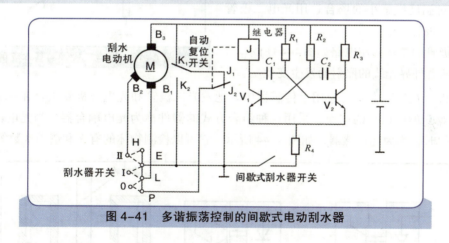

图 4-41　多谐振荡控制的间歇式电动刮水器

七、特殊三极管在汽车中的应用

除常用的二极管、三极管外，汽车电子电路中还有一些其他形式的晶体管，如光电三极管、晶闸管、场效应管等。

1. 光电三极管

光电三极管在原理上类似于三极管，只是它的集电极为光电二极管结构。它的等效电路和图形符号如图 4-42 所示。

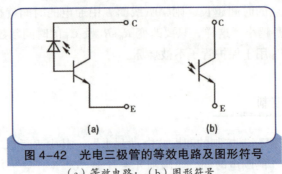

图 4-42　光电三极管的等效电路及图形符号

（a）等效电路；（b）图形符号

光电三极管的基极电流由光电二极管提供，所以一般没有基极外引线（有些产品为了调整方便，基极有外引线）。如果在光电三极管的集电极和发射极加上正向电压，则在没有光照时，CE 间几乎没有电流。有光照射时，基极产生光电流，同时在 CE 间形成集电极电流，大小在几毫安至几百毫安之间。光电三极管的输出特性与三极管基本类似，只是用入射光的照度代替基极电流。光电三极管制成达林顿管形式时，可以获得较大的输出电流而能直接驱动某些继电器。光电三极管的响应速度比光电二极管慢，灵敏度比较高。在要求响应快、对温度敏感小的场合选用光电二极管而不用光电三极管。

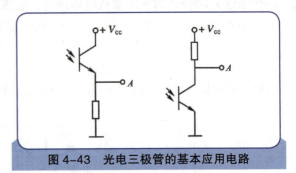

图 4-43　光电三极管的基本应用电路

光电三极管的基本应用电路如图 4-43 所示。A 点的电势随着外界光线的照射而发生变化。

光电三极管在汽车上主要应用于传感器中。把发光二极管和光电三极管组合在一起，可实现以光信号为媒介的电信号的转换，采用这种组合方式的器件称为光电耦合器。当光电耦合器作为传感器来使用时，称为光传感器，如图 4-44 所示。它可以检测物体的有无和遮挡次数等信号。

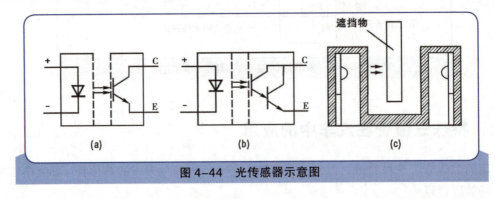

图 4-44　光传感器示意图

在汽车上，光电式传感器被应用到许多场合，主要有曲轴位置检测、车高位置检测、转向角度检测、车速检测等，均是利用在光传感器的中间设置遮挡物，利用遮挡物是否挡住光线来判断遮挡物的位置（遮挡物均和被检测的对象连接在一起），传递位置信号或转过遮挡物的个数信号。

图 4-45 所示为 NISSAN 公司的光电式曲轴位置传感器。传感器装在分电器轴上，随着分电器轴的转动，信号盘交替遮挡传感器的光线，发出表征曲轴位置的信号。

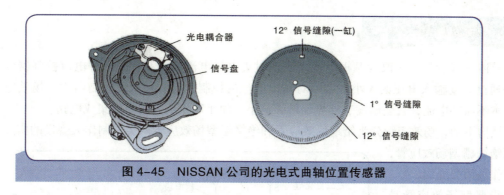

图 4-45　NISSAN 公司的光电式曲轴位置传感器

图 4-46 所示为光电式车速传感器。光电式车速传感器装在组合仪表内，由带切槽的转子和光电耦合器组成。带切槽的转子由转速表转轴驱动，当转子转动时，盘齿间断地遮住发光二极管光源，使光电三极管的输出电压发生变化。转轴转一周，输出 20 个脉冲，经分频后变成 4 个脉冲，送给 ECU。

车高位置检测和转向角度检测的工作原理与上述传感器类似，不再赘述。

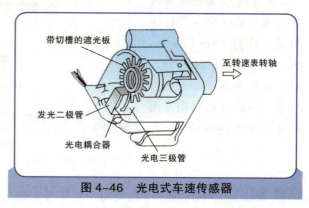

图 4-46　光电式车速传感器

2. 晶闸管

晶闸管也叫可控硅，从外观上看与三极管没有什么区别，是一种仅有开关功能（导通或阻断）的硅半导体元件，其结构和图形符号如图 4-47 所示。

晶闸管有三个电极，阳极 A、阴极 K 和控制极 G。它也属于电流控制器件，当 GK 之间有控制电流流过时，阳极 A 和阴极 K 之间呈导通状态。导通后，即使断开控制电流，晶闸管还是处于导通状态。这时要想使其恢复到截止状态，就要利用其他开关断开阳极电流，或者使阳极和阴极之间的电压变为零。图中箭头所示的方向为电流方向。利用晶闸管，可以用很小的控制电流控制很大的阳极电流，所以它的工作情况与继电器很类似。晶闸管适用于高压电路，它比二极管更结实耐用，但其耐热能力差，使用时必须注意。

●提示：晶闸管在汽车上的应用不是很广，主要应用在电子调压器、电子点火器和电子闪光器中，作为开关管带动负载。由于晶闸管的控制不是很方便，随着大功率三极管的不断涌现，除了在一些控制特别大的电流场合能见到晶闸管的应用，其他场合的应用逐渐被大功率三极管代替了。

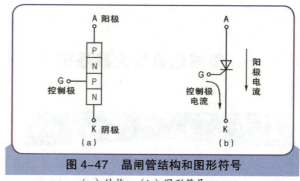

图 4-47　晶闸管结构和图形符号
（a）结构；（b）图形符号

3. 场效应管

半导体三极管是通过改变基极电流来实现对集电极电流的控制，是一种电流控制器件。场效应管是通过改变输入电压的大小来实现对输出电流的控制，是一种电压控制器件。场效应管在控制时基本不需要电流，且受温度、外界辐射影响小，便于制作成大规模的集成电路。

按结构不同，场效应管分为结型场效应管和绝缘栅型场效应管两类。制作大规模的集成电路主要应用绝缘栅型场效应管，在这里作一简要介绍。

绝缘栅型场效应管是由金属–氧化物–半导体制成，简称MOS（Metal-Oxide-Semiconductor）管。MOS管分N沟道和P沟道两类。MOS管的结构及图形符号如图4-48所示。

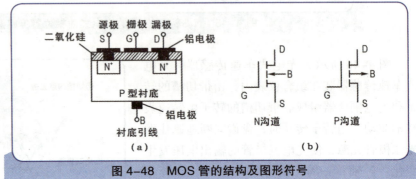

图4-48　MOS管的结构及图形符号

（a）N沟道MOS管的结构；（b）MOS管符号

备注：在汽车上，现在也使用大功率MOS管驱动电动机、风扇等。

● 提示：MOS管不单独使用，主要用来构成大规模集成电路。由MOS管构成的集成电路称为CMOS集成电路。

● 操作规范：由于MOS管的栅极和沟道之间的隔离层极薄，人手上的静电便能烧穿它，所以不要随意触摸ECU接插件内的插针或ECU内的集成电路板。

任务三　集成运算放大器及其在汽车中的应用

一、集成运算放大器基础

1. 集成运算放大器

三极管具有放大作用，但是一个三极管的放大倍数是有限的，为了获得高倍数的放大，必须采用多个三极管级联的方式构成多级放大电路。同时为了使放大电路稳定工作，还要引入负反馈。

把电子系统输出量（电压或电流）的一部分或全部，经过一定的电路送回到它的输入端，称为反馈。如果引入的反馈使放大电路的放大倍数降低，就称为负反馈；如果引入的反馈使放大电路的放大倍数增大，就称为正反馈。负反馈虽然降低了放大倍数，但是它对提高放大电路的工作稳定性和改善电路性能指标起到了重要作用，一般多级放大电路都要引入负反馈。随着电子技术的不断发展，分立元件的多级放大器已经被集成在一块半导体芯片内，构成了集成运算放大器（简称集成运放）。

集成运算放大器的符号如图 4-49 所示。它有两个输入端和一个输出端。两个输入端中，一个是反相输入端，标有"－"符号，表示输出电压 u_o 与该输入电压 u_- 相位相反；另外一个是同相输入端，标有"＋"符号，表示输出电压 u_o 与该输入电压 u_+ 相位相同。

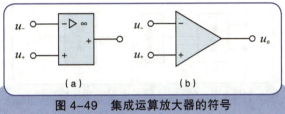

图 4-49　集成运算放大器的符号
（a）新国标符号；（b）旧符号

● 提示：实际上在构成集成运放的电路中都需要有连接正负电源的引脚，但在电路图中一般都略去不画，而在实际电路中是必须有的。

图 4-49（a）是新国标符号，而图 4-49（b）是旧符号。集成运放的外形是塑料封装的双列直插集成电路。不同型号的集成运放的插脚个数不同，从 8 个到 14 个不等。

● 提示：在汽车电子电路中，集成运放一般都安装在 ECU 模块内部，在外部看不到独立的集成运放。

2. 集成运算放大器结构

集成运算放大器的外形通常有双列直插式、扁平式及圆筒式三种，如图 4-50 所示。集成运算放大器（以下简称运放）内部电路一般由输入级、中间级和输出级组成，级间直接耦合，结构框图如图 4-51 所示。

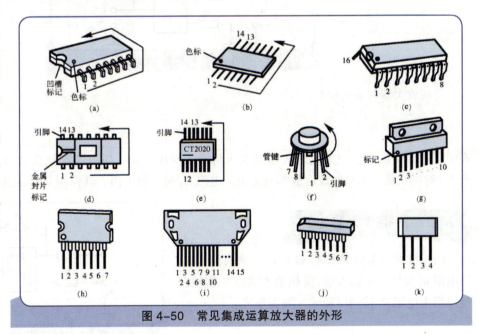

图 4-50　常见集成运算放大器的外形

输入级一般采用输入电阻高并且可以消除零点漂移的放大电路；中间级主要提供高的电压放大倍数，它包括多级共射放大电路和提高电压放大倍数及改善特性的措施；输出级多采用无变压器互补对称式功率放大电路，以尽量增大其负载能力，减小输出电阻。

集成运算放大器的图形符号如图4-52所示。集成运算放大器具有两个输入端、一个输出端，"-"端称为反相输入端，"+"端称为同相输入端。

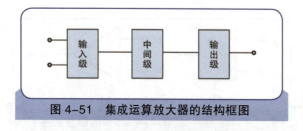

图 4-51 集成运算放大器的结构框图

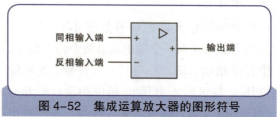

图 4-52 集成运算放大器的图形符号

二、集成运算放大器组成的基本放大电路

通常集成运算放大器必须外接负反馈网络，才能正常工作。根据输入方式的不同，集成运算放大器构成三种最基本的实用放大器电路，成为其他各种应用电路的基础。

1. 反相放大器电路

反相放大器电路如图4-53所示。输入信号u_i经电阻R_1加到反相输入端，同相输入端经R_2接地，电阻R_f跨接在反相输入端和输出端之间，形成一个负反馈放大器电路。

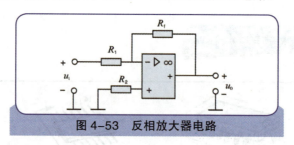

图 4-53 反相放大器电路

反相放大器的放大倍数：

$$A_f = -\frac{R_f}{R_1}$$

式中，A_f为负值，表明集成运放输出电压与输入电压反相，所以叫反相放大器。并且，A_f仅取决于R_f/R_1的比值，而与集成运放本身无关。电阻R_2叫平衡电阻，其作用是保证放大器稳定地工作。

2. 同相放大器电路

同相放大器电路如图4-54所示。输入信号u_i经电阻R_2加到同相输入端，反相输入端经R_1接地，负反馈由电阻R_f接到反相输入端而形成。

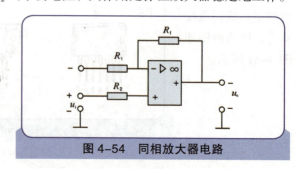

图 4-54 同相放大器电路

同相放大器的放大倍数：

$$A_f = 1 + \frac{R_f}{R_1}$$

A_f 大于零，表明输出电压 u_o 与输入电压 u_i 同相。如果将 $R_1 = \infty$（开路）或 $R_f = 0$，则 $A_f = 1$。构成的电路称为电压跟随器，如图 4-55 所示。电压跟随器一般作为信号与其负载之间的缓冲隔离。

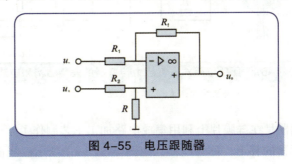

图 4-55　电压跟随器

3. 差分放大器电路

如果两个输入端都有信号输入，就构成了差分放大器电路，如图 4-56 所示。差分放大器是两个输入信号的差，输出电压 u_o 与两个输入电压的关系是：$u_o = A_f (u_- - u_+)$。

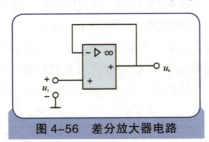

图 4-56　差分放大器电路

放大倍数为：

$$A_f = \frac{R_f}{R_1}$$

●提示：在汽车电子电路中，差分放大器常被用作传感器信号放大器。将传感器信号放大后，传送给 ECU。

三、集成运算放大器在汽车中的应用

1. 集成运算放大器在压阻式进气压力测量电路中的应用

在汽车电控燃油喷射发动机中，压阻式进气压力测量电路用来测量进气量和进气压力。测量电路由集成运算放大器和压阻式固态压力传感器制成。这种测量装置被日本丰田汽车公司、美国通用汽车公司等广泛采用，国产桑塔纳 2000GLi 型轿车也采用了该传感器。压敏电阻式进气压力传感器的安装结构和电路如图 4-57 所示。

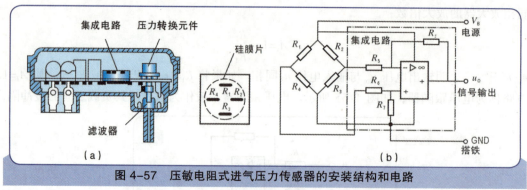

图 4-57 压敏电阻式进气压力传感器的安装结构和电路

(a)安装结构;(b)工作原理

压阻式固态压力传感器是在硅膜片上利用集成电路加工工艺制作了 4 个阻值相等的电阻,膜片底部被加工成周边厚中间薄的杯形,称为硅杯,如图 4-57(a)所示。当硅杯两侧存在压力差时,硅膜片产生变形,4 个应变电阻阻值发生变化,电桥失去平衡,输出与膜片两侧压差成正比的电压。由于电桥输出电压一般很小,因此需要经过放大电路进行放大,如图 4-57(b)所示。

2. 集成运算放大器在蓄电池电压过低报警电路中的应用

蓄电池电压过低报警电路如图 4-58 所示,蓄电池电压过低报警电路由集成运算放大器 LM741、稳压管、发光二极管及一些电阻组成。电路中,电阻 R_2 与稳压管 VS 组成电压基准电路,向集成运算放大器提供 5 V 的基准电压。电阻 R_1、R_3 组成分压电路,中间点作为电压检测点。当蓄电池电压高于 10 V 时,比较器输出电压为 12 V,发光二极管不发光,指示电压正常;当蓄电池电压低于 10 V 时,集成运算放大器输出电压为零,发光二极管发光,指示电压过低。

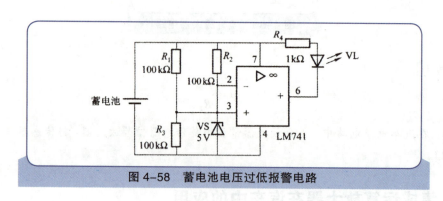

图 4-58 蓄电池电压过低报警电路

实验一 二极管的识别与检测

一、训练目的

1）了解二极管的类型、外观及相关标识。
2）掌握用万用表识别二极管的极性及判别其性能优劣的方法。

二、训练器材

万用表一个、二极管（ZQ15）两只。

三、训练步骤

1. 二极管的识别

对型号为 ZQ15 二极管的外形进行识别，理解其型号的含义。

2. 用万用表判别二极管的正负极和鉴别管的质量

根据二极管正向电阻小、反向电阻大的特点，用万用表判别其正负极。测量二极管正反向电阻时，一般选用万用表 $R \times 100\ \Omega$ 或 $R \times 1\ k\Omega$ 电阻挡。若测得的电阻很小，与黑表笔相接的管脚是正极，与红表笔相接的管脚是负极。若测得的电阻很大，与黑表笔相接的管脚是负极，与红表笔相接的管脚是正极。如型号为 ZQ15 的二极管正向电阻为 8～10 Ω，反向电阻大于 10 kΩ。

若正向电阻太大，反向电阻又较小或正反向电阻相差不大则是劣品；若正反向电阻为零或无穷大则是坏管。

四、训练报告

1）整理各项数据，填入表 4-1 中。

表 4-1 二极管的测量

型号	$R \times 1\ k\Omega$		$R \times 100\ \Omega$		质量	
	正向	反向	正向	反向	正向	反向

2）如何用万用表识别二极管的管脚极性？

实验二　二极管的伏安特性测试

一、训练目标

1）了解二极管的特性及使用方法。
2）掌握二极管伏安特性的测试方法。
3）掌握用逐点法描绘二极管的伏安特性曲线。
4）能够设计简单的二极管应用电路。

二、训练设备与器材

直流稳压电源、万用表（500型）、电流表85L1、MOS-620CH示波器、电阻1 kΩ、电位器、晶体二极管4007。

三、实训测试原理

二极管由一个PN结构成，具有单向导电的作用。加正向电压时，二极管导通，呈现很小的电阻，称其为正向电阻；二极管截止时，呈现高阻，称为反向电阻。

根据其原理，可以用万用表的电阻挡测量出二极管的正、反向电阻，来判断二极管的管脚极性。当测出二极管为正向电阻时，万用表的黑表笔接二极管的正极，红表笔接二极管的负极。当测出二极管为反向电阻时，万用表的黑表笔接二极管的负极，红表笔接二极管的正极。

二极管质量好坏的判断关键是看它有无单向导电性。正向电阻越小，反向电阻越大的二极管，其质量越好。

二极管的伏安特性是指加在二极管两端的电压与流过二极管的电流之间的关系。可用逐点法测量二极管的伏安特性。

根据二极管的伏安特性，常常将二极管用在整流、限幅、检波等电路中。训练测试电路如图4-59所示。

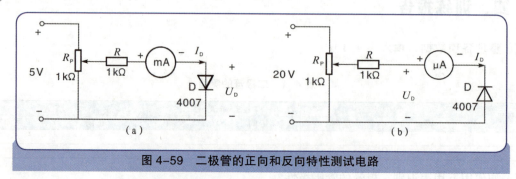

图4-59　二极管的正向和反向特性测试电路

（a）二极管的正向特性；（b）二极管的反向特性

四、训练内容和步骤

1)用万用表判断二极管管脚的极性及其质量的好坏。

①将万用表置于 $R \times 1\text{k}$(或 $R \times 100\,\Omega$)挡,调零。

②取二极管,用万用表测其电阻,并记录数据。

③二极管不动,调换万用表的红、黑表笔的位置,再测二极管的电阻,记下所测数据。

④根据测量的数据,判断二极管管脚的极性及其质量好坏。

2)用逐点法测二极管的正向特性。

①按图 4-59(a)正确连接电路,其中二极管是硅管 4007,电位器 R_P 是 $1\,\text{k}\Omega$。电流的量程是 10 mA。

②调节直流稳压电源,使其输出电压为 5 V。

③调节 R_P 使二极管两端的电压 U_D(用万用表监测)按表 4-2 的数值变化,每调一个电压,观察电路中电流表的变化,结果填入表 4-2 中。

表 4-2 二极管的正向特性测试

U_D / V	0	0.1	0.2	0.3	0.4	0.5	0.6	0.65	0.7
I_D / mA									

3)用逐点法测二极管的反向特性。

①根据图 4-59(b)正确接线,其中电流表是 ±100 μA,注意二极管要反接。

②首先调节稳压电源为 20 V,然后接入电路。

③调节 R_P,使二极管两端的电压 U_D 按表 4-3 所给的电压规律变化(用万用表监测,注意监测位置),每调一个电压,观察微安表的读数 I_D 的变化,结果填入表 4-3 中。

表 4-3 二极管的反向特性测试

U_D / V	0	1	2	4	6	8	15
I_D / μA							

4)根据步骤 2 和 3 测得的结果,在同一坐标系中画出二极管的正、反向伏安特性曲线。

5)根据实验室提供的实验器材自行设计一单向半波整流电路和一限幅电路,并用示波器观察输入及输出波形,做出自己设计的应用电路。

五、注意事项

用万用表监测二极管两端电压时,图 4-59(a)中可采用外接法也可采用内接法测量,而图 4-59(b)中只能采用内接法测量。

实验三　三极管放大器实验

一、训练目标

1）测量三极管放大电路的静态工作点及放大倍数。
2）观察静态工作点对三极管放大电路输出波形的影响。

二、训练设备与器材

汽车电学基础实验箱一台、EXCEL V-252 示波器一台、DT9208A 数字万用表一台、音频信号发生器 TAG-101 一台、交流毫伏表 TVT-321 一台。

三、实验电路及参数

汽车电学基础实验箱上有两个三极管实验电路，其原理及元件参数如图 4-60、图 4-61 所示，实验电路一是典型的共发射极基本放大电路，实验电路二是在实验电路一的基础上加了射极偏置电路，在实验过程中可以理解二者的优缺点。

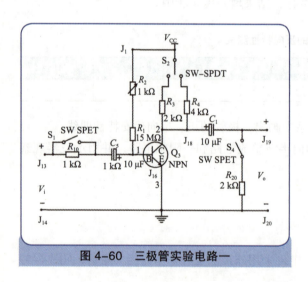

图 4-60　三极管实验电路一

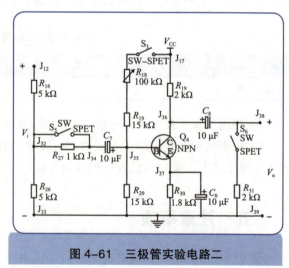

图 4-61　三极管实验电路二

四、实验内容及步骤

1. 三极管放大器实验电路一

（1）测量静态工作点

给实验箱接通电源，调节 R_2，使 $V_{CEQ} \approx 1$ V，$R_C = R_3 = 2$ kΩ，用万用表测量 J_{18} 和 J_{14} 之间的电压，调节 R_2，使其电压约为 1 V。用万用表测量 V_{BEQ}，即 J_{16} 和 J_{14} 之间的电压，测量后将 V_{CEQ} 和 V_{BEQ} 值填入下面空格中：

$V_{CEQ}=$ _____，$V_{BEQ}=$ _____，$I_{CQ} = \dfrac{V_{CC} - V_{CEQ}}{R_3} =$ _____。

（2）放大倍数测试

①闭合开关 S_1，并使 $R_C = R_3 = 2$ kΩ。
②打开音频信号发生器 TAG-101 电源，并使其输出 5 mV，1 kHz 信号电压，将信号电压接入放大电路输入端，即 TAG-101 的红色鳄鱼夹接 S_{13}，黑色鳄鱼夹接 J_{14}。
③用示波器观察放大器输出信号 V_o，即观察 J_{19} 和 J_{20} 之间信号，即示波器表笔探针接 J_{19}，接地鳄鱼夹接 J_{20}。观察 V_o 波形是否失真，如果失真应将 V_i 值减少，即调小 TAG-101 的输出信号电压。
④打开交流毫伏表 TVT-321 电源，用其测量 V_i，即红色鳄鱼夹接 J_{13}，黑色鳄鱼夹接 J_{14}，并将 V_i 值填入表 4-4 中。
⑤断开 S_4，即 $R_L = \infty$，用 TVT-321 测量 V_o 并填入表 4-4 中。
⑥合上 S_4，即 $R_L = 2.7$ kΩ，用 TVT-321 测量 V_o 并填入表 4-4 中。

表 4-4 实验电路一测量结果

R_L/kΩ	V_i/V	V_o/V
∞		
2.7		

（3）观察工作点对输出波形 V_o 的影响

按表 4-5 所示的要求，观察 V_o 波形，在表中给定的条件下，增加 V_i（频率 1 kHz 信号电压）幅值，直到 V_o 波形的正或负峰值刚要出现削波失真，描下此时 V_o 的波形，并保持 V_i 之值不变，测量 V_{CEQ} 值时，需将输入信号源断开，在放大电路处于直流静态时测量。

表 4-5 实验电路一测量 V_o 及 V_{CEQ} 结果

序号	给定条件	V_o 波形	V_{CEQ}
1	维持实验步骤（1）的静态工作点 $R_C=R_3=2\ k\Omega$, $R_L=\infty$		
2	R_2 不变 $R_L=2.7\ k\Omega$, $R_C=R_3=2\ k\Omega$		
3	R_2 不变 $R_L=\infty$, $R_C=R_4=4\ k\Omega$		
4	$R_2=1\ M\Omega$, $R_C=R_3=2\ k\Omega$ $R_L=\infty$		
5	$R_2=0$, $R_C=R_3=2\ k\Omega$ $R_L=\infty$		

2. 三极管放大器的实验电路二

（1）测量静态工作点

闭合 S_3，用万用表测量 V_E（即 J_{37} 和 J_{33} 之间的电压），调节 R_{18}，使 $V_E=2.1\ V$（即 $I_C \approx I_E=1.2\ mA$），用万用表测量电压 V_C（J_{36} 和 J_{33} 之间的电压）和 V_B（即 J_{35} 和 J_{33} 之间的电压），并记录之。

$V_C=$_____，$V_B=$_____，$I_C=$_____。

（2）放大倍数测试

①闭合开关 S_3、S_5。
②打开音频信号发生器 TAG-101，给放大器输入频率为 1 kHz 的信号，即红色鳄鱼夹接 J_{12}，黑色鳄鱼夹接 J_{33}。
③用示波器观察 V_o，即 J_{38} 和 J_{39} 之间的波形，调整 TAG-101 的幅值旋钮，保证 V_o 信号不失真。
④用交流毫伏表测量 V_i（J_{12} 和 J_{33} 之间的信号电压）和 V_o（J_{38} 和 J_{39} 之间的信号电压）并填入表 4-6 中。由于 5.1 kΩ 和 51 Ω 的分压作用，电路的实际输入信号近似 $\frac{1}{100}V_i$，以便可用交流毫伏表的同一量程测量 V_o 和 V_i，减少因量程不同而带来的附加误差，并保证在输出信号不失真的条件下测量。

表 4-6 实验电路二测量结果

$R_L/k\Omega$	V_i/V	V_o/V
∞		
2.7		

（3）观察工作点对输出波形的影响

在 $R_L=2.7\ k\Omega$，使 V_i 约为 3 V 时，分别观察并记录当 $R_{18}=0$ 及 $R_{18}=100\ k\Omega$ 时的 V_o 波形，并

记录到表 4-7 中。在用万用表测量 V_C 时,需将输入信号源断开,使放大电路处于直流静态状态下。

表 4-7　实验电路二测量 V_o 及 V_C 结果

序号	给定条件	V_o	V_C
①	$R_{18}=0$		
②	$R_{18}=100\text{ k}\Omega$		

五、实验报告

1）正确记录数据及波形。
2）分析表 4-5 和表 4-7 中波形变化的原因及性质。
3）将静态工作点放大倍数的实验值和估算值列表比较。

实验四　LED 数码管显示实验

一、训练目标

1）掌握 LED 数码管显示数字的基本原理。
2）掌握分析 LED 数码管显示故障的方法。

二、训练设备与器材

蓄电池一个,万用表一个,电路板一块,LED 共阴极数码管、LED 共阳极数码管各两个,1 kΩ 电阻八个,单股导线若干。

三、操作步骤及工作要点

1）用 LED 共阴极数码管按照图 4-62 所示电路在电路板上进行组装。
2）按照从 1 到 9 的次序,分别将从数码管管脚引出的导线连接到电阻上,显示数字,观察显示结果。
3）如果显示出现错误,依次检查连接点是否断路,排除故障。
4）设计共阳极数码管显示实验电路,并按上述步骤进行实验。

四、注意事项

不能将数码管管脚不经过电阻直接连接到电源上,那将使数码管电流过大,烧坏数码管。

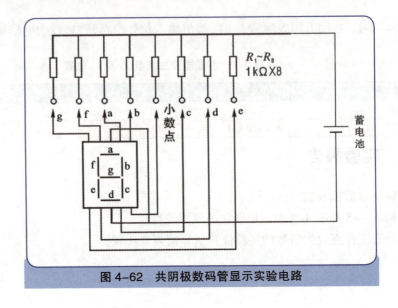

图 4-62　共阴极数码管显示实验电路

实验五　晶体三极管伏安特性测试

一、训练目标

1）掌握晶体三极管三个电极的判断方法。
2）了解晶体三极管伏安特性的测试方法。
3）掌握用逐点法描绘晶体三极管的输入特性和输出特性曲线。

二、训练设备与器材

直流稳压电源，万用表，电流表 85L1，三极管 3DG6，电位器 10 kΩ 两只，电阻 100 kΩ 一只，1 kΩ 一只。

三、实验原理

三极管实质上是两个 PN 结。为了方便理解，可以将它近似地看成两个反向串联的二极管，由此可以用万用表来判断三极管的极性和类型。

1. 三极管的基极与类型的判断

三极管的集电极与发射极之间为两个反向串联的 PN 结，因此，两个电极之间的电阻很大。在三极管的三个管脚中任取两个电极，将万用表置于 $R \times 1\mathrm{k}$（或 $R \times 100$）挡，测量它们之间的电阻。

若很大，对调万用表的红、黑表笔后再测这两个电极间的电阻，若仍很大，则剩下的那只管脚为基极；若两次测得的电阻值一大一小，则基极一定是这两只管脚中的一个。

三极管的基极找到以后，将万用表的黑表笔搭接在基极上，红表笔搭接在另一只管脚上，若测得的电阻值较小（几千欧以下，即正向电阻），则该管为 NPN 型三极管；若电阻值很大（几百千欧以上，即反向电阻），则该管为 PNP 型三极管。

2. 集电极的判别

对于 NPN 类型的管子，当三极管的基极测出来以后，在剩余的两只管脚中任取一只，并假定它为集电极。在假定的集电极与基极之间连接一只大电阻（100 k 左右，可以用手来代替）。万用表置于 $R \times 1 \text{k}$ 挡，并将黑表笔接于假设的集电极上，红表笔接在假设的发射极上，观察此时万用表的指针偏转情况。再假设另一个脚为集电极，方法同上面，再观察此时万用表的指针偏转情况。把两次测得的电阻进行比较可得：万用表指针偏转大的（即测得电阻小的）假设正确。

对于 PNP 类型的管子，方法与 NPN 型相似，只是万用表笔的接法不同。把假设的集电极接红表笔，假设的发射极接黑表笔。其他同 NPN 型的管子。

3. 三极管的伏安特性

三极管的伏安特性有输入特性和输出特性。

输入特性研究的是 I_B 和 U_{BE}（U_{CE} 为常数时）之间的关系。即

$$I_B = f(U_{BE}) \mid U_{CE} = 常数$$

输出特性研究的是当 I_B 不变时，I_C 和 U_{CE} 之间的关系。即

$$I_C = f(U_{CE}) \mid I_B = 常数$$

三极管伏安特性的实验电路如图 4-63 所示。

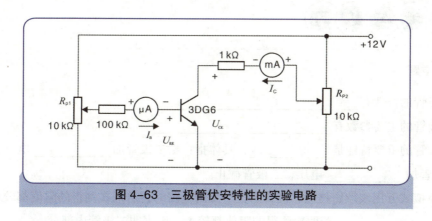

图 4-63 三极管伏安特性的实验电路

四、实验步骤及内容

1. 用万用表判断三极管的好坏和极性。

根据实训原理来判断三极管的好坏和极性。

2. 三极管的输入特性测试

（1）按图将各元件连接起来，其中三极管为 3DG6，两个电位器为 10 kΩ，电流表分别为 10 mA 和 ±100 μA，注意位置不能接错。

（2）调好直流稳压电源，加入电路中。

（3）调节 R_{P1} 改变 U_{BE}，使其按表 4–8 中的数值变化，调节 R_{P2} 使 $U_{CE}=1$ V 不变。观察不同的 U_{BE} 对应的 I_B 的大小，结果填入表 4–8 中。

（4）根据测量结果画出三极管的输入特性曲线。

表 4–8　三极管的输入特性测试

U_{BE} / V	0	0.1	0.2	0.3	0.4	0.5	0.6	0.65	0.7
I_B / μA									

3. 三极管的输出特性测试

（1）在实验步骤 2 的基础上，电路不变，调节 R_{P1} 使 I_B 分别按表 4–9 所给的数值变化，然后再调节 R_{P2} 改变 U_{CE}，测出对应的 I_C，结果填入表 4–9 中。

（2）根据测量结果画出三极管的输出特性曲线。

表 4–9　三极管的输出特性测试

U_{CE} / V \ I_B / μA	0	0.2	0.4	0.5	0.6	0.7	1	2	4	6
0										
10										
20										
30										

思考与练习

一、填空题

1. 二极管的特性有　　　　　、　　　　　、　　　　　。

2. 二极管的主要参数有　　　　　、　　　　　。

3. 二极管的重要特性是　　　　　，具体指：给二极管加　　　　　电压，二极管导通；给二极管加　　　　　电压，二极管截止。

4. 用模拟式万用表欧姆挡测二极管的正、反向电阻时，若两次测得的阻值都较小，则表明二极管内部　　　　　；若两次测得的阻值都较大，则表明二极管内部　　　　　。两次测的阻值相差越大，则说明二极管的　　　　　性能越好。

5. 三极管的三个电极分别为　　　　　、　　　　　、　　　　　。三极管的功能就是利用　　　　　电流控制　　　　　和　　　　　之间的电流。

6. 三极管的基本参数有　　　　　、　　　　　、　　　　　。

7. 三极管的三种工作状态是_____、_____、_____。

二、选择题

1. 关于晶体二极管的正确叙述是（　　）。

A. 普通二极管反向击穿后，很大的反向电流使 PN 结温度迅速升高而烧坏

B. 普通二极管发生热击穿，不发生电击穿

C. 硅稳压二极管只发生电击穿，不发生热击穿，所以要串接电阻降压

D. 以上说法都不对

2. 如图 4-64 所示，电源接通后，正确的说法为（　　）。

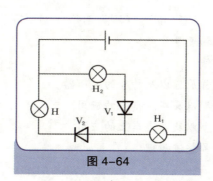

图 4-64

A. H_1、H_2、H 可能亮　　　　　B. H_1、H_2、H 都不亮

C. H_1 可能亮，H_2、H 不亮　　　D. H_1 不亮，H_2、H 可能亮

3. 二极管两端加上正向电压时（　　）。

A. 一定导通　　　　　　　　　　B. 超过死区电压才能导通

C. 超过 0.7 V 才能导通　　　　　D. 超过 0.3 V 才能导通

4. 在测量二极管反向电阻时，若用两手把管脚捏紧，电阻值将会（　　）。

A. 变大　　　　　　　　　　　　B. 变小

C. 不变化　　　　　　　　　　　D. 不能确定

5. 三极管工作在截止区，要求（　　）。

A. 发射结正偏，集电结正偏　　　B. 发射结正偏，集电结反偏

C. 发射结反偏，集电结正偏　　　D. 发射结反偏，集电结反偏

课题五 磁场与汽车用电磁元件

学习任务

1. 了解磁场的形成及基本物理量。
2. 了解电流的磁场及磁力线。
3. 了解变压器的结构和工作原理以及特殊的变压器。
4. 了解电磁铁的概念和类型以及在汽车上的应用。
5. 了解继电器的概念和类型以及在汽车上的应用。
6. 了解交流发电机的构造和整流原理。
7. 了解直流电动机的构造。

任务一 磁场和电磁感应现象

一、磁场的形成及基本物理量

1. 磁场的形成

　　磁是物质运动的基本形式之一。物体能吸引铁、镍、钴等金属或它们合金的性质叫作磁性。具有磁性的物体叫作磁体。磁体上磁性最强的部位叫作磁极。任何磁体都有两个磁极，而且无论怎样把磁体分割，磁体总保持两个磁极，通常以 S 表示磁体的南极（常涂成红色），以 N 表示磁体的北极（常涂成绿色或白色）。磁极间的相互作用力叫作磁力，磁极间相互作用的规律是：同性相斥，异性相吸，如图 5-1 所示。原来没有磁性的铁磁物质，放在磁铁旁边会获得磁性，这一现象叫作磁化。被磁化的铁磁物质远离磁铁后仍保留一定的磁性，叫作剩磁。

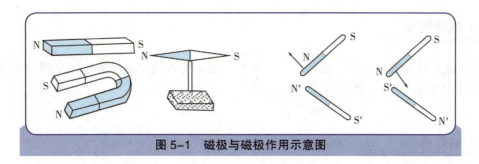

图 5-1 磁极与磁极作用示意图

磁体周围存在着磁力作用的空间,当另一个磁体或通电导体置入该空间时,就要受到磁力的作用,人们通常把这个磁力空间叫作磁场。磁场具有力和能的性质,因此它是一种物质。但它又与其他物质不一样,因为它没有构成物质的分子或原子,所以,磁场是存在于磁体周围空间的一种特殊物质。

磁场力和能的性质可以通过磁场方向和强弱来表示。一般情况下,磁场各处的强弱和方向都是不同的。为了形象地表示磁场在空间各点的强弱和方向,人们根据铁屑在磁体周围磁场的作用下有规则地排列如图 5-2(a)所示想象的磁感线。所谓磁感线,就是一条条从磁体北极沿磁体周围空间到磁体南极,然后再通过磁体内部回到北极的闭合曲线。曲线上每一点的切线方向(即小磁针 N 极在该点的指向)就表示该点的磁场方向,曲线在某处的疏密程度(单位面积内的磁感线条数)就表示该处的磁场强弱,如图 5-2(b)所示。

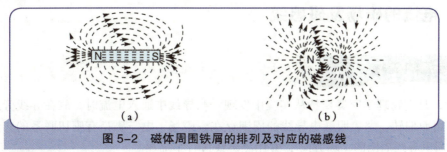

图 5-2 磁体周围铁屑的排列及对应的磁感线

2. 基本物理量

(1) 磁感应强度

磁感应强度是表示磁场内某点的磁场强弱和方向的物理量,它是一个矢量。它与电流(电流产生磁场)之间的方向关系可用右手螺旋定则来确定。磁感应强度用符号 B 表示,单位是特斯拉(T),也就是韦伯/平方米(Wb/m^2)。

如果磁场内各点的磁感应强度的大小相等、方向相同,这样的磁场则称为均匀磁场。

(2) 磁通

磁通就是磁感应强度 B 与垂直于磁场方向的面积 S 的乘积,磁通的符号用 Φ 表示,单位是韦伯(Wb),也就是伏秒(V·s)。

（3）磁场强度

磁场强度是计算磁场时所引用的一个物理量，通过它来确定磁场与电流之间的关系。磁场强度用符号 H 表示，单位是安培/米（A/m）。

（4）磁导率

磁导率是表征媒介质磁化性质的物理量，用符号 μ 表示，它与磁场强度的乘积就等于磁感应强度，磁导率的单位是亨利/米（H/m）。

> ●提示：磁性材料主要是指铁、镍、钴及其合金，将磁性材料放入磁场强度为 H 的磁场（常为线圈的励磁电流产生）内，会受到强烈的磁化。但当磁场强度减为零时，磁感应强度并不为零，这种性质称为磁性物质的磁滞性。有的剩磁是有害的，如果去掉这些剩磁，通常采用改变线圈中励磁电流的方向，也就是改变磁场强度 H 的方向进行反向磁化的方法来实现。

二、电流的磁场及磁感线

1. 电流的磁场

1820 年，丹麦物理学家奥斯特从实验中发现：当导线中通入电流时，放在导线旁边的磁针会受到力的作用而偏转。这表明通电导线的周围存在着磁场，电与磁是有密切联系的。法国科学家安培确定了通电导线周围的磁场方向，并用磁感线进行了描述。

（1）通电直导线周围的磁场

通电直导线周围磁场的磁感线是一些以导线上各点为圆心的同心圆，这些同心圆都在与导线垂直的平面上，如图 5-3（a）所示。

实验表明，改变电流的方向，各点的磁场方向都随之改变。

磁感线的方向与电流方向之间的关系可用安培定则（又称右手螺旋定则）来判定：如图 5-3（b）所示，用右手握住通电直导线，让拇指指向电流方向，则四指环绕的方向就是磁感线的方向。

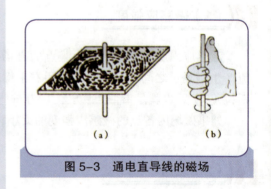

图 5-3 通电直导线的磁场

（2）通电线圈的磁场

把直导线绕成螺线管线圈，并通入电流，结果通电线圈产生类似条形磁铁的磁场，如图5-4（a）所示。由图可见，在线圈外部，磁感线从N极出来进入S极，线圈内部的磁感线方向由S极指向N极，并和外部的磁感线形成闭合曲线。

实验证明：通电线圈磁场的强弱，不仅与线圈的电流大小有关，而且还与线圈的匝数有关，即与线圈的电流和匝数的乘积成正比。

通电线圈磁场的方向可用右手螺旋定则确定：如图5-4（b）所示，右手握住线圈，用弯曲的四指指向电流方向，则拇指所指的方向就是磁场方向。

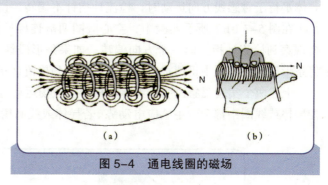

图5-4 通电线圈的磁场

2．电磁力

载流导体在磁场中所受的作用力称为电磁力（或安培力），用符号F表示，单位是牛（N）。

通电直导体在磁场中所受作用力的方向，可用左手定则判定：如图5-5所示，将左手伸开，使拇指与四指垂直，让磁感线垂直穿过掌心，四指朝向导体电流的方向，大拇指所指的方向就是该导体所受安培力的方向。

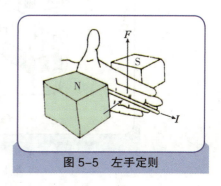

图5-5 左手定则

3．电磁力在汽车上的应用

磁场对通电线圈的作用原理广泛用于磁电式仪表及各种车用继电器中。

图5-6所示为汽车上装用的动磁式电流表的结构原理，黄铜导电板固定在绝缘底板上。两端与接线柱相连，中间夹有磁轭，与导电板固装在一起的转轴上装有指针与永久磁铁转子组件。

当没有电流通过电流表时，永久磁铁转子通过磁轭构成磁回路，使指针保持在中间"0"的位置。当蓄电池向外供电时，放电电流通过导电板产生磁场，使永磁转子带动指针向"-"侧偏转。放电电流越大，指针偏转角度越大，指示放电电流的数值也越大。当发电机向蓄电池充电时，充电电流通过导电板产生的磁场使指针向"+"侧偏转，指示出充电电流的大小。当被测电流通过螺旋弹簧进入线圈时，通电线圈受到安培力的作用产生旋转力矩，使转动轴带动指针一起转动。线圈转动的角度就是指针偏转的角度，它与通过的电流成正比。指针在刻度盘上的示数即被测量的数值。

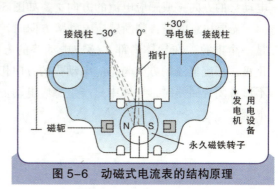

图5-6 动磁式电流表的结构原理

三、电磁感应

在图 5-7（a）所示的均匀磁场中放置一根导体 AB。导体两端连接一个检流计，当导体垂直切割磁感线时，可以明显地观察到检流计指针有偏转。这说明导体回路中有电流存在。另外，当使导体平行于磁感线方向运动时，检流计指针不偏转，说明导体回路中不产生电流。

在图 5-7（b）所示实验中，空心线圈两端连接检流计。当用一块条形磁铁快速插入线圈时，会观察到检流计指针向一个方向偏转；如果条形磁铁在线圈内静止不动，检流计指针不偏转；再将条形磁铁由线圈中迅速拔出时，又会观察到检流计指针向另一个方向偏转。

上述两个实验现象说明：当导体相对于磁场运动且切割磁感线或者线圈中的磁通发生变化时，在导体或线圈中都会产生感应电动势。若导体或线圈构成闭合回路，则导体或线圈中将有电流流过。

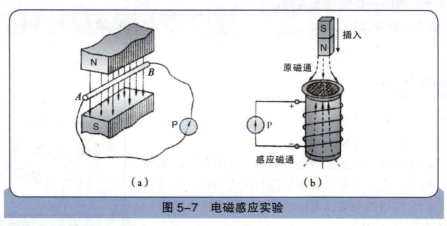

图 5-7 电磁感应实验

（a）导体的电磁感应；（b）线圈的电磁感应

1. 直导体中的感应电动势

（1）感应电动势的方向

做切割磁感线运动的导体产生的感应电动势的方向可由右手定则来确定：平伸右手，拇指与四指垂直，让磁感线垂直穿过掌心，使拇指指向导体运动方向，则四指所指的方向就是感应电动势的方向（或感应电流的方向），如图 5-8 所示。

需要注意的是：判断感应电动势方向时，要把导体看成是一个电源，在导体内部，感应电动势的方向由负极指向正极。感应电流的方向与感应电动势的方向相同。当直导体不形成闭合回路时，导体中只产生感应电动势，不产生感应电流。

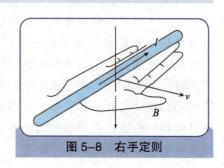

图 5-8 右手定则

（2）感应电动势的大小

实验证明：在均匀磁场中，做切割磁感线运动的直导体，其感应电动势 E 的大小与磁感应强度 B、导体的有效长度 l、导体的运动速度 v 以及导体运动方向与磁感线之间的夹角 $α$ 的正弦值成正比。其计算公式为

$$E=Blv\sinα \tag{5-1}$$

2. 线圈中的感应电动势

（1）感应电动势的方向

线圈中的磁通量发生变化时，线圈中会产生感应电动势。感应电动势的方向由楞次定律和右手螺旋定则来确定。

（2）感应电动势的大小

法拉第通过大量实验总结出：线圈中感应电动势的大小与线圈中磁通量的变化快慢（即变化率）和线圈的匝数 N 的乘积成正比。

$$E=N\frac{\Delta\Phi}{\Delta t} \tag{5-2}$$

任务二　变压器及其在汽车中的应用

一、变压器的结构组成和工作原理

变压器是根据电磁感应原理制成的一种静止电器，它可以把某一电压、电流的交流电能变换成同频率的另一电压、电流的交流电能，具有变换电压和电流的作用。

此外，变压器还具有变换阻抗的作用。在电子线路中，除电源变压器外，变压器还用来耦合电路、传递信号，并实现阻抗匹配。

变压器的种类很多，但是它们的基本结构和工作原理都是一样的。

1. 变压器的基本结构

变压器因使用场合、工作要求的不同,有各种各样的结构。但其基本结构都一样,即主体由铁芯和绕组(线圈)两部分组成。铁芯是变压器的磁路部分,一般选用磁滞损耗很小的硅钢片叠装而成,为了减少涡流损失,片与片之间相互绝缘。绕组是变压器的电路部分,通常用绝缘铜线或铝线绕制而成。与电源相接的绕组称为一次绕组(原绕组),又叫一次侧;与负载相接的绕组称为二次绕组(副绕组),又叫二次侧。

按绕组与铁芯的安装位置,变压器可分为心式和壳式两种。心式变压器的绕组套在各铁芯柱上,如图5-9(a)所示;壳式变压器的绕组套在中间的铁芯柱上,绕组两侧被外侧铁芯柱包围,如图5-9(b)所示。图5-9(c)所示为变压器在电路中的图形符号。一般电力变压器采用心式,而小型变压器多采用壳式。

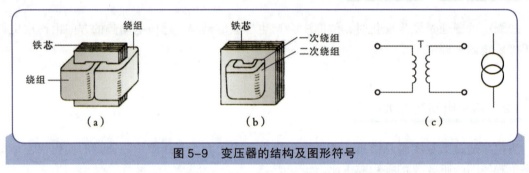

图5-9 变压器的结构及图形符号

(a)心式变压器; (b)壳式变压器; (c)图形符号

2. 变压器的工作原理和特性

图5-10所示为变压器的原理。为了便于分析,将高压绕组和低压绕组分别画在两边。与电源相连的称为一次绕组(或称初级绕组),与负载相连的称为二次绕组(或称次级绕组)。一次、二次绕组的匝数分别为 N_1 和 N_2,当一次绕组接上交流电压时,一次绕组中便有电流通过。一次绕组的磁路产生的磁通绝大部分通过铁芯而闭合,从而在二次绕组中感应出电动势。如果二次绕组接有负载,那么二次绕组中就有电流通过。二次绕组也产生磁通,其绝大部分也通过铁芯而闭合。因此,铁芯中的磁通是一个由一次、二次绕组的磁通势共同产生的合成磁通,称为主磁通,主磁通穿过一次绕组和二次绕组并在其中分别感应出电动势。此外,一次、二次绕组的磁通势还分别产生漏磁通。

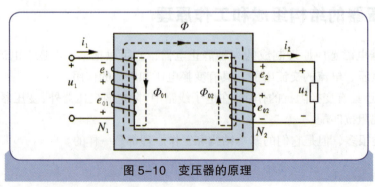

图5-10 变压器的原理

（1）电压变换

一次、二次绕组的电压比为 K，称为变压器的变比，亦即一次、二次绕组的匝数比。当电源电压 u_1 一定时，只要改变匝数，就可得出不同的输出电压 u_2。

变比在变压器的铭牌上注明，它表示一次、二次绕组的额定电压之比。例如：6 000 V/400 V（K=15），这表示一次绕组的额定电压（即一次绕组上应加的电压）U_{1N}=6 000 V，二次绕组的额定电压 U_{2N}=400 V。由于变压器有内阻抗压降，所以二次绕组的空载电压一般应较满载时的电压高 5% ~ 10%。

（2）电流变换

当电源电压和频率不变时，铁芯中主磁通的最大值在变压器空载或有负载时是基本恒定的。因此，有负载时产生主磁通的一次、二次绕组的合成磁动势和空载时产生主磁通的一次绕组的磁动势基本相等，此时，变压器一次、二次绕组的电流比近似等于它们的匝数比的倒数。可见，变压器中的电流虽然由负载的大小确定，但是一次、二次绕组中电流的比值是基本不变的。

变压器的额定电流是指按规定工作方式（长时连续工作或短时工作或间歇工作）运行时一次、二次绕组允许通过的最大电流，它们是根据绝缘材料允许的温度确定的。

二次绕组的额定电压与额定电流的乘积称为变压器的额定容量，它是负载功率（单位是 V·A），与输出功率（单位是 W）不同。

（3）阻抗变换

变压器能起变换电压和变换电流的作用。此外，它还有变换负载阻抗的作用，以实现"匹配"。所谓等效，就是输入电路的电压、电流和功率不变。就是说直接接在电源上的阻抗模和接在变压器二次侧的负载阻抗模是等效的，两者的关系可通过计算得出。

因匝数比不同，负载阻抗模折算到（反映到）一次侧的等效阻抗模也不同。可以用不同的匝数把负载阻抗模变换为所需要的、比较合适的数值，这种做法称为阻抗匹配。

（4）变压器的频率特性

用于传输信号的变压器，由于信号具有一定的频率宽度，通常要求变压器对不同频率分量的信号电压均匀而且不失真地传输。但实际上由于变压器一次侧电感和漏感的影响，对不同频率分量的传输能力并不一样，使得信号产生失真。一次侧电感越小，信号的低频分量幅度就越小；漏感越大，高频分量幅度就越小。

（5）变压器的损耗与效率

和交流铁芯线圈一样，变压器的功率损耗包括铁芯中的铁损和绕组上的铜损两部分。铁损的大小与铁芯内磁感应强度的最大值有关，与负载大小无关；而铜损与负载的大小（正比于电流平方）有关。

●提示：变压器的效率为变压器的输出功率与输入功率之比。

二、特殊变压器

1. 自耦变压器

图 5-11 所示为一种自耦变压器，其结构特点是二次绕组是一次绕组的一部分，一次、二次绕组电压比和电流比分别是：

$$\frac{U_1}{U_2} = \frac{N_1}{N_2} = K \qquad \frac{I_1}{I_2} = \frac{N_1}{N_2} = \frac{1}{K} \tag{5-3}$$

●提示：实验室中常用的调压器就是一种可以改变二次绕组匝数的自耦变压器，其外形和电路如图 5-12 所示。

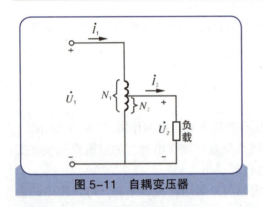

图 5-11　自耦变压器

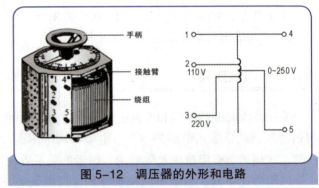

图 5-12　调压器的外形和电路

2. 电流互感器

电流互感器是根据变压器的原理制成的。它主要用来扩大测量交流电流的量程。因为要测量交流电路的大电流（如测量容量较大的电动机、工频炉、焊机等的电流），通常电流表的量程是不够的。

此外，使用电流互感器也是为了使测量仪表与高压电路隔开，以保证人身与设备的安全。

电流互感器的接线及图形符号如图 5-13 所示。一次绕组的匝数很少（只有一匝或几匝），它串联在被测电路中。二次绕组的匝数较多，它与电流表或其他仪表及继电器的电流线圈相连接。利用电流互感器可将大电流变换成小电流。通常电流互感器二次绕组的额定电流都规定为 5 A 或 1 A。

●提示：测流钳是电流互感器的一种变形。它的铁芯如同一个钳子，用弹簧压紧。测量时将钳压开而引入被测导线。这时该导线就是一次绕组，二次绕组绕在铁芯上并与电流表接通。利用测流钳可以随时随地测量线路中的电流，不必像普通电流互感器那样必须固定在一处或者在测量时要断开电路而将一次绕组串接进去。测流钳的原理如图 5-14 所示。

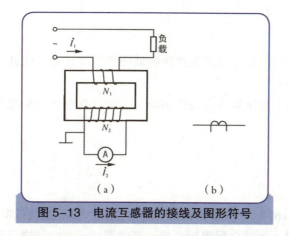
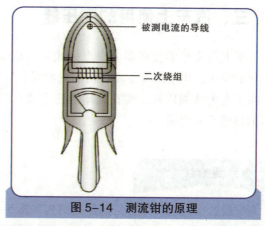

图 5-13　电流互感器的接线及图形符号　　　　　图 5-14　测流钳的原理

●**操作规范**：在使用电流互感器时，二次绕组电路是不允许断开的，这点和普通变压器不同。因为它的一次绕组是与负载串联的，其中一次绕组电流的大小是取决于负载的大小，而不是取决于二次绕组电流的大小。所以当二次绕组电路断开时（譬如在拆下仪表时未将二次绕组短接），二次绕组的电流和磁动势立即消失，但是一次绕组的电流未变。这时铁芯内的磁通全由一次绕组的磁动势产生，结果造成铁芯内产生很大的磁通（因为这时二次绕组的磁动势为零，不能对一次绕组的磁动势起去磁作用）。这一方面使铁损大大增加，从而使铁芯发热到不能容许的程度；另一方面又使二次绕组的感应电动势增高到危险的程度。为了使用安全起见，电流互感器的铁芯及二次绕组的一端应该接地。

●**知识拓展**：变压器绕组是有极性的，在连接时应充分注意。

如图 5-15（a）所示，电流从 1 端和 3 端流入（或流出）时，产生的磁通的方向相同，两个绕组中的感应电动势的极性也相同，1 和 3 两端称为同极性端，标以记号"●"。当然，2 和 4 两端也是同极性端。

如果连接错误，譬如串联时将 2 和 4 两端连在一起，将 1 和 3 两端接电源，如图 5-15（b）所示。这样，铁芯中两个磁通就互相抵消，两个感应电动势也互相抵消，接通电源后，绕组中将流过很大的电流，把变压器烧毁。因此必须按照绕组的同极性端正确连接。绕组的同极性端一般可用图 5-15（c）所示的图形表示。

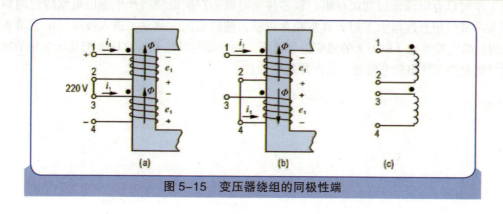

图 5-15　变压器绕组的同极性端

三、汽车上使用的变压器

汽车上最常见的变压器就是点火线圈,它能将汽车电源系统提供的低压变为高达几千伏甚至上万伏的高压,用于点燃发动机内的汽油混合气。

除了点火线圈以外,现在汽车上还安装有基于变压器原理的传感器。下面以真空膜盒型进气管压力传感器来说明。

1. 结构

真空膜盒型进气管压力传感器的结构如图5-16所示。它由一对真空膜盒、初级线圈、次级线圈、铁芯等组成。膜盒置于进气管压力传感器壳体内,由薄金属焊接而成,其内部抽成真空。进气管压力传感器通过管道与进气歧管相连,因此膜盒外部受进气管压力(负压)的作用,其收缩或膨胀的程度完全取决于进气管压力的变化。位于初级绕组和次级绕组内部的铁芯与膜盒联动。

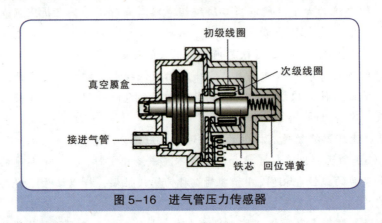

图5-16 进气管压力传感器

2. 工作原理

当进气歧管压力(负压)变化时,真空膜盒就会膨胀或收缩,带动铁芯向左或向右移动。由于发动机工作时已有电流流过初级绕组,铁芯移动时就会在次级绕组产生感应电动势。例如当进气压力增大(节气门开度增大)时,真空膜盒收缩,使柱塞向左移动,进入线圈,电感增大,于是次级绕组输给电控单元(ECU)的感应信号增强,则喷油时间增长。这样就把气压变化的物理量转变为次级线圈两端输出的电信号,从而控制喷油量。

任务三　继电器及其在汽车中的应用

一、继电器的概念

继电器是自动控制电路中常用的一种元件，它是用较小的电流来控制较大电流的一种自动开关，在电路中起着自动操作、自动调节、安全保护等作用。在工业控制中使用的中间继电器、热继电器等体积较大，线圈通过的电流或承受的电压就较大，触点允许通过的电流也较大。在汽车电气系统中所使用的继电器体积较小，触点控制的电流也较小，属于小型继电器。本节主要讨论小型继电器。

二、继电器的类型、结构、符号和主要参数

继电器功用类型

1. 继电器的类型

继电器的种类很多，常用的有电磁式和干簧式两种。电磁式继电器成本较低，便于控制电路采用。干簧式继电器反应灵敏，多作为信号采集使用。汽车控制电路大多采用电磁式继电器作为控制执行部件，采用干簧式继电器作为传感器。

（1）电磁式继电器

电磁式继电器是一种具有跳跃输出特性、传递信号的电磁器件。它由电磁机构与触点系统两部分组成，包括铁芯、衔铁、线圈、回位弹簧和触点等，如图5-17所示。

在继电器系统中，装上不同的线圈或阻尼元件可分别获得电流继电器、电压继电器、中间继电器、时间继电器等。线圈接入电路以接收信号。触点系统由一对或数对动、静触点组成，动触点焊在触点弹簧片上。当线圈中通入一定的电流时，电磁铁产生磁力，使衔铁带动活动触点与固定常开触点接通，而与固定常闭触点断开。

当切断线圈电流时，由于电磁力消失，衔铁就在弹簧的作用下迅速回位，使活动触点与固定常开触点断开，所以活动触点与固定常闭触点闭合。利用触点的开、闭就可实现对电路的控制。

课题五 磁场与汽车用电磁元件

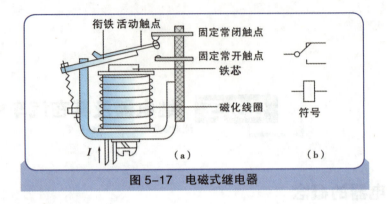

图 5-17 电磁式继电器

（2）干簧式继电器

干簧式继电器与电磁式继电器的主要区别就是，干簧式继电器的触点是一个或几个干簧管，如图 5-18 所示为干簧式继电器的结构，它的符号与电磁式继电器一样。当继电器线圈通以电流时，在线圈中心工作气隙中形成磁通回路，从而使干簧管的一对触点吸合。电子继电器相当于一个大电流的开关管。

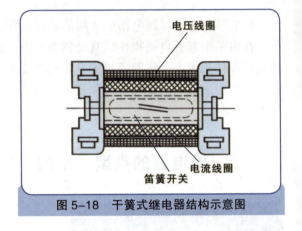

图 5-18 干簧式继电器结构示意图

2. 继电器符号

在电路中，表示继电器时只要画出它的线圈和与控制电路有关的接点组就可以。继电器的线圈用一个长方框符号表示，同时在长方框内或框旁标上这个继电器的文字符号"K"。表 5-1 中列出了继电器的常用符号和三种接点符号。

表 5-1 继电器的常用符号和三种接点符号

线圈符号	接点符号	
K_1	K_1-1	动合触点（常开触点）
	K_1-2	动断触点（常闭触点）
	K_1-3	切换触点（转换触点）
K_2	K_1-1 K_1-2 K_1-3	
K_3	K_1-1 K_1-2	

- ●操作规范：一般在电路中，只画出继电器线圈不通电时接点组的原始状态。
- ●提示：继电器的触点有两种表示方法：一种是把它直接画在长方框的一侧，这样比较直观；另一种是按电路连接的需要，把各个触点分别画在各自的控制电路中（汽车电路中就采取这样的画法），这样对分析和理解电路是有利的，但必须同时在属于同一继电器的线圈和触点旁边注上相同的文字符号，并把触点组编号。
- ●知识拓展：在用三极管控制继电器的线圈电流通、断时，继电器线圈必须并联一个二极管作为保护二极管，又称续流二极管。由于继电器线圈的电感在断电的瞬间，线圈两端将产生较高的反向电压，这个电压与电源电压叠加，加在三极管上，很可能超过三极管的最大反向击穿电压，使三极管击穿损坏，二极管的作用就是消除这个反向电压的影响，保护电路的正常工作。

3. 继电器的主要电气参数

（1）线圈电流和功率

线圈电流和功率是指继电器线圈使用的是直流电还是交流电，以及线圈消耗的额定电功率。如 JZC-21F 型继电器，它的线圈电源为直流，线圈消耗的额定功率为 0.36 W。

（2）线圈电压

线圈电压是指继电器正常工作时线圈需要的电压值。一种型号的继电器的构造大体是相同的，为了使一种型号的继电器能适应不同的电路，它有多种额定工作电压或额定工作电流以供选用，并用规格号加以区别。例如型号为"JZC-21F/006-1Z"的继电器，其中"006"为规格号，表示额定工作电压为 6 V。例如型号为"JZC-21F/048-1Z"的继电器，其中"048"是规格号，表示额定工作电压为 48 V。汽车继电器的电压均与汽车电源电压一致，分 12 V、24 V 两种。

（3）线圈电阻

线圈电阻是指线圈的电阻值。有时，手册中只给出继电器额定工作电压和线圈电阻，这时可根据欧姆定律求出额定工作电流。例如型号为"JZC-21F/006-1Z"的继电器的电阻为 100 Ω，则额定工作电流 $I=U/R$=6 V/100 Ω=60 mA。同样，根据线圈电阻和额定工作电流也可以求出线圈的额定工作电压。

（4）寿命（触点负荷）

寿命（触点负荷）是指触点的负载能力，有时也称为触点容量。继电器的触点在切换时能承受一定的电压和电流，例如"JRX-13F"型继电器的寿命（触点负荷）是 1 A × 28 V（DC），它表示这种继电器的触点在工作时的电压和电流值不超过该值时，可正常工作 1×10^6 次，否则会影响甚至损坏触点。一般同一型号继电器的寿命（触点负荷）值都是相同的。

> ●提示：其他参数，如继电器触点的吸合、释放时间，继电器的使用环境、安装形式、绝缘强度、触点寿命等，在正规设计时需要考虑，而一般使用时不必考虑它。
>
> ●知识拓展：选用继电器时，一般应注意以下几点：
>
> a. 继电器的额定工作电压应小于或等于控制电路（继电器线圈所在电路）的工作电压。当继电器是用三极管或集成电路来驱动时，还应计算一下继电器的额定工作电流是否在三极管或集成电路的输出电流范围之内，必要时应增添一只中间继电器。
>
> b. 触点负荷的选择。加在触点上的电压和电流值不应超过该继电器的触点负荷。
>
> c. 触点的数量和种类。同一种型号的继电器一般有多种触点的形式可供选用，使用时应充分利用各组触点。
>
> d. 继电器的体积应合乎电路的要求。
>
> e. 查阅有关手册，找出合乎要求的继电器。在电参数和体积都满足的情况下，应选用性能价格比高的产品。

三、汽车继电器的典型应用

继电器是一种用小电流控制大电流的器件，在汽车上经常利用开关控制继电器的吸合与断开，再利用继电器的触点控制电器部件的通断。

在汽车上常用的继电器有起动继电器、喇叭继电器、闪光（转向）继电器、刮水继电器等。下面作简单介绍。

1. 起动继电器

在采用电磁啮合式起动机的起动电路中，起动开关常与点火开关制成一体，由于通过起动机电磁开关（吸引线圈和保持线圈）的电流很大（大功率起动机可达30～40 A），而使点火开关早期损坏。为此，在有些汽车上，点火开关和起动机电磁开关之间装有起动继电器，如图5-19所示。图中字母A、B、C、S表示搭铁。

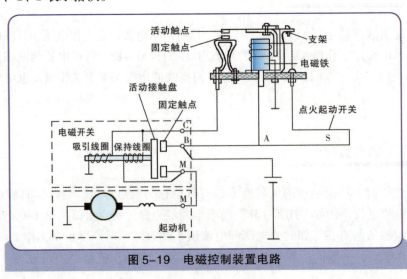

图5-19 电磁控制装置电路

点火起动开关 S 闭合时，电流经 B→S→继电器电磁铁线圈→搭铁，形成闭合回路，继电器动作，使活动触点与固定触点吸合。

此时，电流经 B → A →继电器金属架→闭合触点→ C

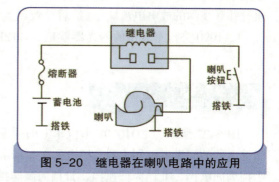

由于开关两线圈通电，产生磁力，推动活动接触盘右移，主触点 B、M 接通，使主电路接通，带动发动机起动。

2. 喇叭继电器

图 5-20 所示为继电器在喇叭电路中的应用。蓄电池电压加至继电器线圈的一端，另一端接喇叭按钮。喇叭按钮是常开式开关，其一端搭铁。因此，只要按下喇叭按钮便接通电路。电路接通，继电器线圈得电，线圈建立磁场，磁场将触点吸合，蓄电池电压便加至喇叭（喇叭的另一端是搭铁的）。控制电路只需 0.25 A 电流流过，而喇叭发声需要 20 ~ 30 A 以上的电流。对于此种用法，喇叭继电器变成了促使喇叭发声的大电流的控制器，而控制电路只需通过很小的电流，可以用很细的导线。

图 5-20 继电器在喇叭电路中的应用

● 操作规范：当汽车喇叭继电器损坏后，不能直接将喇叭按钮直接接在喇叭电路中，那样将烧毁喇叭按钮。

3. 闪光继电器

闪光继电器又称为闪光器，按其结构不同，可分为阻丝式、电容式和电子式三种。其中阻丝式又可分为热丝式（电热式）和翼片式（弹跳式）。而电子式又可分为混合式（带触点的继电器与电子元件）和全电子式（无继电器）。

图 5-21 所示为电容式闪光器的工作原理。它由一个继电器和一个电容器组成。在继电器铁芯上绕有串联线圈和并联线圈，电容则采用大容量（1 500 μF）电解电容。利用电容器的充放电延时特性，使继电器两个线圈的电磁吸力时而相加，时而相减，产生周期性的开关动作，使转弯信号灯闪烁。

当汽车向左转弯时，接通转向灯开关，左转向信号灯就被串入电路中，电流由蓄电池正极→电源开关→接线柱 B →串联线圈→常闭触点→接线柱 L →转向灯开关→左转向灯和

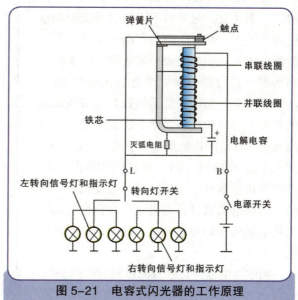

图 5-21 电容式闪光器的工作原理

指示灯→搭铁→蓄电池负极。此时，并联线圈，电容器及电阻被触点短路，电流通过串联线圈产生磁力，打开触点，转向信号灯处于暗的状态（未来得及亮）。触点被打开后，蓄电池对电容充电。充电电流由蓄电池正极→电源开关→接线柱 B→串联线圈→并联线圈→电容器→接线柱 L→转向灯开关→左转向信号灯和指示灯→搭铁→蓄电池负极，形成充电回路。由于线圈电阻阻值较大，充电电流很小，不足以使转向灯发亮，转向信号灯仍然处于暗的状态。随着充电继续，电容两端电压升高，其充电电流逐渐减小，串联线圈和并联线圈的电磁吸力减小，使触点重新闭合。

触点闭合后，转向信号灯和指示灯处于亮的状态，此时电流由蓄电池正极经接线柱 B→串联线圈→常闭触点→接线柱 L→转向开关→左转向信号灯和指示灯→搭铁→蓄电池负极。与此同时，电容器通过线圈和触点放电，放电电流通过线圈时产生的磁力方向与线圈的相反，使电磁吸力逐渐减小，但仍然不足以使触点分离，转向灯继续发亮。随着电容继续放电，电容两端电压逐渐下降，通过并联线圈的放电电流减小，最后导致触点分离，转向灯变暗。如此反复，使转向灯不断发出闪光。

CA1090 型汽车装用的闪光器就是 SG112L 型电容闪光器。

4、刮水继电器

图 5-22 所示为 EQ1090F 型汽车上的间歇刮水器线路图，除刮水开关外，还有一个内部带有时间继电器的间歇继电器（刮水继电器）。刮水器上有 0、Ⅰ、Ⅱ、Ⅲ 四个挡位，其中 0 挡为停止挡，Ⅰ 挡为间歇挡，Ⅱ 挡为低速挡，Ⅲ 挡为高速挡，工作原理如下。

当刮水器开关拨至 Ⅰ 挡时，刮水间歇继电器中的时间继电器通电，产生吸力，将动合触点 A 闭合，动断触点 B 打开，此时电动机通过间歇继电器构成回路。其电路为：蓄电池正极→总熔断器（60 A）→电流表→熔断器（10 A）→刮水电动机电枢绕组→刮水器开关内部触点→间歇继电器接线柱 10→常开触点 A→刮水器开关→搭铁→蓄电池负极。电动机运转，带动刮水器工作。

当电动机运行一段时间后，间歇继电器中的时间继电器线圈经几秒的延时自动断电，在弹簧的作用下，动合触点 A 被打开，动断触点 B 又闭合。

由于此时自动停位触点处于自动停位器的搭铁铜片上，电动机不因继电器线圈断电而停止工作。此时电路为蓄电池正极→总熔断器（60 A）→电流表→熔断器（10 A）→刮水器开关内部→间歇继电器接线柱 10→动断触点 B→自动停位器搭铁片→搭铁蓄电池负极。当电动机转到图示所在位置（即电源触点和自动停位触点处于在同一铜片）时，刮水电动机电路被切断，电动机便停止工作。但由于机械惯性，切断的瞬间电动机还会转动，因而电动机以发电机运行而产生制动，迫使电动机立即停止转动，此时刮片正处于玻璃下方。

间歇继电器经几秒钟间歇延时又重新接

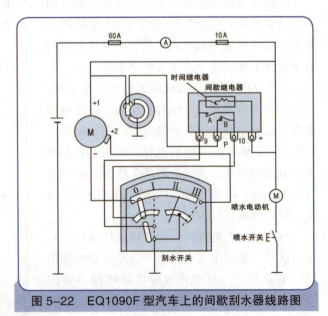

图 5-22　EQ1090F 型汽车上的间歇刮水器线路图

通，刮水电动机又开始工作。如此反复循环，构成了刮水电动机的间歇工作。

当刮水器拨至Ⅱ、Ⅲ挡时，电动机的转速直接由刮水开关控制。此时刮水开关内部Ⅰ挡的触点自动与搭铁断开。只有将刮水开关拨至0挡时，电动机才自动复位并停止运转。

> ●提示：除以上几种应用外，继电器在汽车上的应用相当广泛，只要抓住继电器用小电流控制大电流这个主要特征，应用电路的分析就迎刃而解。

任务四　交流发电机

一、发电机的基本工作原理

利用电磁感应现象，就可以制成发电机。图5-23所示为发电机的基本工作原理。

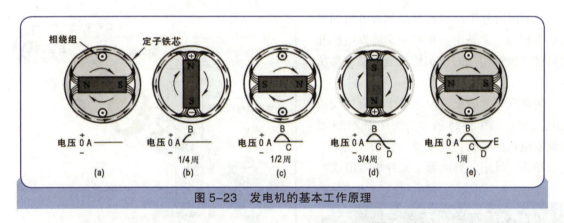

图5-23　发电机的基本工作原理

发电机一般由提供磁场的转子和由导线组成的定子组成。转子（磁场）在定子（导线）中的不断转动，使得磁场与导线相对运动，产生电流。由于磁场与导线的位置不断变化，所以产生的电流也是不断变化的。

发电机的工作原理

当磁场与导线平行时，导线没有切割磁感线，如图5-23（a）所示，导线内不产生电流。

磁场顺时针旋转90°，磁场与导线呈直角，如图5-23（b）所示，磁场转到这一点，在N、S极处导线切割的磁感线最多，导线产生的电流为正的最大值。电流方向是从上部导线流出，下部导线流入。

交流发电机是如何输出直流电的呢？

磁场再继续旋转90°，磁场反方向再次与导线平行，如图5-23（c）所示，导线不切割磁感线，导线内不产生电流。

磁场再继续旋转90°，磁场方向上下颠倒，如图5-23（d）所示，在N、S极处导线切割的磁感线最多，导线产生的电流为负的最大值。电流方向是从上部导线流入，下部导线流出。

磁场转完一周，返回到与导线平行的位置，导线内电流为零。

上述讨论的是几个极限位置，在这几个位置之间过渡时，导线中的电流数值是随着导线与磁场的相对角度连续变化的。这样磁场旋转一周，导线内就产生了一个连续变化、具有几个特征值的正弦波形，如图5-24所示。

磁场旋转一周，单匝导线上产生的正弦波为单相电流。如果在转子周围每相隔120°就布置一匝导线，磁场每旋转一周，在三匝导线中就会产生三相电流。这样的发电机就称为三相交流发电机，汽车上的发电机都是三相交流发电机。

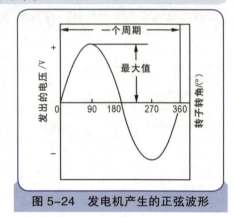

图5-24 发电机产生的正弦波形

二、汽车交流发电机的基本构造

目前国内外生产的汽车交流发电机的结构基本相同，多是由三相同步交流发电机和六只硅二极管构成的三相桥式全波整流器所组成。

现在汽车上的交流发电机多以有刷交流发电机为主。图5-25所示为国产JFZ123型交流发电机的结构，它主要由转子、定子、前后端盖、风扇、整流器、元件板等组成。

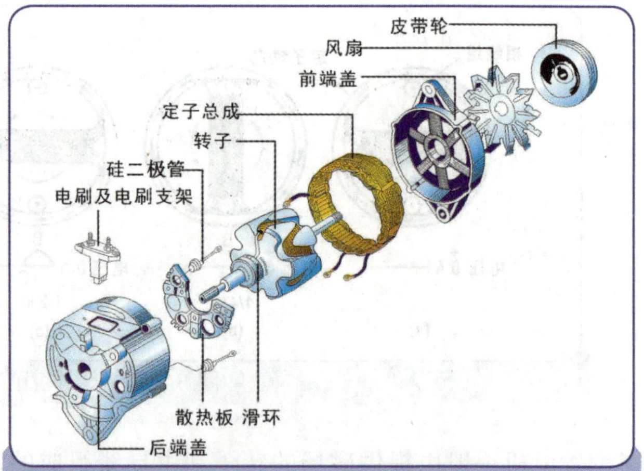

1. 交流发电机各部件结构

（1）转子

转子由转子轴、励磁绕组、滑环等组成，如图5-26所示。滑环与装在后端盖内的两个电刷相接触，两个电刷通过引线分别接在两个接线柱上；这两个接线柱即发电机的F（磁场）接线柱和"-"（搭铁）接线柱。当这两个接线柱与直流电源相接时，便有电流流过励磁绕组，从而产生磁场。

图5-25 国产JFZ132型交流发电机的结构

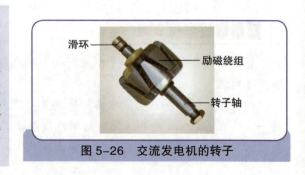

图5-26 交流发电机的转子

（2）定子

定子由定子铁芯和定子绕组组成。定子铁芯由相互绝缘的内圆带嵌线槽的圆环状硅钢片叠成。嵌线槽内嵌入三相对称的定子绕组。绕组的接法有星形（即Y形）、三角形两种方式，一般采用星形连接，即每相绕组的首端分别与整流器的硅二极管相接，每相绕组的尾端接在一起，形成中性点N，如图5-27所示为定子绕组的结构和星形（即Y形）连接图。

（3）整流器

交流发电机整流器的作用是将发电机定子绕组产生的三相交流电变换为直流电，一般由6只硅整流二极管及其散热板所组成，如图5-28所示。整流二极管的工作电流大、反向电压高。交流发电机整流二极管有正极管和负极管之分，引出线为二极管正极的称为正极管，引出线为二极管负极的称为负极管。

CA1091型汽车用的外搭铁交流发电机把整流器单独装在后端盖外。上海桑塔纳轿车用的JFZ132型交流发电机整流器也安装在后端盖外侧，只要打开塑料防尘罩，即可取出。

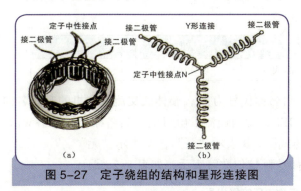

图5-27 定子绕组的结构和星形连接图　　图5-28 硅二极管结构示意图

（4）端盖和电刷总成

交流发电机的前后端盖均由铝合金压铸或用砂模铸造而成，这是因为铝合金为非导磁性材料，可减少漏磁并具有轻便、散热性能良好的优点。为提高轴承孔的机械强度，增加其耐磨性，在发电机端盖的轴承孔内镶有钢套。

电刷总成由两只电刷、电刷弹簧和电刷架组成，如图5-29所示。两只电刷装在电刷架的孔内，借电刷弹簧的压力与滑环保持接触，用于给发电机转子绕组提供磁场电流。电刷架由酚醛玻璃纤维塑料模压而成或用玻璃纤维增强尼龙制成，安装在发电机的后端盖上。目前国产交流发电机的电刷架有两种结构，一种电刷架可直接从发电机的外部拆装，因此，拆装维修方便；另一种则不能直接从发电机外部进行拆装，如需更换电刷，还需将发电机拆开，故这种结构将逐渐被淘汰。交流发电机有内搭铁和外搭铁之分，两只电刷引线的接法也不同。对于内搭铁交流发电机，其磁场绕组直接在发电机内部搭铁，两只电刷引线中的一根与后盖上的磁场接线柱"F"（或"磁场"）相连接，另一根则直接与发电机外壳上的搭线柱"－"（或"搭铁"）连接。而外搭铁式交流发电机由于其磁场绕组是通过所配的调节器搭铁，因此，两只电刷接线柱均与发电机外壳绝缘，分别用"F_+"和"F_-"表示（有的用"DF_+""DF_-"表示）。

为了保证交流发电机在工作时不致因温升过高而损坏，在交流发电机转子轴上装有风扇；后端盖上有进风口，前端盖上有出风口，当转子轴旋转时，风扇也一起旋转，使空气高速流经发电机内部对发电机进行强制冷却。

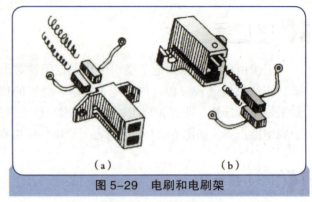

图 5-29 电刷和电刷架

（a）外装式；（b）内装式

● 操作：拆解 JFZ132 型交流发电机，辨别各个组成部件，测量转子绕组和定子绕组。进一步认清汽车交流发电机的结构。

2. 交流发电机的型号

根据 JB 1546—1983《汽车电气产品型号编制方法》规定，国产汽车交流发电机型号主要由下列五大部分组成，即

一	二	三	四	五
产品名称代号	电压等级	功率等级代号	设计代号	变型代号

第一部分为产品名称代号。交流发电机的产品名称代号为 JF；整体式交流发电机的产品名称代号为 JFZ；带泵交流发电机的产品名称代号为 JFB；无刷交流发电机的产品名称代号为 JFW。J 表示"交流"，F 表示"发电机"，Z 表示"整体式"，B 表示"泵"，W 表示"无"。

第二部分为分类代号，即电压等级代号，用 1 位阿拉伯数字表示，如表 5-2 所示。

表 5-2 发动机标称电压等级代号

分类代号	1	2	3	4	5	6
电压等级 /V	12	24				

第三部分为分组代号，即功率等级代号，用 1 位阿拉伯数字表示，如表 5-3 所示。

表 5-3 发电机功率等级代号

W

分组代号 功率等级 产品名称	1	2	3	4	5	6	7	8	9
交流发电机					>350		>500	>750	>1 000
整体式交流发电机	180	>180	>250						
带泵交流发电机					500		750	1 000	
无刷交流发电机		250	350						
永磁交流发电机	40	>40	>60						

第四部分为设计序号,按产品设计的先后顺序,以 1~2 位阿拉伯数字表示。

第五部分为变型代号,以汉语拼音大写字母 A、B、C……表示。

例如 JF152 型发电机,表示标称电压为 12 V,额定功率为 500 W 的交流发电机,第 2 次设计;JFW182 型发电机,表示标称电压为 12 V,额定功率为 1 000 W 的无刷交流发电机,第 2 次设计;JF27C 型发电机,表示标称电压为 24 V,额定功率为 750 W 的交流发电机。

三、汽车交流发电机的基本工作原理

1. 交流发电机的发电原理

图 5-30 所示为交流发电机的工作原理。发电机的三相定子绕组按一定规律分布在发电机的定子槽中,互相差 120° 电角度。交流发电机的磁路是由转子的 N 极出发,穿过转子与定子之间很小的气隙进入定子铁芯,最后又经过空气隙回到相邻的 S 极,并通过磁轭构成了磁回路。转子磁极的形状,可使定子绕组感应的交流电动势近似于正弦曲线的波形。

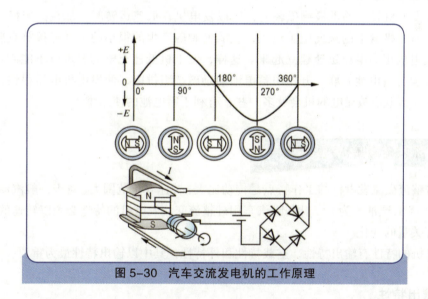

图 5-30　汽车交流发电机的工作原理

当转子旋转时,由于定子绕组与磁感线有相对的切割运动,所以在三相绕组中产生频率相同、幅值相等、相位互差 120° 电角度的正弦电动势 e_A、e_B 和 e_C。三相绕组中电动势的瞬时值方程式为

$$e_A = E_m \sin(\omega t) = 2E_\phi \sin(\omega t)$$
$$e_B = E_m \sin(\omega t - 120°) = \sqrt{2}\, E_\phi \sin(\omega t - 120°)$$
$$e_C = E_m \sin(\omega t - 240°) = \sqrt{2}\, E_\phi \sin(\omega t - 240°)$$

交流发电机在星形连接时,任意两个输出端的输出电压(称为线电压 U_L)、输出电流(称为线电流 I_L)与每相绕组的相电压 U_P、相电流 I_P 的关系为

$$U_L = \sqrt{3}\ U_P \tag{5-4}$$

式中　U_L——定子绕组输出的线电压；
　　　U_P——每相绕组的相电压。

$$I_L = I_P \tag{5-5}$$

式中　I_L——定子绕组输出的线电流；
　　　I_P——每相绕组的相电流。

在交流发电机中，一般通过整流器将交流电整流为直流电，供给汽车电气系统使用。

2. 交流发电机的励磁方式

励磁方式就是产生磁场的方式。当转子通过电流时，转子就会产生磁场，转子产生磁场的大小与流过的电流有关，流过转子的电流称为励磁电流。交流发电机开始发电时，需由蓄电池供给励磁电流，此时为他励。当发电机达到蓄电池电压时，即由发电机自己供给励磁电流，也就是由他励转变为自励。

由于交流发电机转子的爪极剩磁较弱，所以发电机在低速运转时，加在硅二极管上的正向电流也很小。此时二极管上的正向电阻较大，较弱的剩磁产生的很小的电动势很难克服二极管的正向电阻，使发电机正向电压迅速建立起来。这样，发电机低速充电的要求就不能满足。因此，汽车上发电机必须与蓄电池并联，开始由蓄电池向励磁绕组供电，使发电机电压很快建立起来并转变为自励状态，蓄电池被充电的机会就多一些，有利于蓄电池的使用维护。

3. 交流发电机的特性

汽车用硅整流交流发电机的工作特点是传动比大，转速变化范围大。对于一般汽油发动机来说，其转速变化为1∶8，柴油机为1∶5。因此，汽车用硅整流交流发电机的特性必须以转速的变化为基础，进而分析各有关量的变化。

交流发电机的特性有输出特性、空载特性和外特性，其中以输出特性最为重要。

（1）输出特性

交流发电机的输出特性，又叫负载特性或输出电流特性。它是指发电机向负载供电时，保持发电机输出电压恒定（对12 V的发电机规定为14 V，对24 V的发电机规定为28 V），即 $u=$ 常数的情况下，发电机的输出电流与转速之间的关系，即 $I=f(n)$ 的函数关系。

图5-31所示的实验电路可用来测量交流发电机的输出特性。当开关 S_1、S_2 闭合时，电动机拖动发电机运转，随着转速的升高，发电机达到充电电压。这时，断开他励电源开关 S_2，发电机开始自励。调节电动机转速，使发电机电压达到额定值，并记录该转速 n_1，n_1 为空载转速。闭合开关 S_3，接通负载电路。逐渐调小负载 R，使电流增大，直到达到最大值。同时不断提高转速，保持发电机的额定电压不变。以适当的电流间隔作测点，记录对应的转速，一般不小于7个点。据此绘制出交流发电机的输出特性曲线，如图5-32所示。

从交流发电机的输出特性曲线 $I=f(n)$ 可以看出：

① 发电机的转速太低时，其端电压低于额定电压，此时发电机不能向外供电；当转速达到空载转速 n_1 时，电压达到额定值；当转速高于空载转速 n_1 时，发电机才有能力在额定电压下向外供电。所以空载转速 n_1 常被用作选择发电机与发动机转速比的主要依据。

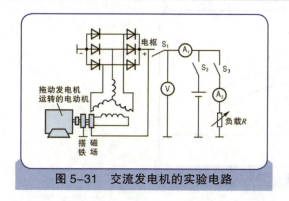

图 5-31 交流发电机的实验电路

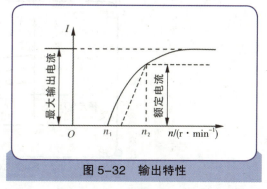

图 5-32 输出特性

② 当转速超过 n_1 时，发电机输出电流 I 将随着转速 n 的升高和电阻 R 的减小而增大；当转速等于 n_2 时，发电机输出额定功率（即额定电流与额定电压之积），故将转速 n_2 称为满载转速。

空载转速和满载转速是交流发电机的主要性能指标，在产品说明书中均有规定。在使用中，应定期测量这两个数据，与规定值相比较，就可判断发电机的性能是否良好。

③ 当发电机转速达到一定值时，发电机的输出电流就不再随转速的升高和负载电阻 R 的减小而增大。这时的电流值称为发电机的最大输出电流或限流值。这个性能表明，交流发电机具有自动限制电流的自我保护能力。交流发电机的最大输出电流约为额定电流的 1.5 倍。

因此采用交流发电机，可以不需另加电流限制器，而具有自身限制电流的保护能力。

（2）空载特性

发电机空载时，发电机端电压与转速的关系称为空载特性。即 $I=0$ 时，$U=f(n)$ 的函数关系，如图 5-33 所示。

从曲线可以看出，随着转速的升高，端电压上升较快，由他励转入自励时，即向蓄电池进行充电，进一步证实了低速充电性能好的优点。空载特性是判断硅整流发电机性能是否良好的重要依据。

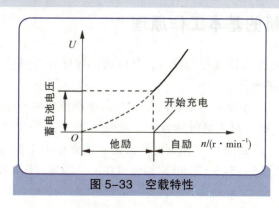

图 5-33 空载特性

（3）外特性

外特性是指转速一定时，发电机的端电压与输出电流的关系。即 $n=$ 常数时，$U=f(I)$ 的曲线，如图 5-34 所示。

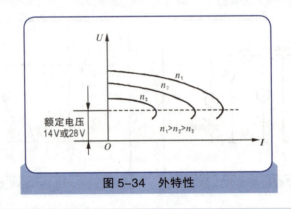

图 5-34　外特性

从外特性曲线可看出，随着负载即输出电流的增加，发电机的端电压会很快下降，且转速越高，下降的斜率越大。这是由于随着输出电流的增加，发电机定子绕组的压降也会增加，而且转速越高，定子绕组的阻抗越大，压降就越大；与此同时，输出电流的增加还会使电枢反应加强，这都引起发电机的端电压下降，而端电压的下降又会使磁场电流减少，从而导致端电压的进一步下降。因此，当发电机在高转速下运转时，如果突然失去负载，则其端电压会急剧升高，这时发电机中的二极管以及调节器中的电子元器件将有被击穿的危险。

另外，当输出电流增大到一定值时，如果负载再增加，其输出电流不仅不会增加，反而会同端电压一起下降，即在外特性曲线上存在一个转折点。因此，当发电机短路时，其短路电流是很小的，这也说明交流发电机具有自身限制电流的功能。一般交流发电机工作在转折点之前。

任务五　直流电动机

一、直流电动机的基本工作原理

直流电动机是将电能转换为机械能的设备，是以通电导体在磁场中受电场力作用的原理而制成的。其工作原理如图 5-35 所示。

当电流由正电刷和换向片 A 流入，从换向片 B 和负电刷流出时，电枢绕组线圈中的电流方向为 $a \to b \to c \to d$，此时转矩方向为逆时针方向（见图 5-35（a））。当线圈转过 180° 后，电流由正电刷和换向片 B 流入，从换向片 A 和负电刷流出，线圈中的电流方向为 $d \to c \to b \to a$，转矩方向仍为逆时针方向（见图 5-35（b））。电枢轴便可在一个固定转向的电磁转矩作用下不断旋转。

由于一个线圈产生的电磁转矩是有限的，且电枢轴转动不稳定，所以电动机的电枢绕组是由很多线圈组成的，换向片的数量也随线圈数量的增加而增多。

电动机的电磁转矩 M 取决于磁通 Φ 与电枢电流 I_a 的乘积，可表示为

$$M = C_n \cdot \Phi \cdot I_a \tag{5-6}$$

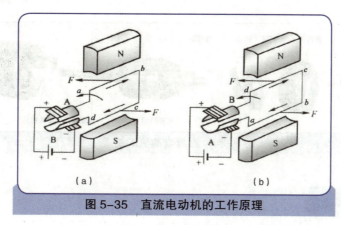

图 5-35　直流电动机的工作原理

（a）电流从 a 至 d；（b）电流从 d 至 a

二、直流电动机转矩自动调节过程

当电动机接入直流电源时，载流导体产生电磁转矩使电枢旋转。而电枢旋转时，线圈又会切割磁感线产生感应电动势，其方向可用右手定则来判断。因其电动势的方向恰与电枢线圈电流方向相反，故称反电动势 E_R。其大小与电动机结构常数 C_m、电枢转速 n 及磁极磁通 Φ 成正比，即

$$E_R = C_m \Phi n \tag{5-7}$$

因为反电动势方向与电源电压方向相反，因而在电动机工作时，其电压平衡方程式是

$$U = E_R + I_a R_a \tag{5-8}$$

式中　U——电源电压；

　　　R_a——电枢电路的电阻。

由此可得电枢电流为

$$I_a = \frac{U - E_R}{R_a} \tag{5-9}$$

可见，当电源电压 U 和电枢电阻 R_a 一定时，电枢电流将随反电动势的变化而做相反的变化，促使电磁转矩也发生变化。比如，当电动机负载增加时，由于轴上的阻力矩增大，电枢转速就会降低，故反电动势将随之减小，使电枢电流随之增大，因此电磁转矩也将随之增大，直至电动机的电磁转矩增加到与阻力矩相等时为止，这时电动机拖动新的负载以较低的转速平稳运转。相反，当电动机负载减小时，由于轴上的阻力矩减小，电枢转速就会升高，反电动势亦随之增大，电枢电流减小，电磁转矩也随之减小，直至电动机的电磁转矩减小到与阻力矩相等时为止，这时电动机拖动新的负载在较高的转速下平稳运转。

由上述分析可知：当电动机拖动的负载发生变化时，其电枢转速、电枢电流、电磁转矩均会自动地做相应的变化，以满足不同负载的需要。因为电枢转速、电磁转矩的变化程度取决于不同类型的电动机，可以为正确选用适合不同负载的电动机提供依据。

三、汽车起动机用直流电动机的基本构造

汽车起动机用直流电动机由端盖、电刷、铁芯、电枢绕组、换向器等组成，如图 5-36 所示，电枢绕组与励磁绕组串联的直流电动机又称为串励式直流电动机。

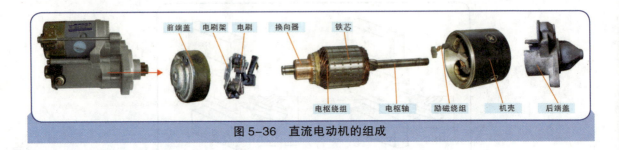

图 5-36　直流电动机的组成

1. 机壳

起动机机壳的一端有四个检查窗口，中部只有一个电流输入接线柱，并在内部与励磁绕组的一端相连。端盖分前、后两个，前端盖由钢板压制而成，后端盖由灰铸铁浇制而成，呈缺口杯状。它们的中心均压装着青铜石墨轴承套或铁基含油轴承套，外围有两个或四个组装螺孔。电刷装在前端盖内，后端盖上有拨叉座，盖口有凸缘和安装螺孔，还有拧紧中间轴承板的螺钉孔。

2. 励磁绕组

励磁绕组是由绕在极靴上的线圈构成的电磁铁，如图 5-37 所示。励磁绕组固定到起动机外壳里面，如图 5-38 所示。用铸钢制造的极靴和起动机外壳连接在一起，可增加励磁绕组的磁场强度，如图 5-39 所示。

图 5-37　励磁绕组

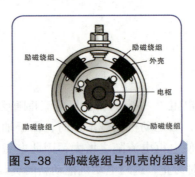
图 5-38　励磁绕组与机壳的组装

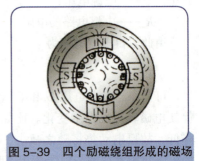
图 5-39　四个励磁绕组形成的磁场

当电流流过励磁绕组时，便建立强大的、静止的电磁场，磁场根据绕组围绕在极靴的方向，分为 S 极和 N 极。励磁绕组的极性对调，便产生相反的磁场。

励磁绕组与电枢绕组的接法有串联和既有串联也有并联的复式接法两种，如图 5-40 所示。复式接法可以在绕组铜条截面尺寸相同的情况下增大起动电流，从而增大转矩。

大多数起动机采用四个励磁绕组。功率大于 7.35 kW 的起动机有采用六个励磁绕组的。

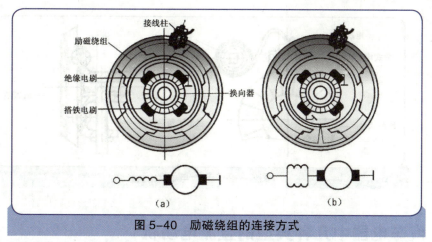

图 5-40 励磁绕组的连接方式

(a) 四个绕组相互串联；(b) 两个绕组并联后再串联

3. 电枢

电枢由若干薄的、外圆带槽的硅钢片叠成的铁芯和电枢绕组组成。铁芯的叠片结构可以减小涡流电流。电枢绕组安装在叠片外径边缘的槽内，绕组线匝分别接到换向器铜片上，电枢安装在电枢轴上。图 5-41 所示为电枢总成。

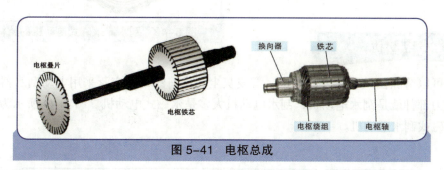

图 5-41 电枢总成

4. 换向器及电刷

换向器由许多换向片组成，换向片的内侧制成燕尾形，嵌装在轴套上，其外圆车成圆形。换向片与换向片之间均用云母绝缘。电刷架一般为框式结构，其中正极刷架与端盖绝缘安装，负极刷架直接搭铁。刷架上装有弹性较好的盘形弹簧。电刷由铜粉与石墨粉压制而成，呈棕红色，装在端盖上的电刷架中，通过电刷弹簧保持与换向片之间具有适当的压力。电刷与刷架的组合如图 5-42 所示。

电刷和装在电枢轴上的换向器用来连接励磁绕组和电枢绕组的电路，并使电枢轴上产生的电磁力矩保持固定方向。

●操作：拆解汽车起动机，进一步了解直流电动机的构造。

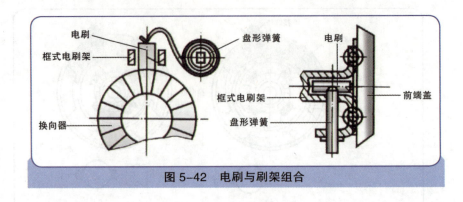

图 5-42 电刷与刷架组合

四、汽车电器中几种典型的直流电动机

直流电动机除了转子、定子双线圈结构外，还有由永久磁铁构成定子的永磁式直流电动机，简称为永磁式电动机。图 5-43 所示为刮水器永磁式电动机的结构示意图。永磁式电动机在汽车上得到了广泛的应用。

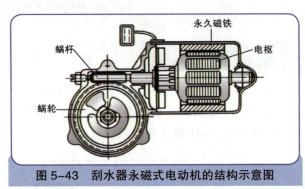

图 5-43 刮水器永磁式电动机的结构示意图

1．刮水电动机

刮水器可以清除挡风玻璃上的雨水、雪或灰尘。目前汽车上广泛采用电动刮水器，电动刮水器的主要动力部件就是刮水电动机，刮水电动机大多是永磁式电动机。图 5-44 所示为美国福特公司采用的永磁式刮水电动机。

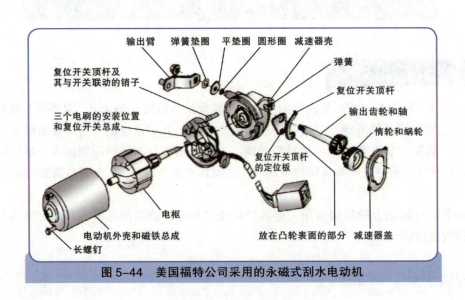

图 5-44 美国福特公司采用的永磁式刮水电动机

永磁式刮水电动机为了满足刮水器的要求，要实现高、低速挡位工作，采用三刷式电动机。其工作原理如图 5-45 所示。

直流电动机工作时，在电枢内的所有线圈中同时产生反向电动势，每个小线圈都产生相等的反向电动势 $E_R=C_n\Phi$，电动势的方向如图 5-45 中所示。

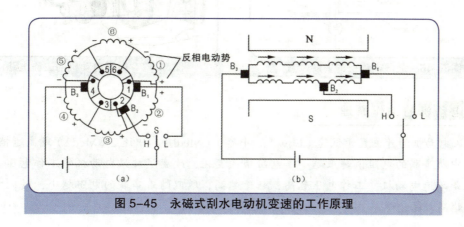

图 5-45　永磁式刮水电动机变速的工作原理

当开关 S 拨到低速挡 L 时，在两个电刷 B_1、B_3 之间有两条并联支路，各有 3 个线圈，电动势方向如图 5-45 中所示，根据电动机的电压平衡式

$$\left.\begin{array}{l}U=I_SR_\Sigma+E_R=I_SR_\Sigma=3C_n\Phi \\ n=\dfrac{U-I_SR_\Sigma}{3C\Phi}\end{array}\right\} \quad (5\text{-}10)$$

当开关 S 拨到高速挡 H 时，在两个电刷 B_2、B_3 之间也有两条并联支路，一个支路有 2 个线圈串联，另一支路有 4 个线圈串联，但其中一个线圈的电动势与另外 3 个线圈的电动势方向相反，故在电动机电枢绕组上得到的总的反向电动势为 $2C_n\Phi$，根据电动机的电压平衡式

$$\left.\begin{array}{l}U=I_SR_\Sigma+E_R=I_SR_\Sigma+2C_n\Phi \\ n=\dfrac{U-I_SR_\Sigma}{2C\Phi}\end{array}\right\} \quad (5\text{-}11)$$

由上式可知，由于反向电动势的减小，电枢的转速上升，重新达到电压平衡。这样永磁式刮水电动机就得到了高、低不同的转速，使刮水器具有高、低两种工作挡位。

●操作：按照图 5-45 所示，将开关 S 分别与 H、L 连接，观察刮水电动机的转速变化，并分析工作过程。

2. 汽车空调用鼓风电动机

鼓风电动机用于促使车内冷气、暖气、除霜和通风的气流流动。采用的电动机通常为永磁式单速电动机，大多数均安装在暖风机总成内，如图 5-46 所示。鼓风机开关位于仪表板上，开关通过控制调速电阻来控制电动机转速，其电路如图 5-47 所示。

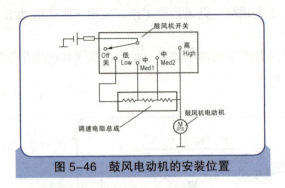
图 5-46 鼓风电动机的安装位置

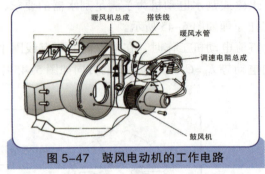
图 5-47 鼓风电动机的工作电路

鼓风电动机的工作原理

当鼓风电动机的开关置于低速（Low）、中速1（Med1）、中速2（Med2）或高速挡（High）时，电路中所串联的电阻值越来越小。电阻值的变化，改变了鼓风电动机的工作电压。由于鼓风电动机是单速电动机，工作电压越高，转速越高，所以随着串联的电阻越小，鼓风电动机的工作电压越高，转速越高。

3. 电动车窗电动机

现在轿车的车窗基本上都采用电动车窗。电动车窗升降系统的电动机，广泛采用的是永磁式电动机。永磁式电动机是通过改变电枢电流的方向来改变电动机的旋转方向使车窗玻璃上升或下降，电动机本身不搭铁，而是通过控制开关搭铁。图 5-48 所示为美国福特公司采用的永磁式电动机的电动升降门窗电路。

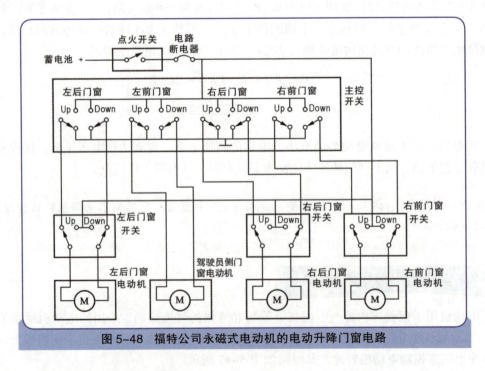
图 5-48 福特公司永磁式电动机的电动升降门窗电路

现以左后门窗为例说明其工作原理。

当主控开关中的左后门窗开关拨到 Up 时，电流方向为：蓄电池正极→点火开关→电路断电器→主控开关中左后门窗 Up 触点→左后门窗分控开关 Up 触点→电动机→左后门窗分控开关 Down 触点→主控开关中左后门窗 Down 触点→搭铁。电动机旋转，带动左后门窗玻璃上升。

当主控开关中的左后门窗开关拨到 Down 时，电流方向为：蓄电池正极→点火开关→电路断电器→主控开关中左后门窗 Down 触点→左后门窗分控开关 Down 触点→电动机→左后门窗分控开关 Up 触点→主控开关中左后门窗 Up 触点→搭铁。电动机旋转，带动左后门窗玻璃下降。

上述过程中，流过电动机电枢的电流方向相反，所以电动机旋转方向相反，从而带动玻璃上升或下降。

与此类似的双向永磁式电动机也被应用到电动后视镜、电动座椅、电动天窗等系统的触动电路中，在开关控制下，带动部件实现两个方向的运动。

● 操作：分析图 5-49 所示电动升降门窗电路用左后门窗开关控制左后门窗玻璃升降的工作原理。

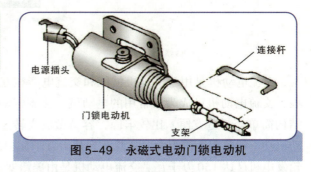

图 5-49　永磁式电动门锁电动机

4. 电动门锁电动机

中央控制门锁系统具有钥匙联动锁门和开门功能，通过右前或左前门上的钥匙可以同时关闭或打开所有车锁。电动车锁一般采用永磁式电动机（图 5-49），由门锁开关控制组合继电器，通过组合继电器改变电动机的电流方向，使电动机的连接杆上下运动，控制锁块的关闭或打开。图 5-50 所示为美国福特公司采用的继电器控制门锁的电路。

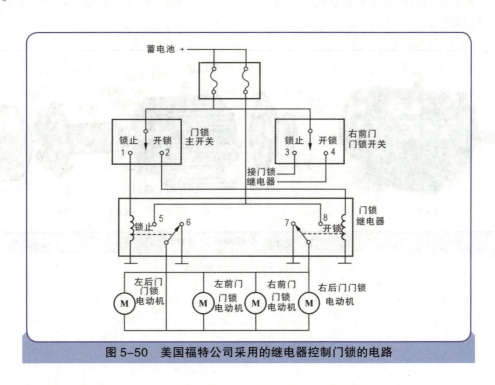

图 5-50　美国福特公司采用的继电器控制门锁的电路

以锁车为例，说明其工作过程：当门锁主开关转到锁止位置时，触点1闭合，门锁继电器中的锁止线圈有电流通过，触点5闭合。这时，全车门锁电动机的电流方向为：蓄电池正极→门锁继电器触点5→全车门锁电动机→门锁继电器触点7→搭铁，电动机旋转拉动连接杆，将车门锁上。

> ●操作：分析图5-50所示的继电器控制门锁的电路和开锁的工作原理。

任务六　交流电动机

交流电动机是用于实现机械能和交流电能相互转换的机械装置。由于交流电力系统的巨大发展，交流电动机已成为最常用的电动机。交流电动机与直流电动机相比，由于没有换向器，因此结构简单，制造方便，比较牢固，容易做成高转速、高电压、大电流、大容量的电动机。交流电动机功率的覆盖范围很大，从几瓦到几十万千瓦、甚至上百万千瓦。20世纪80年代初，最大的汽轮发电机已达150万千瓦。交流电动机是由美籍塞尔维亚裔科学家尼古拉·特斯拉发明的。

一、交流电动机的组成

交流电动机的结构主要包括机座、定子铁芯、定子绕组、转子、转轴、风扇、罩壳等元件，如图5-51所示。

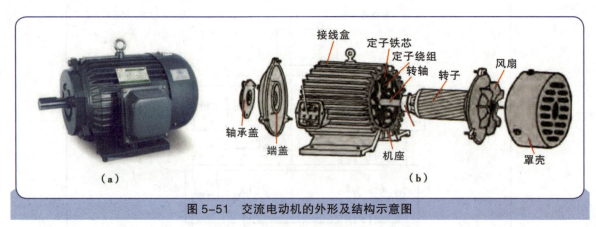

图5-51　交流电动机的外形及结构示意图
（a）外形；（b）结构

二、交流电动机的分类及主要用途

1. 交流电动机的分类

(1) 按功能分

交流电机按其功能通常分为交流发电机、交流电动机和同步调相机几大类。由于电机工作状态的可逆性,同一台电机既可作发电机又可作电动机。

(2) 按品种分

交流电动机按品种分有同步电动机、异步电动机两大类。同步电动机转子的转速 n_s 与旋转磁场的转速相同,称为同步转速。同步转速 n_s 与所接交流电的频率 f、电机的磁极对数 P 之间有严格的关系。

$$n_s = \frac{60f}{P}$$

在中国,电源频率为 50 Hz,以三相交流电机中一对极电动机的同步转速为 3 000 r/min,三相交流电机中两对极电动机的同步转速为 1 500 r/min,以此类推。异步电动机转子的转速总是低于或高于其旋转磁场的转速,异步之名由此而来。异步电动机转子转速与旋转磁场转速之差(称为转差)通常在 10% 以内。

2. 交流电动机的主要用途

交流电动机的工作效率较高,又没有烟尘、气味,不污染环境,噪声也较小。由于它的一系列优点,所以在工农业生产、交通运输、国防、商业及家用电器、医疗电气设备等各方面广泛应用。

三、交流电动机的工作原理

交流电动机的工作原理是通电线圈在磁场里转动。

交流电动机由定子和转子组成,在模型中,定子就是电磁铁,转子就是线圈。由于定子和转子是采用同一电源的,所以,定子和转子中电流的方向变化总是同步的,即线圈中的电流方向变了,同时电磁铁中的电流方向也变,根据左手定则,线圈所受磁力方向不变,线圈能继续转下去,如图 5-52 所示。

两个铜环的作用是两个铜环配上相应的两个电刷,电流就源源不断地被送入线圈。这个设计的好处是避免了两根电源线的缠绕问题,因为线圈是不停地转动,用两条导线向线圈供电的话,两根电源线便会缠绕。当在定子绕组通上三相交流电源时,电动机内就产生了一个旋转磁场,电磁绕组切割磁力线而产生感应电流,从而使电动机旋转起来。电动机旋转之后,其速度慢慢增高到稍低于旋转磁场的转速,此时转子磁场线圈经由直流电来激励,使转子上面形成一定的磁极,这些磁极就企图跟踪定子上的旋转磁极，这样就增加电动机转子的速率直至与旋转磁场同步旋转为止。

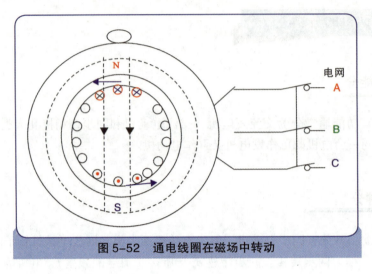

图 5-52　通电线圈在磁场中转动

四、交流电动机常见故障

交流电动机在运行中由于摩擦、振动、绝缘老化等原因，难免发生故障。这些故障若及时检查、发现和排除，能有效地防止事故的发生。

1. 常见故障检查

①听声音，仔细找故障点。交流异步电动机在运行中，若发现较细的"嗡嗡"声，但没有忽高忽低的变化，是一种正常的声音；若声音粗，且有尖锐的"嗡嗡""吡吡"声，则是存在故障的先兆，应考虑以下原因：

●铁芯松动。电动机在运行中的振动，温度忽高忽低的变化会使铁芯固定螺栓变形，造成硅钢片松动，产生大的电磁噪声。

●转子噪声。转子旋转时发出的声音是由冷却风扇产生的，是一种"呜呜"声，若有像敲鼓时的"咚咚"声，这是电动机在骤然起动、停止、反接制动等变速情况下，加速力矩使转子铁芯与轴的配合松动所造成的，轻者可继续使用，重者拆开检查和修理。

●轴承噪声。电动机在运行中，必须注意轴承声音的变化，把螺丝刀的一端触及在轴承盖上，另一端贴在耳朵上，可以听到电动机内部的声音变化，不同的部位，不同的故障，有不同的声音。如"嘎吱嘎吱"声，是轴承内滚枪的不规则运动所产生的，它与轴承的间隙、润滑脂状态有关。"吡吡"声是金属的摩擦声，一般由轴承缺油干磨所致，应拆开轴承添润滑剂等。

②利用嗅觉分析故障。电动机在正常运行中是没有异味的，若嗅到异味，便是故障信号，如焦糊味，是绝缘物烧烤发出的，且随电动机温度升高，严重时还会冒烟；如油焦味，多半是轴承缺油，在接近干磨状态时油气蒸发出现的异味。

③利用手感检查故障。用手触摸电动机的外壳，可以大致判断温度的高低，若用手一触及电动机外壳便感到很烫，温度值很高，应检查原因，如负荷过重、电压过高等，然后针对原因排除故障。

2. 常见故障的原因

①电动机没有起动力矩，或空载时不能起动，并发出不正常声音，主要有以下原因：
- 三相电源电路（包括闸刀开关、引线定子绕组）有一相断电，造成单相起动。
- 电源电压过低。
- 轴承过度磨损，使转子靠近定子的一侧，造成定子与转子不同心，气隙不均匀。

②电动机起动力矩小，有载时不能起动，负载增大时电动机停转，有时发出强烈杂声，局部发热。原因：电网电压低，绕组有匝间短路，转子绕组中有断线或脱焊现象，起动后一相断线造成单相运行。

③起动电流大，而且不平衡，声响大，造成保护装置动作而切断电源。原因：定子绕组接线方法可能不正确，绕组对地绝缘老化。

实验一　点火线圈的检测与实验

一、训练目标

1）掌握用万用表检测点火线圈的方法。
2）观察点火线圈发火强度实验。

二、训练设备与器材

闭磁路点火线圈一个、万用表一个、汽车电器实验台。

三、操作步骤及工作要点

1）把万用表选定在 $R \times 1 \Omega$ 挡，万用表表笔连接在一次绕组接线端上，测试一次绕组是否有断路或短路，如图 5-53 所示。

读数为无穷大时，表明一次绕组有断路。如果读数低于规定值，表明一次绕组短路。大多数一次绕组电阻值为 $0.5 \sim 2 \Omega$，必须把测得的读数与产品说明书提供的精确值相比较。

2）把万用表选定在 $R \times 1 \text{k}\Omega$ 挡，并把表笔连在线圈二次接线端和一个一次接线端上，测试二次绕组是否有断路或短路，如图 5-54 所示。

若读数低于规定值，表明二次绕组有短路，若读数为无穷大则表明二次绕组有断路。大多数二次绕组的电阻值为 $8 \sim 20 \text{k}\Omega$。仪表上的读数必须与产品说明书提供的规定值相比较。

用万用表测试一次和二次绕组，能表明绕组正常、断路或是短路。不管怎样，用万用表检测点火线圈只能确定线圈是否存在故障，但不能判定故障的部位和原因。

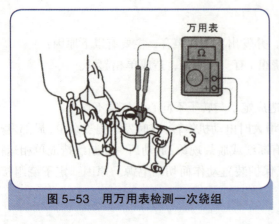 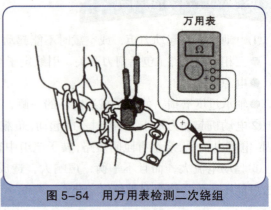

图 5-53　用万用表检测一次绕组　　　　图 5-54　用万用表检测二次绕组

3）由指导教师在汽车电器实验台上进行点火线圈发火强度实验，学生进行观摩，体会点火线圈的升压作用。

四、注意事项

1）本节对点火线圈进行原理性介绍，不要求学生掌握点火线圈的检验、实验方法。
2）如果有条件，可进行点火线圈升压实验。

一、训练目标

1. 掌握电磁式电压调节器的基本结构和工作原理。
2. 掌握电磁式电压调节器的一般测试方法。

二、训练设备与器材

FT111 型电磁式电压调节器一个、塞尺一把、万用表一个、汽车电器实验台。

三、操作步骤及工作要点

以 FT111 型电压调节器为例进行电磁式电压调节器的基本检测和调整。

1. 触点的检修

两个电磁触点应同心，接触面积应不小于85%，触点表面应平整、光洁。如有轻微烧蚀，应用00号砂布（对折后使用）修磨。修磨后或触点表面有脏污时，应用清洁纸擦净表面。

触点在断电状态下，用万用表测量两触点间的电阻，应为零，否则表明触点接触不良。

2. 调节器衔铁间隙的检查与调整

触点在断电状态下，使用塞尺检查，活动触点臂与铁芯的间隙应为1.4～1.5 mm，如图5-55所示。若间隙不符合要求，可松开固定触点臂上的固定螺钉，上下移动固定触点臂，使间隙符合要求，然后将固定螺钉拧紧，如图5-56所示。

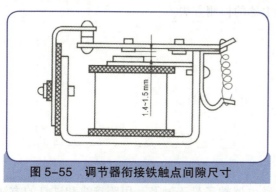

图5-55 调节器衔接铁触点间隙尺寸

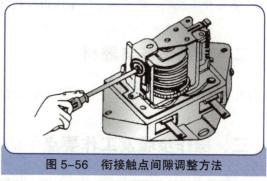

图5-56 衔接触点间隙调整方法

3. 调节器电阻的测量

FT111型调节器内部有调节电阻、补偿电阻和附加电阻，以及电磁线圈电阻，其结构如图5-57所示。使用万用表对其进行测量，并与标准值进行比较。

FT111型电磁式电压调节器参数如下：

电磁线圈：线径——ϕ0.31 mm；匝数——900；电阻——8.8 Ω。

内部电阻：调节电阻——150 Ω；加速电阻——4 Ω；补偿电阻——15 Ω。

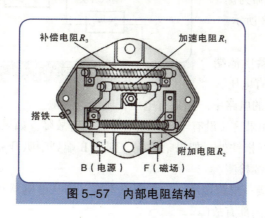

图5-57 内部电阻结构

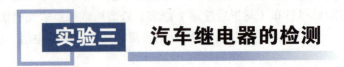

实验三　汽车继电器的检测

一、训练目标

1）了解汽车继电器的一般检测方法。
2）掌握开关控制的继电器、汽车微机控制继电器的检测方法。

二、训练设备与器材

喇叭继电器、微机控制燃油继电器、跨接线、万用表、试灯。

三、操作步骤及工作要点

使用万用表或试灯都可以检测继电器。如果继电器端子易于触及，用跨接线和试灯的方法更便捷。

1. 开关控制继电器的检测

首先查找汽车电路图，确定所检测的继电器是受供电回路的开关控制还是受搭铁回路的开关控制。本实验是以检测一只受搭铁回路开关控制的喇叭继电器为例，介绍其检测步骤。电路如图 5-58 所示。

检测步骤如下：

1）使用试灯检查继电器接蓄电池端（A 端）有无电压。如果这端没有电压，

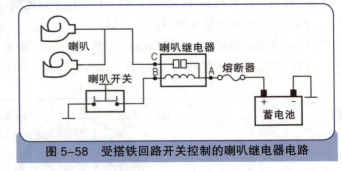

图 5-58　受搭铁回路开关控制的喇叭继电器电路

则故障就在蓄电池到继电器之间的电路中。如果有电压，则继续检测。

2）检测控制端 B 的电压。如果这端没有电压，继电器线圈有故障。如果有电压，则继续检测。

3）用跨接线将 B 端接到良好搭铁处。如果喇叭响，则从 B 端到喇叭开关、搭铁之间的控制电路有故障。如果喇叭不响，则继续检测。

4）从蓄电池正极到 C 端连接一根跨接线。如果喇叭不响，则从继电器到喇叭搭铁之间的电路有故障。如果喇叭响，则继电器内部有故障。

2. 微机控制继电器的检测

如果继电器由汽车微机控制,就不推荐使用试灯,因为试灯可能会引起大的电流变化,它会超出电路设计的载流能力而损坏计算机。遇到这种情况,必须使用万用表电压挡检测继电器电路。

本实验以燃油泵继电器为例介绍其检测步骤。电路如图 5-59 所示。

将数字万用表设置在 20 V 直流挡,按照下列步骤进行检测:

1) 将万用表负极表笔连接到良好的搭铁处。

2) 将万用表正极表笔连接到输出

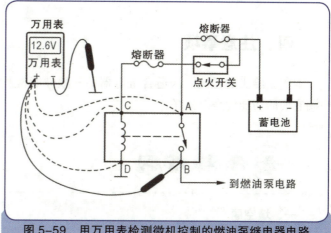

图 5-59 用万用表检测微机控制的燃油泵继电器电路

端(B 端)。转动点火开关到 ON 挡,如果在端子上没测到电压,进行步骤(3)。如果万用表读数为 10.5 V 或更高的电压,则断开控制电路,万用表读数应为零。如果这样,则继电器是好的。如果万用表仍然有读数,则该继电器触点粘连,需要更换。

3) 把万用表正极表笔接到供电输入端(A 端)。万用表应至少指示出 10.5 V 的电压。如果低于该值,蓄电池到继电器的电路有故障。如果电压值正确,则继续检测。

4) 把万用表正极表笔接到控制电路端(C 端)。电压表应读到 10.5 V 或更高的电压。若不是,检查蓄电池到继电器之间的电路(包括点火开关)。如果电压为 10.5 V 或更高些,则继续检测。

5) 把万用表正极表笔接到继电器搭铁端(D 端)。如果表上指示值高于 1 V,则搭铁不良。

● 注意:最好将数字式万用表量程置于 2 V 挡。如果读数小于 1 V,则更换继电器。

● 操作规范:在微机控制的电路中,不推荐用试灯探查电源,因试灯通过的大电流会损坏系统部件。

3. 离车检测继电器

如果继电器端子不容易触及,则从插座上拔下继电器,用万用表进行检测。用万用表检测继电器线圈两端的连通性,如图 5-60 所示。如果显示出无穷大,则更换继电器。如果表明是连通的,就要用两根跨接线给励磁线圈励磁,如图 5-61 所示。检查继电器的触点在吸合情况下是否连通,如果显示值为无穷大,则继电器失效了。如果连通性好,继电器也是好的,则必须检查电路。

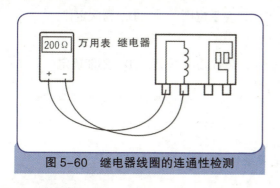

图 5-60 继电器线圈的连通性检测

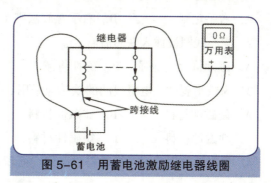

图 5-61 用蓄电池激励继电器线圈

- 提示：要获得准确的电压检测结果，蓄电池必须充足电并且处于良好状况。
- 操作规范：在给励磁线圈励磁时，小心万用表表笔不要触及线圈端子，以免损坏万用表。

四、注意事项

　　本实验给出的检测方法适合继电器的一般性能检测，针对一些有特殊功能的继电器，还需要检测它们的功能性是否良好。

一、填空题

1. 磁场与电场一样，是一种_____，具有_____和_____的性质。
2. 磁感线的方向：在磁体外部由_____指向_____；在磁体内部由_____指向_____。
3. 通电导体在磁场中所受作用力的方向，可以用_____判定。将左手伸开，使拇指和四指垂直，让磁感线垂直穿过掌心，四指朝向_____的方向，大拇指所指的方向就是_____。
4. 变压器是根据_____原理制成的一种静止电器，它可以把某一电压、电流的交流电能变换成_____的另一电压、电流的交流电能，具有_____和_____的作用。
5. 内部带铁芯的通电螺线管叫_____，电磁铁的优点很多，它的磁性有无可以由_____来控制；电磁铁的磁性强弱可以由_____来控制；电磁铁的南北极可以由_____来控制，使用起来很方便。在电流一定时，螺线管的匝数越多，它的磁性越_____。
6. 电磁铁与普通磁铁相比的突出优点是_____（写出一个即可）。电磁铁在生产和生活中的应用很多，在电炉、电铃、电灯中，用到的电磁铁是_____。
7. 继电器是一种电磁开关，具有开关特性，主要由电磁系统和_____两大部分组成。
8. 继电器按可靠程度可分为_____和非安全型继电器。

二、选择题

1. 判定通电导线或通电线圈产生磁场的方向用（　　）。
   A. 右手定则　　　　B. 右手螺旋法则　　　　C. 左手定则　　　　D. 楞次定律
2. 空心线圈被插入铁芯后（　　）。
   A. 磁性将大大增强　　B. 磁性将减弱　　C. 磁性基本不变　　D. 不能确定
3. 为减小剩磁，电磁线圈的铁芯应采用（　　）。
   A. 硬磁性材料　　　　B. 非磁性材料
   C. 软磁性材料　　　　D. 矩磁性材料
4. 铁磁性物质的磁滞损耗与磁滞回线面积的关系是（　　）。

A. 磁滞回线包围的面积越大，磁滞损耗也越大

B. 磁滞回线包围的面积越小，磁滞损耗越大

C. 磁滞回线包围的面积大小与磁滞损耗无关

D. 以上答案均不正确

5. 下列办法中不能改变电磁铁磁性强弱的是（　　）。

A. 改变通过线圈中电流的强弱　　　　B. 改变线圈的匝数

C. 改变通过线圈中电流的方向　　　　D. 在通电螺线管中插入铁芯

6. 小华同学在做"探究电磁铁"实验时，使用两个相同的大铁钉绕制成电磁铁进行实验，如图 5-62 所示，下列说法中正确的是（　　）。

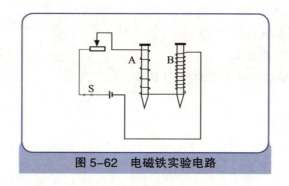

图 5-62　电磁铁实验电路

A. 要使电磁铁磁性增强，应将滑动变阻器的滑动片向右滑动

B. 电磁铁能吸引的大头针越多，表明它的磁性越强

C. 电磁铁 B 磁性较强，所以通过它的电流较大

D. 若将两电磁铁上部靠近，会相互吸引

7. 如图 5-63 所示，闭合开关，小铁块被吸起，下列说法中正确的是（　　）。

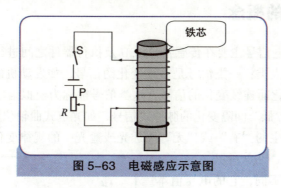

图 5-63　电磁感应示意图

A. 将小铁块吸起的力是铁芯与铁块之间的分子引力

B. 用手托住小铁块，将电源的正负极对调，闭合开关，稍后手松开，小铁块一定落下

C. 滑动变阻器的滑片向上移动，小铁块可能落下

D. 滑动变阻器的滑片向下移动，小铁块可能落下

187

课题六 数字电路

学习任务

1. 了解数字电路的基本概念。
2. 了解门电路在汽车上的应用。
3. 了解 DAC0832、DAC0809 集成 D/A 转换器。

任务一　数字电路基础

一、数字信号的概念

在汽车电子电路中，电信号主要在传感器、ECU 及执行器件之间进行传递。传感器输入 ECU 的信号大体上可以分为两大类：一类信号是连续变化的信号，如发动机的进气压力传感器，输出的信号是随着进气压力变化而连续变化的信号，这类信号被称为模拟信号，如图 6-1（a）所示；另一类信号是电压"高""低"间隔变化的脉冲式信号，如光电式曲轴位置传感器，输出的信号是不断通过光电耦合器而产生的"有"或"无"（透光或遮光）的规律变化的脉冲信号，这类信号被称为数字信号，如图 6-1（b）所示。

数字信号与模拟信号不同，它的电压值本身没有什么意义，这里只关心有无电压（脉冲）、间隔电压出现的次数（脉冲数量）、高电压或低电压维持的时间（脉冲宽度）等。数字信号与模拟信号的特性不同，在检测时一定要区分开，表 6-1 列出了部分汽车传感器输出信号的类型。

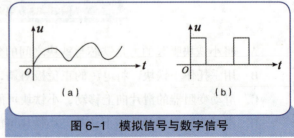

图 6-1　模拟信号与数字信号

（a）模拟信号；（b）数字信号

表 6-1　部分汽车传感器输出信号的类型

输出模拟信号的传感器	输出数字信号的传感器
各种可变电阻式传感器 叶片式空气流量传感器 热丝式空气流量传感器 水温传感器 压力传感器 节气门位置传感器 浮子可变电阻式液位传感器	卡门涡旋式空气流量传感器 曲轴位置传感器 各种光电式传感器 各种霍尔式传感器 各种量开关传感器 各种报警电路的传感器

可见汽车上传递的电信号绝大部分都是数字信号。数字信号的特点是只与电平高低的变化有关，而与电平的具体大小关系不大，传递的信息经常是"有"或"无"，"开"或"关"等非此即彼的关系。这种关系被称为"二值逻辑"。

在二值逻辑中用数字 1 和 0 代表两个状态，与之对应的电路是三极管的开或关，或者是电平的高或低。处理数字信号的电路就是数字电路，也称为逻辑电路。由于数字电路处理的是状态变换，所以对元件精度要求不高，易于集成，成本低廉，使用方便。组成的数字系统工作可靠，精度高，抗干扰能力强，在各个领域应用很广。在汽车电路中数字集成电路随处可见，电控单元 ECU 就是一个典型的数字系统。

二、二进制

数字电路只处理 1 和 0 两种状态，所以在数字电路中广泛采用二进制。二进制包括二进制数和二进制数码。二进制数表示电路的状态和数量的大小，而二进制数码不仅表示数量的大小，还可以表示一定的信息，称为代码。

1. 二进制数

人们日常生活中最常用的是十进制。十进制用 0~9 共 10 个数字来表示数量的大小，例如，68，个位上的 8 表示 8 个 1，而十位上的 6 表示 6 个 10，即 60。

●概念：位权的 6 与 8 表示的数量不同是因为它们所处的位不同，不同的位具有不同的权重，这叫位权。

十进制位权的表示方法是 10^i（$i=1,2,3,\cdots$）。在二值逻辑中，只存在两个状态，即用两个数字 0 和 1 就可以表示所有的状态，0 和 1 就构成了二进制。

二进制顾名思义就是"逢二进一"，位权的表示方法是 2^i（$i=1,2,3,\cdots$）。数字也是从右向左依次排列，如 11（读作"一一"），右边的 1 表示 1 个 1，左边的 1 表示 1 个 2。以此类推，数值 2 用 10 表示；4 用 100 表示；5 用 101 表示等。

2. 二进制码

二进制数按照一定的规律组合在一起，表示一定的信息，这样的一组二进制数称为二进制码。最常用的二进制代码是 8421BCD 码。8421BCD 码的代码表如表 6-2 所示。

表6-2 8421BCD 码的代码表

十进制数	8421BCD 码
0	0000
1	0001
2	0010
3	0011
4	0100
5	0101
6	0110
7	0111
8	1000
9	1001
10	0001 0000
11	0001 0001

任务二　门电路基础

在二值逻辑中，输入和输出信号（称为变量）只能有两个状态1或0，这里它们不再表示数值的大小而只表示两种对立的状态。输入输出之间的关系称为逻辑关系，实现逻辑关系的电路称为逻辑电路。常用真值表来描述逻辑电路的逻辑关系。

逻辑电路中实现最基本逻辑关系的电路称为逻辑门电路，简称为门电路。最基本的门电路有与门、或门、非门、与非门和或非门。

一、与门

只有决定事物结果的全部条件同时具备时，结果才发生。这种因果关系叫作逻辑与，又叫作逻辑相乘，表示的逻辑关系是 Y=AB，如图6-2（a）所示。

当开关 A 与 B 均闭合时，灯 Y 才亮。用真值表表示如图6-2（b）所示。体现的逻辑关系是"全1为1，有0为0"。实现逻辑与关系的门电路称为与门，与门的符号如图6-3所示。

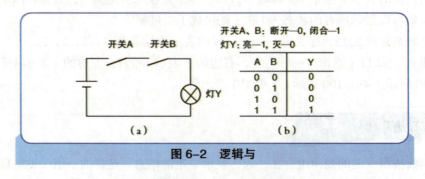

图6-2 逻辑与

（a）逻辑与关系；（b）逻辑与增值表

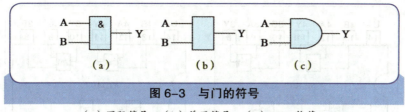

图 6-3 与门的符号

（a）国际符号；（b）曾用符号；（c）IEEE 推荐

常见的与门电路有四 2 输入与门 74LS08 和 CD4081。引脚如图 6-4 所示。

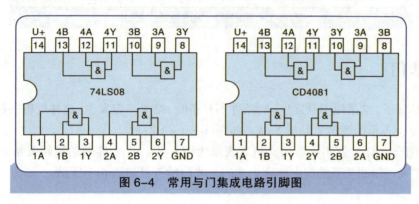

图 6-4 常用与门集成电路引脚图

二、或门

在决定事物结果的诸条件中只要有任何一个满足，结果就会发生。这种因果关系叫作逻辑或，又叫作逻辑相加，表示的逻辑关系是 Y=A+B，如图 6-5（a）所示。

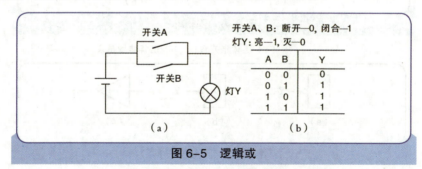

图 6-5 逻辑或

（a）逻辑或关系；（b）逻辑或真值表

当开关 A 与 B 只要有一个闭合，灯 Y 就亮。用真值表表示如图 6-5（b）所示，体现的逻辑关系是"有 1 为 1，全 0 为 0"。实现逻辑或关系的门电路称为或门，或门的符号如图 6-6 所示。常见的或门电路有四 2 输入或门 74LS32 和 CD4071。引脚如图 6-7 所示。

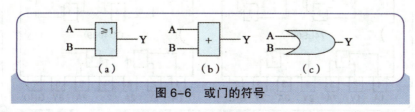

图 6-6 或门的符号

（a）国际符号；（b）曾用符号；（c）IEEE 推荐

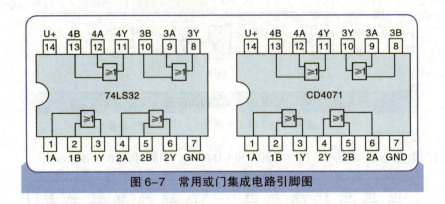

图 6-7 常用或门集成电路引脚图

三、非门

只要条件具备了,结果便不会发生;而条件不具备时,结果一定发生。这种逻辑关系叫作逻辑非,也叫作逻辑求反,表示的逻辑关系是 Y=A,如图 6-8(a)所示。

当开关 A 闭合,灯 Y 就不亮。用真值表表示为图 6-8(b)。体现的逻辑关系是"是 0 则 1,是 1 则 0"。实现逻辑非关系的门电路称为非门,非门的符号如图 6-9 所示。

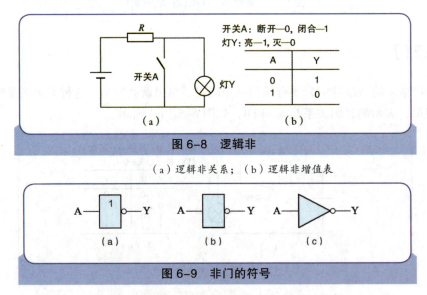

图 6-8 逻辑非

(a)逻辑非关系;(b)逻辑非增值表

(a)国际符号;(b)曾用符号;(c)IEEE 推荐

常用的非门电路有六反相器 74LS04 和 CD4069。引脚如图 6-10 所示。

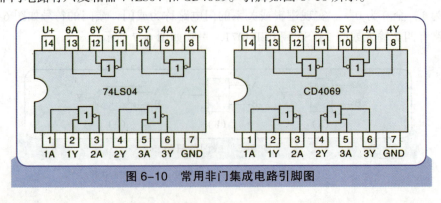

图 6-10 常用非门集成电路引脚图

四、与非门

与非门表示的逻辑关系是 $Y=\overline{AB}$，相当于在与门的基础上加了一个非门，与非门的符号如图 6-11 所示，真值表如表 6-3 所示。常用的与非门集成电路有四 2 输入与非门 74LS00 和 CD4011，如图 6-12 所示。

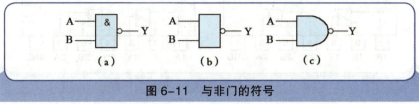

图 6-11　与非门的符号

（a）国际符号；（b）曾用符号；（c）IEEE 推荐

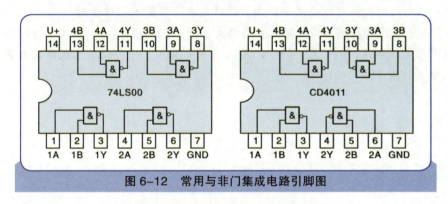

图 6-12　常用与非门集成电路引脚图

表 6-3　与非门和或非门的真值表

输入		与非门	或非门
A	B	$Y=\overline{AB}$	$Y=\overline{A+B}$
0	0	1	1
0	1	1	0
1	0	1	0
1	1	0	0
体现的逻辑关系		有 0 为 1 全 1 为 0	全 0 为 1 有 1 为 0

五、或非门

或非门表示的逻辑关系是 $Y=\overline{A+B}$，相当于在或门的基础上加了一个非门，或非门的符号如图 6-13 所示，真值表如表 6-3 所示。常用的或非门集成电路有四 2 输入或非门 74LS02 和 CD4001，如图 6-14 所示。

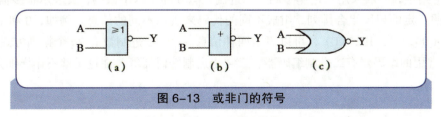

图 6-13　或非门的符号

（a）国际符号；（b）曾用符号；（c）IEEE 推荐

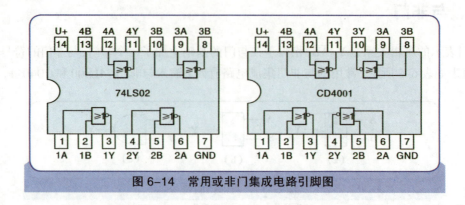

图 6-14　常用或非门集成电路引脚图

●提示：门电路的输入可以是两个以上，逻辑关系与二输入同理分析。

●操作规范：常用的数字集成电路主要有两大类型：TTL 型 74 系列和 CMOS 型 4000 系列。两个系列的电源电压不同，TTL 为 +5 V，CMOS 为 3～30 V。而且 CMOS 电路因电源电压不同，输出高、低电平的值是不同的。

任务三　组合逻辑电路

　　数字电路根据逻辑功能的不同特点，可以分成组合逻辑电路和时序逻辑电路两大类。由基本逻辑门电路组成的电路，称为组合逻辑电路。组合逻辑电路在逻辑功能上的特点是任意时刻的输出都取决于该时刻的输入，与电路原来的状态无关。常见的有编码器、译码器、加法器、数据变换器等。

一、编码器

　　用文字、符号或数码来表示特定对象或信号的过程，称为编码，如电话号码、邮政编码或者身份证号，等等。能够实现编码功能的电路称为编码器。

　　在数字电路中，一般采用二进制编码。二进制只有 0 和 1 两个数码，要表示很多信息时，只需将 0 和 1 按照一定的规律组合排列，组成不同的代码来表示不同的信息。例如，0 和 1 在一起有 4 种排列方式（00，01，10，11），可以表示四种信息。n 位二进制数有 $2n$ 个排列方式，可以表示 $2n$ 个信息。常用的编码器有二进制编码器、二 - 十进制编码器等，在这里就不作详细介绍了。

二、译码器

将给定的二进制代码翻译成编码时赋予的原意,完成这种功能的电路称为译码器。译码器是多输入、多输出的组合逻辑电路。

按照功能译码器可以分为通用译码器和显示译码器。

1. 通用译码器

N 位通用译码器有 N 个输入端和 2N 个输出端,即将 N 位二进制代码的组合状态翻译成对应的 2N 个最小项,一般称为 N 线 –2N 线译码器。2 线 –4 线译码器的逻辑图如图 6-15 所示。

电路有 2 个输入端 A、B,4 个输出端 Y_3~Y_0,在任何时刻最多只有一个输出端为有效电平(此处为低电平),其真值表如表 6-4 所示。EN 是使能控制端(也称为选通信号),当 EN=0(有效)时,译码器处于工作状态;当 EN=1(无效)时,译码器处于禁止工作状态,此时,全部输出端都输出高电平(无效状态)。

常用的中规模集成电路译码器有双 2 线 4 线译码器 74139,3 线 –8 线译码器 74138,4 线 –16 线译码器 74154 和 4 线 –10 线译码器 7442 等。

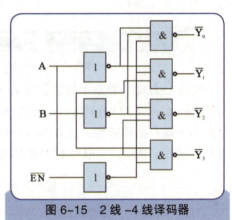

图 6-15　2 线 –4 线译码器

表 6-4　2 线 –4 线译码器真值表

EN	A	B	Y_3	Y_2	Y_1	Y_0
1	×	×	1	1	1	1
0	0	0	1	1	1	0
0	0	1	1	1	0	1
0	1	0	1	0	1	1
0	1	1	0	1	1	1

2. 显示译码器

在一些数字系统中,不仅需要译码,而且需要把译码的结果显示出来。所以显示译码器是对 4 位二进制数码译码并推动数码显示器显示出来。

目前广泛使用的显示器件是七段数码显示器,由 a ~ g 等 7 段可发光的线段拼合而成,通过控制各段的亮或灭,就可以显示不同的字符或数字。七段数码显示器有半导体数码显示器和液晶显示器两种。

半导体数码管(或称 LED 数码管)由发光二极管组成,有一般亮和超亮等不同之分,也有 0.5 寸[①]、1 寸等不同的尺寸。小尺寸数码管的显示笔画常用一个发光二极管组成,而大尺寸的数码管由两个或多个发光二极管组成,一般情况下,单个发光二极管的管压降为 1.8 V 左右,电流不超过 30 mA。发光二极管的阳极连在一起连接到电源正极的称为共阳数码管,阴极接低电平的二极管发

---
① 1 寸 =33.33mm。

光；发光二极管的阴极连在一起连接到电源负极的称为共阴数码管，阳极接高电平的二极管发光。图6-16所示为七段数码管的外形及共阴、共阳等效电路。有的数码管在右下角还增设了一个小数点，形成八段显示。

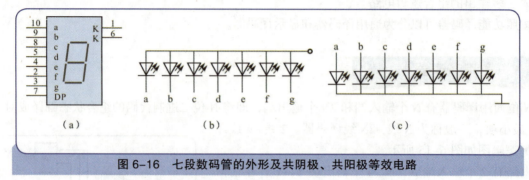

图6-16　七段数码管的外形及共阴极、共阳极等效电路

（a）七段数码管的外形；（b）共阳极等效电路；（c）共阴极等效电路

常用LED数码管显示的数字和字符是0、1、2、3、4、5、6、7、8、9、A、B、C、D、E、F。

液晶显示器（LCD）是另一种数码显示器。液晶显示器中的液态晶体材料是一种有机化合物，在常温下既有液体特性，又有晶体特性。利用液晶在电场作用下产生光的散射或偏光作用原理，便可实现数字显示。一般对LCD的驱动采用正负对称的交流信号。

任务四　集成定时器

一、汽车常用的集成电路

随着汽车电子技术的不断发展，许多专用的集成电路被开发并应用到汽车上，这些集成电路集成度高，体积小，能独立完成特定的功能，而且可靠性高。本单元介绍常用的、应用比较广的汽车集成电路。

1. 电子调压器电路

汽车发电机发出的交流电经过桥式整流后变为直流电，而汽车电气系统的电压需要保持一定的稳定性。一般利用电压调节器控制交流发电机励磁线圈的通断，达到控制交流发电机输出电压的目的。

（1）电压调节器

电压调节器相当于一个开关，控制励磁线圈通断，电压调节器还有电压检测、保护等电路。常见的电压调节器电路如图6-17所示。

任务四 集成定时器

① 点火开关 SW 刚接通时，发动机不转，发电机不发电，蓄电池电压加在分压器 R_1、R_2 上，此时因 R_1 电压较低不能使稳压管 VS 反向击穿，VT_1 截止，VT_1 截止使得 VT_2 导通，发电机磁场电路接通，此时由蓄电池

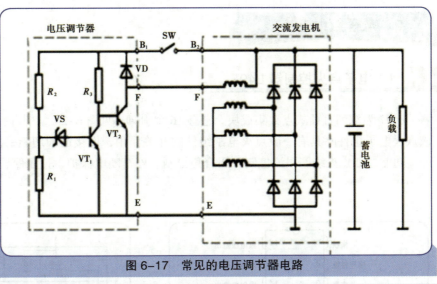

图 6-17 常见的电压调节器电路

供给磁场电流。随着发动机的起动，发电机转速升高，发电机励磁发电，电压上升。

② 当发电机电压升高到大于蓄电池电压时，发电机励磁发电并开始对外蓄电池充电，如果此时发电机输出电压 $U_B<$ 调节器调节上限 U_{B2} 的电压，VT_1 继续截止，VT_2 继续导通，但此时的磁场电流由发电机供给，发电机电压随转速升高而升高。

③ 当发电机电压升高到等于调节上限 U_{B2} 时，调节器对电压的调节开始。此时 VS 导通，VT_1 导通，VT_2 截止，发电机磁场电路被切断，由于磁场被断路，磁通下降，发电机输出电压下降。

④ 当发电机电压下降到等于调节下限 U_{B1} 电压时，VS 截止，VT_1 截止，VT_2 重新导通，磁场电路重新被接通，发电机电压上升。周而复始，发电机输出电压 U_B 被控制在一定范围内。

（2）汽车电子调压器专用集成电路 MC3325

MC3325 是美国 Motorola 公司生产的汽车电子调压器专用集成电路。

MC3325 集成电路采用双列直插 14 引脚封装，引脚如图 6-18 所示，1 脚接地，11、12、13、14 不用。

MC3325 集成电压调节器的典型应用电路如图 6-19 所示。

R_5 连接在 5、6、7 脚中的一个，作为调节电压值。R_1 控制 MC3325 内部二极管串的电压，确定温度系数。R_2 确定输出电流。R_3 和 R_4 均为限流电阻。R_6 确定过压动作值。R_7、C_1、C_2 作补偿用。

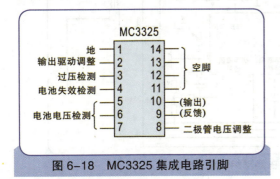

图 6-18 MC3325 集成电路引脚

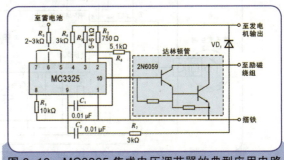

图 6-19 MC3325 集成电压调节器的典型应用电路

2. 电子点火电路

（1）电子点火控制器 L497

L497 为双列直插式点火集成块，它有 16 个引脚（见图 6-20），其内部框图如图 6-21 所示。该点火电子组件除具有一般点火电子组件的开关作用，即接通和切断一次侧电路外，还增加了许多功能，如点火线圈限流控制、闭合角控制、停车断电保护、过压保护等功能。

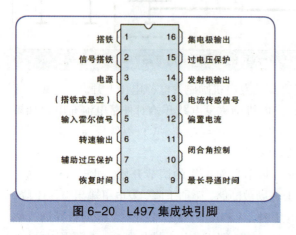

图 6-20 L497 集成块引脚

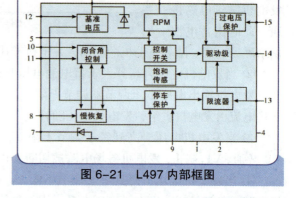

图 6-21 L497 内部框图

典型应用电路如图 6-22 所示。接通点火开关，起动发动机，分电器开始转动，当霍尔信号发生器的触发叶轮进入空气隙时，霍尔信号发生器输出高电位，通过导线 6 和 3 输入点火电子组件。此时，点火电子组件根据发动机的转速、电源电压及点火线圈的特性，适时地使点火电子组件的末级大功率晶体管 VT 导通，接通一次侧电路。当霍尔信号发生器的触发叶轮离开空气隙时，霍尔信号发生器输入信号下跳为低电位，点火电子组件末级大功率晶体管 VT 立即截止，切断点火线圈一次侧电路，二次绕组产生高电压。

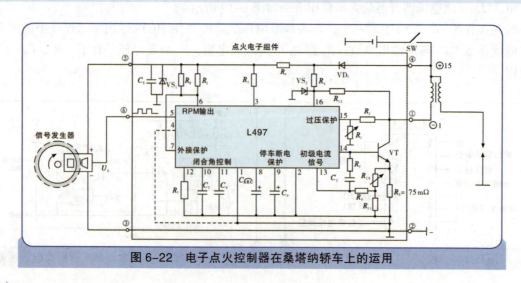

图 6-22 电子点火控制器在桑塔纳轿车上的运用

(2) MC3334 高能电子点火电路

MC3334 是美国 Motorola 公司生产的一种汽车用无触点高能电子点火专用集成电路。该电路具有工作电压范围宽（4~24 V）、输入、输出及电源电压过压脉冲保护、点火电流外部调节，可低压低温起动、高效节能等特点。

MC3334 为标准双列直插式 8 引脚封装，其引脚功能如图 6-23 所示。

该器件典型应用的外部元件连接方法如图 6-24 所示。由该器件构成的点火器外围元件少，且不需高精度电阻，生产维修都很方便。

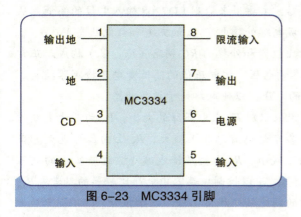

图 6-23 MC3334 引脚

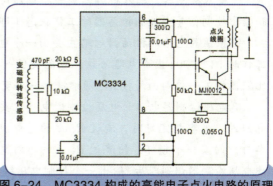

图 6-24 MC3334 构成的高能电子点火电路的原理

3. 闪光器电路

(1) 汽车闪光器专用集成电路 LD7208

集成电路 LD7208 是用来取代机电式汽车闪光器的新型专用集成电路。由这种新型集成电路组装而成的汽车闪光器电路已大量地使用在客、货汽车上。

1) LD7208 的功能和特点。

由 LD7208 组成的闪光器电路在汽车转弯时作闪光和报警之用。当汽车正常转弯且车灯完好时，转向信号灯和驾驶室监测用的转向指示灯同时闪烁，闪光频率为 80 次 /min；当车灯损坏后，转向指示灯的闪光频率加快 1 倍，以示报警。

LD7208 集成电路具有功能齐全、功耗低、精度高、外围元件简单、工作电压范围大（标称工作电压为 12 V，实际工作电压为 9~18 V）和无须调整等特点。

2) 电路工作原理。

LD7208 集成电路采用双列 8 引脚塑封结构，其内部主要由输入检测器、电压检测器、振荡器和控制驱动输出电路四个部分组成，内部结构如图 6-25 所示，典型应用电路如图 6-26 所示。

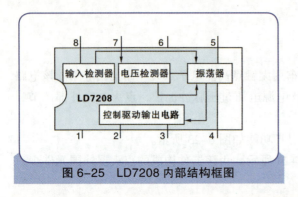

图 6-25 LD7208 内部结构框图

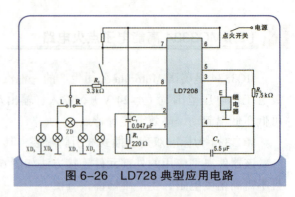

图 6-26 LD728 典型应用电路

① 输入检测器。输入检测器是一个电压比较器，主要用来检测 LD7208 输入电位的高低，从而输出控制信号去控制振荡器的工作状态（即集成电路外接电容 C_2 的充电和放电状态）。

② 振荡器电路。振荡器电路主要由一个电压比较器和外接的 RC 网络（R_3、C_2）构成。正常工作时，LD7208 内部电路给该比较器提供一个参考电压，该电压值的高低受电压检测器控制。比较器的另一端则由外接 RC 网络提供一个变化的电压，以使电路处于振荡状态。

③ 电压检测器电路。电压检测器电路主要是用来识别 R_X 上电压降的大小，R_X 为几十毫欧的电阻丝。当车灯完好时，流过 R_X 上的总电流（各车灯电流总和）较大，R_X 上的压降也大。当车灯中的某一个损坏，使流过 R_X 上的车灯总电流减小，R_X 上的压降也减小。这一减小的电压被电压检测器识别以后，输出一个控制电压给振荡器，用以控制振荡器中电压比较器的参考电压，引起振荡器的振荡频率发生改变，使转向指示灯的闪光频率加快 1 倍，以示报警。

④ 控制驱动输出电路。控制驱动输出电路主要由功率复合管所组成，信号从 LD7208 的 3 脚输出（最大输出电流约为 0.3 A），用以驱动外接继电器的工作状态。

⑤ 其他电路。LD7208 的 6 脚为内部输入检测器、电压检测器和振荡器的供电电源输入端；2 脚为控制驱动电路的电源输入端；1 脚与搭铁间所接的 R_1 为反馈电阻，用以稳定电路的工作点。

● 维修经验：LD7208 损坏后，可直接用 TA8027、LZ1040、UAA1041 进行代换。

（2）闪光控制集成电路 LM3909 在汽车闪光器中的应用

LM3909 是美国国家半导体公司生产的，专用于使发光二极管或白炽灯发光的集成电路，经常被用作 LED 闪光器。连接一定的外围元件后，可以作为汽车闪光器使用。它由汽车蓄电池供电，使额定电流为 600 mA 的转向信号灯以 1 Hz 的频率闪光。当外接 3 300 μF 的电容器时，可使该闪光器不受电源电压波动的影响，而且把加在集成电路上的电压限制在 7 V 左右。图 6-27 所示为 LM3909 集成电路构成的闪光器电路。

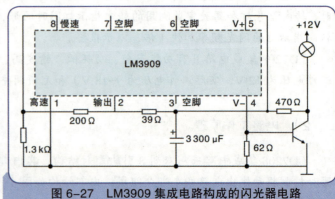

图 6-27 LM3909 集成电路构成的闪光器电路

● 操作：按照图 6-27 所示电路组装 LM3909 电子闪光器电路，试验电路效果。

4. 仪表显示专用集成电路

（1）LM3914

LM3914 集成电路是美国国家半导体公司生产的能检测模拟电平、驱动 10 位发光二极管 LED 进行线性模拟显示的单片集成电路，10 级分压器浮动可以连接很宽的电压范围，使用者可根据需要使用柱状或点状显示选线接通或断开。接通时为柱状显示，即指示值以下的发光二极管均发亮；断开时为点状显示，即发光二极管 LED_2 亮后 LED_1 熄灭，LED_3 亮后 LED_2 熄灭，以此类推，仅有一个发光二极管亮。在显示图形时，设计者可以根据仪表的面板，设计成横排显示或竖排显示及曲线显示，还可以设计成扇形排列模拟指针式显示。这些优点应用于车用模拟仪表将能发挥良好作用。

图 6-28 所示为模拟油压表的电路原理，图中选用 MC33063A 集成电路制作稳压电源，具有调压范围宽、抗冲击能力强、输出电流大等优点，而且可以为单片机供电，为将来·仪表功能的扩展打下良好的基础。12 V/24 V 为车辆电源电压通过二极管 VD_1 接入 MC33063A 的电压输入端，稳压电源经电阻 R_2 输出 5 V 电压给 LM3914 和 LED 供电。油压传感器 R_4 上的电压为 $U_i=5R_3/(R_3+R_4)$，输入 LM3914 第 5 脚。电阻 R_5、R_6 确定 LM3914 加在脚 7 的基准电压：$U_d=1.25·(1+R_5/R_6)$。当 $U_d/10 \leq U_i \leq 2U_d/10$ 时，LM3914 脚 1 输出低电平，发光排中 LED_1 亮，当 $2U_d/10 \leq U_i \leq 3U_d/10$ 时，LM3914 脚 18 输出低电平，由于是线模式显示，发光排中 LED_1、LED_2 同时亮，以此类推，不同的输入电压，将会有不同数量的发光二极管点亮。所以当油压升高时，油压传感器的阻值变大，使输入电压 U_i 升高，发光二极管亮的数目也逐渐变多，从而实现对车辆油压的准确、实时检测。

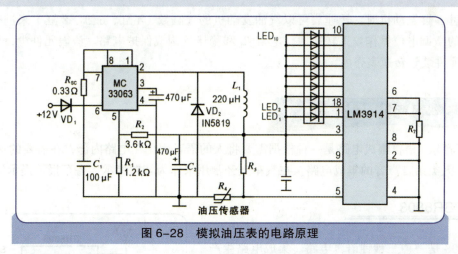

图 6-28 模拟油压表的电路原理

电压表则要将 LM3914 脚 5 直接与车辆电源相连，使之直接反映车辆的电压变化。LM3914 脚 4 接电阻 R_7。调整 R_5、R_6、R_7，当车辆电源为 12 V 时，10 只发光二极管显示为 10.5~15 V；当车辆电源为 24 V 时，10 只发光二极管显示为 21~30 V。当电压过高时，LED_9 亮，并且脚 11 输出低电平，驱动报警控制电路。

由于常用的油量传感器和水温传感器的电阻值多是随油量或水温的升高而减小，应先接入反相器，再与 LM3914 脚 5 相连，使 U_{in} 随电阻变大而升高，油量表和水温表要将 LM3914 脚 4 接电阻 R_7。调整 R_5、R_6、R_7，使发光二极管的显示范围与所要求的一致，并能产生报警控制信号。

（2）LM2907/2917

LM2907/2917 是美国国家半导体公司生产的单片集成频率/电压转换器，芯片中包含了一个高增益的运算放大器/比较器，当输入频率达到或超过某一给定值时，输出可用于驱动开关、指示灯或其他负载。内含的转速计使用充电泵技术，对低纹波具有频率倍增功能。另外 LM2917 还带有完全的输入保护电路。在零频率输入时，LM2917 的输出逻辑摆幅为零。

图 6-29 所示为发动机转速表电路。LM2917 将分电器送来的转速脉冲信号经过频率/电压线性变换后，由电压表表头直观地指示出来。

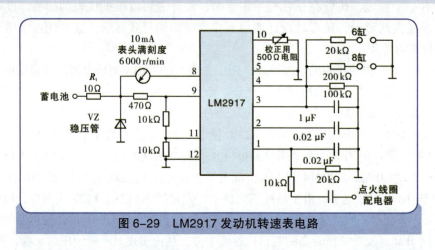

图 6-29　LM2917 发动机转速表电路

在测量多缸发动机时，转速表可以汽油发动机的气缸数（4 缸、6 缸、8 缸）来进行转换。用 500Ω 的微调电位器作校正转速用，电阻 R_1 和稳压管构成保护电路。该表元件少，体积小，可直接将元件装于转速表壳内。

5. 汽车用音乐/语言芯片

汽车用音乐/语言集成电路是一种根据需要将人的语音固化在电路内部，在需要的场合由电平触发而发出人类语言声音的集成电路。在汽车上经常用来作为转向提示、盗车报警提示等。

（1）SR8808

SR8808 是一种三秒钟语言电路。集成电路生产厂家将语音固化在电路内，使用时只需外接一个电阻、一个电容及喇叭驱动电路即可。应用 SR8808 最成功的例子是汽车倒车时用的"倒车，请注意；倒车，请注意""倒车，倒车"等语音告警芯片。SR8808 典型应用电路如图 6-30 所示。

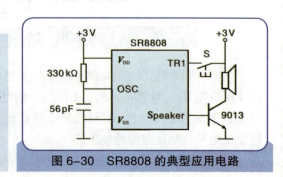

图 6-30　SR8808 的典型应用电路

● 操作：按照图 6-30 所示电路组装倒车报警电路，组装完毕后，按下按键 S，喇叭发出警报声。将按键 S 分别连接在 SS8808 的 8、6、2 脚上，注意声音有何不同。

（2）WWS-888 语音倒车警报器

WWS-888 专用语音集成电路的语言输出端输出信号，送至功率放大电路 LM386，推动扬声器发出"嘟嘟，请注意倒车！请注意倒车！"的警告声。WWS-888 的工作电源电压为 3 V，由 VZ 提供；电阻 R_5 和电容 C_6 组成振荡电路，为外接元件，可根据实际需要适当调整；VD 能防止因电源极性反接而损坏元件，起保护作用。电路如图 6-31 所示。

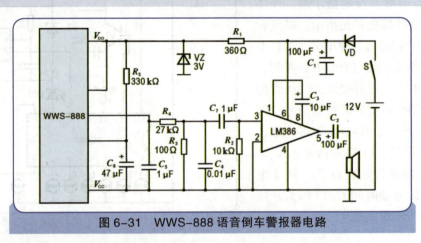

图 6-31　WWS-888 语音倒车警报器电路

（3）CW9561 音乐报警电路

CW9561 内部固化了救护车、消防车和警车等车辆报警声音，根据外部触点的不同触发可以选取其中一种声音作为车辆报警音，所以它适用于多种特殊车辆。图 6-32 所示为 CW9561 语音报警电路。

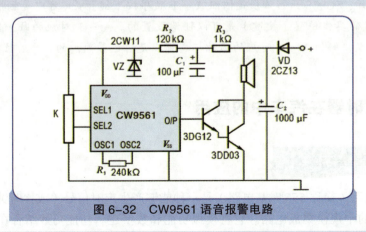

图 6-32　CW9561 语音报警电路

CW9561 语音集成电路的工作电压为 3 V，采用 C_1、C_2、R_1、R_2 和稳压管 VZ 组成的稳压电路提供工作电压。二极管 VD 防止电源极性接反而损坏元件，保护电路。当需要报警时，将双刀四掷开关扳到响应挡位，报警器发出信号，经三极管放大后，扬声器发出报警声。

6. 汽车密码锁电路 5G058

5G058 是 CMOS 低压低功耗电子密码锁专用集成电路。采用双列直插 14 脚封装，工作电压范围 $V_{DD}=3\sim5$ V，静态空载电流最大 5 μA。其特点是开锁必须遵照一定顺序键码输入，开锁时间可设置在某一固定值内，违反这些规定都不能开锁，还会产生声光报警。

图 6-33 所示为 5G058 集成电路构成的电子密码锁电路。1~6 脚分别外连键开关 A~F 到电源正极，这是 6 个有效键输入，开锁必须遵照 A~F 这一顺序。7 脚为负极，8 脚是无效假输入键，外连无效键开关随意混插在键盘中以假乱真。9 脚是按键指示端，外接 LED，每一次按键都会发光指示，以便确认操作有效。10 脚是报警输出端，如果不是按 A~F 顺序按键或超过有效开锁时间，则该引脚为高电平。可外接发光二极管指示报警。还可用作声报警的控制信号，例如控制防盗报警语音集成电路 S8803A，使扬声器发声报警。11 脚外接电容 C_1，11、12 脚之间接可调电位器 R_P，调节电阻值，决定有效开锁时间 t。13 脚为开锁输出端，14 脚接电源正极。

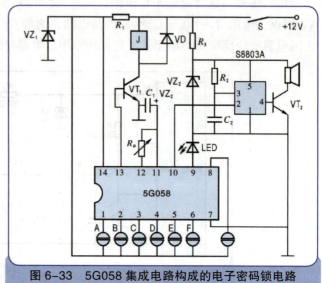

图 6-33 5G058 集成电路构成的电子密码锁电路

● 密码式防盗装置的工作过程是：当驾驶员用钥匙接通密码锁电路，并在规定时间内按照正确顺序 A~F 输入密码，13 脚输出 5 mA 以上的电流，经三极管 VT_1 放大，驱动继电器 J 吸合，动触点接通点火装置，可正常起动汽车。否则报警输出端 10 脚输出 5 mA 以上电流，触发防盗报警语音集成电路 S8803A，使扬声器发出"有小偷偷车,快抓偷车小偷!"之类的预先设定的语音。

● 键码的应用提示：5G058 开锁必须是依照 A~F 顺序按下键开关（可以是触摸开关形式），但是 A~F 连接键盘的具体位置（按键）是可以任意设置的。A~F 对应的每一键开关名称可按自己的爱好任意定义。例如 A~F 对应的名称标志可以是自己最熟悉的一个 6 位数电话号码。

二、555 定时器在汽车中的应用

1. 555 定时器基础

555 定时器基础电路（简称 555 时基电路）是一种能够产生定时信号（或称时钟信号），完成各种定时或延时功能的中规模集成电路。它将模拟功能和数字逻辑功能巧妙结合在一起。电路功能灵活，适用范围广，只要在外部配上几个阻容元件，就可以构成性能稳定而准确的方波发生器、单稳态触发器和施密特触发器等。它的应用相当广泛，在汽车电子电路中随处可见。

(1) 555时基电路的基本结构

555的原始产品是NE555，后来又出现了LM555、μA555、XR555、CA555、RM555、FX555、5G1555，等等，统称为"555"，它们的等效电路、形式和内电阻值虽然略有不同，但基本结构并无根本差别，按其内部电路、功能结构可简化为图6-34所示的形式。555时基电路含有两个电压比较器C_1、C_2，一个由与非门组成的基本RS触发器，一个放电三极管VT以及由三个$5kΩ$的电阻组成的分压器（集成电路也因此得名）。分压器设定的1/3 V作为比较器C_2的基准电压，$2/3V_{CC}$作为比较器C_1的基准电压。在5脚控制端（CO端）外接控制电压时（CO端一般通过$0.01μF$电容接地），两个比较器的基准电压分别为$U_{C1}+V_{CC}=U_{CO}$，$U_{C2}=U_{CO}/2$，用以改变上、下触发电平值。比较器C_1的输出接基本R_S触发器的R端，C_2的输出接RS触发器的S端。因此，加到比较器C_1反相端的触发信号电势高于同相端5脚的电势时，RS触发器翻转；而加到比较器C_2同相端2脚的触发信号电势低于C_2反相端的电势$1/3V_{CC}$时，RS触发器翻转。由此可见，555的输入不一定是逻辑电平，还可以是模拟信号，因此该电路兼有模拟和数字电路的特色。另外，555的7脚为放电端，当触发器的Q端为1时，放电三极管导通，外接电容元件通过VT放电。而555的4脚为强制复位端R，可由此端输入负脉冲而使触发器直接复位。

通过以上分析，得出555各功能的真值表，如表6-5所示。555时基电路的引脚如图6-35所示。

表6-5 555各功能的真值表

2脚（置位触发S端）	6脚（置位触发R端）	4脚（外部复满端）	3脚（输出端U_o）	7脚（放电U_D）
X	X	0	0	接地
$≤1/3V_{CC}$	$≤2/3V_{CC}$	1	1	断路
$≥1/3V_{CC}$	$≤2/3V_{CC}$	1	不变	不变
$≥1/3V_{CC}$	$≥2/3V_{CC}$	1	0	接地

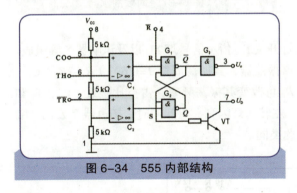

图6-34 555内部结构

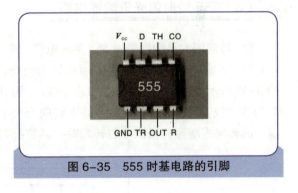

图6-35 555时基电路的引脚

(2) 555时基电路的特点

① 555在电路结构上是由模拟电路和数字电路组合而成的，它将模拟功能与逻辑功能合为一体，能够产生精确的时间延迟和振荡，拓宽了模拟集成电路的应用范围。

② 该电路采用单电源供电，电源范围宽，可以和模拟运放及TTL或CMOS数字电路共用一个电源。

③ 555可独立构成一个定时电路，且定时精度高。

④ 555的最大输出电流达200 mA，带负载能力强，可直接驱动小电动机、喇叭、继电器等负载。

2. 555 定时器在汽车中的典型应用

（1）前照灯 555 自动变光器

这种采用 555 电路的变光器能使汽车在夜间会车时于相距 100～150 m 内把远光灯自动转换成近光灯，会车后又自动恢复到远光灯照明，从而避免或减少夜间会车时造成的交通事故，提高汽车行驶的安全性。

其电路如图 6-36 所示。变光器主要由光电检测电路、施密特触发电路及开关电路等组成。

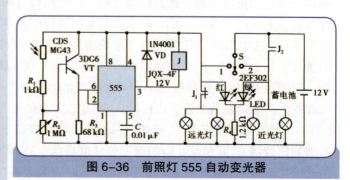

图 6-36　前照灯 555 自动变光器

（2）间歇刮水器

一般汽车刮水器开关上都会有一间歇刮水挡，在下毛毛细雨时使用，其电路如图 6-37 所示。

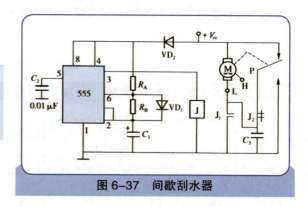

图 6-37　间歇刮水器

（3）555 转向闪光讯响器电路

555 转向闪光讯响器是由 555 集成电路、转向灯开关 K、指示信号灯 ZD 以及讯响器 Y 等组成。

555 集成块和 R_1、R_P、C_1 等组成的无稳态多谐振荡器，其振荡周期 $T=0.693（R_1+2R_P）C_1$，图 6-38 所示参数的最低频率为 1Hz 左右，调节 R_P 可改变其振荡频率，占空比接近 1∶1，T_1 和 T_2 为驱动级。当汽车左转弯时，按下转向开关 K，左转向灯闪亮，与此同时，扬声器 Y 发出"嘀嘀"的转向提醒声；当汽车右转弯时，其情况与此类同。

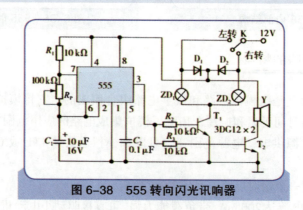

图 6-38　555 转向闪光讯响器

（4）汽车自动变速器空挡起动开关电路

图 6-39 所示为汽车自动变速器空挡起动开关电路，配备自动变速器。汽车在起动时，必须满足自动变速器在驻车挡（P 挡）或空挡（N 挡）踩下制动踏板（制动开关 K 接通电源），点火钥匙打到起动挡（S 接通电源）才能接通起动机，从而起动发动机。也就是 74LS11 输出高电平 1 时，继电器 J 才能工作，接通起动机 M，起动发动机。54/74LS11 为三组 3 输入与门集成电路。

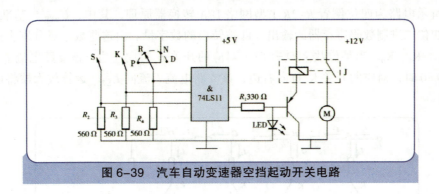

图 6-39　汽车自动变速器空挡起动开关电路

任务五　D/A 和 A/D 转换电路

一、概述

随着数字电子技术的迅猛发展和计算机的普及应用，各种数字系统日益广泛地用于各个领域，而自然界中出现的大量物理量多是模拟量，例如语音信号、温度、压力、液位、流量等，通过传感器转换到的电压信号，都属于模拟信号，必须把这些模拟量转换为数字量，经过数字系统进行运算或处理，再将这些信号转换为模拟量，实现对被控制量的控制。

能把数字量转换为模拟量的电路，称为数/模转换器（Digital to Analog Converter，DAC）。能把模拟量转换为数字量的电路，称为模/数转换（Analog to Digital Converter，ADC）。

图 6-40 所示为一个数字计算机工业控制系统框图。

本章将对 D/A 转换和 A/D 转换的基本概念和基本原理作一介绍。

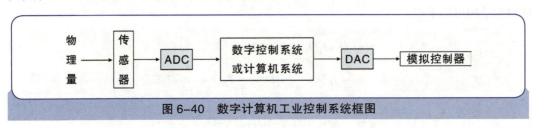

图 6-40　数字计算机工业控制系统框图

二、D/A 转换电路

D/A(数/模)转换器的种类有多种,本书只介绍目前广泛应用的倒置 R-$2R$ T 型网络 D/A 转换器。

1. 倒置 R-$2R$ T 型网络 D/A 转换器

图 6-41 所示电路为四位倒置 R-$2R$ T 型网络 D/A 转换器原理,其中,U_{REF} 为基准电压,D_3、D_2、D_1、D_0 为四位二进制数码寄存器的输出,即被转换的数字量。由这些数字量分别去控制四个模拟开关 K_3、K_2、K_1、K_0。当某位数字 $D_i=1$ 时,对应的开关 K_i 打向左边,该支路电流 I_i 流向 $I_{\Sigma 1}$;当某位数字 $D_i=0$ 时,对应的开关 K_i 打向右边,该支路电流 I_i 流向 $I_{\Sigma 2}$。运算放大器将电流输出转换为电压输出。

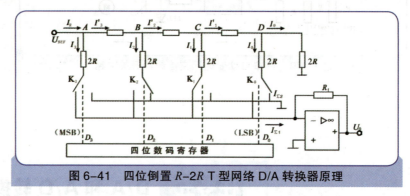

图 6-41　四位倒置 R-$2R$ T 型网络 D/A 转换器原理

由于运算放大器同相端接地,所以其反相端虚地,因此,不管数字 D_i 是 1 还是 0,T 型网络中各 $2R$ 支路的下端电势均为 0。A、B、C、D 各点左端的等效电阻都是 R,A、B、C、D 各点右端的等效电阻都是 $2R$,如图 6-42 所示。

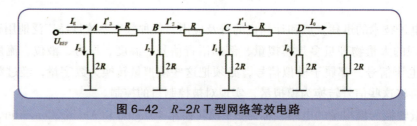

图 6-42　R-$2R$ T 型网络等效电路

$$I_R=\frac{U_{REF}}{R} \quad I_3=I'_3=\frac{1}{2}I_R \quad I_2=I'_2=\frac{1}{4}I_R \quad I_1=I'_1=\frac{1}{8}I_R \quad I_0=I'_0=\frac{1}{16}I_R$$

从对称结构可以求出:

$$I_{\Sigma 1}=I_3D_3+I_2D_2+I_1D_1+I_0D_0$$
$$=\frac{1}{2}I_RD_3+\frac{1}{4}I_RD_2+\frac{1}{8}I_RD_1+\frac{1}{16}I_RD_0$$
$$=\frac{1}{16}I_R(8D_3+4D_2+2D_1+D_0)$$

$$= \frac{U_{REF}}{R} \frac{1}{2^4}(8D_3+4D_2+2D_1+D_0)$$

由图 6-43 可知：

$$U_o=-I_{\Sigma 1}R_f=-\frac{U_{REF}R_f}{R}\frac{1}{2^4}(8D_3+4D_2+2D_1+D_0) \tag{6-1}$$

若取 $R_f=R$，则

$$U_o=-\frac{1}{2^4}(8D_3+4D_2+2D_1+D_0)U_{REF}=-\frac{1}{2^4}(2^3D_3+2^2D_2+2^1D_1+2^0D_0)U_{REF} \tag{6-2}$$

由此可知，电路输出电压与输入数字量成正比。
若推广到 n 位 D/A 转换器，则输出电压表达式为

$$U_o=-\frac{1}{2^n}(2^{n-1}D_{n-1}+2^{n-2}D_{n-2}+\cdots+2^1D_1+2^0D_0)U_{REF} \tag{6-3}$$

例 6-1 在图 6-43 所示电路中，已知 $U_{REF}=-10$ V，$n=8$，输入数字量为 80 H，求输出电压为多少？
解 80 H=10000000，即 $D_7=1$，$D_6=D_5=D_4=D_3=D_2=D_1=D_0=0$，代入式（6-3）得

$$U_o=-\frac{1}{2^8}\times 2^7D_7U_{REF}=\frac{1}{2}\times 1\times 10=5 \text{ V}$$

倒置 $R-2R$ T 型网络 D/A 转换器的模拟开关在地与虚地之间转换，不论开关状态如何变化，各支路的电流始终不变，不需电流建立时间，因此转换速度快，尖峰脉冲干扰较小，是用得最多的一种 D/A 转换器。如集成 DAC0832 等 D/A 转换器，都是这种倒置 $R-2R$ T 型网络 D/A 转换器。

2. DAC0832 集成 D/A 转换器

DAC 系列 D/A 转换器包括 DAC0830、DAC0831、DAC0832。它们可以相互替换，是具有双缓冲功能的 D/A 转换器。下面介绍目前广泛应用的 DAC0832 集成 D/A 转换器。

DAC0832 是采用 CMOS 工艺制造的 8 位单片 D/A 转换器，主要由两个 8 位缓冲寄存器（输入寄存器和 DAC 寄存器）和一个 8 位 D/A 转换器组成，是 20 引脚双列直插式封装结构，能与 MCS-51 单片机直接接口。其引脚分布及内部结构如图 6-43 所示。

主要特性如下：
① 8 位分辨率。
② 电流建立时间约为 1 μs。
③ 直接数字输入、单缓冲输入或双缓冲输入。
④ 单一电源供电（5~15 V）。
⑤ 功耗 200 mW。

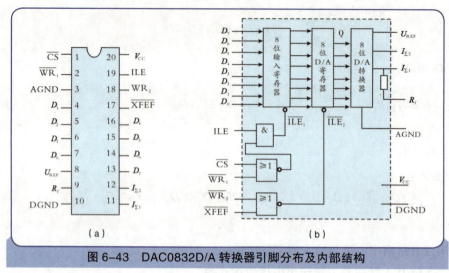

图 6-43　DAC0832D/A 转换器引脚分布及内部结构

(a) 引脚分布；(b) 内部结构

　　DAC0832 是由 8 位输入寄存器、8 位 DAC 寄存器、8 位 D/A 转换器及转换控制电路构成。其控制引脚可以直接与微处理器的控制线相连，接受微处理器的控制。主要引脚功能如下：

　　$\overline{CS}$——输入寄存器选通信号端，低电平有效，与 ILE 组合选通 $\overline{WR_1}$。

　　ILE——数据输入使能端，高电平有效，与 $\overline{CS}$ 合选通 $\overline{WR_1}$。

　　$\overline{WR_1}$——输入寄存器写信号控制端，低电平有效，用来控制将输入数据写入 8 位输入寄存器中。只有当 $\overline{WR_1}$ 和 $\overline{CS}$ 同为低电平，且 ILE 为高电平时，输入寄存器输出状态随输入数据的变化而变化，实现写数据功能。而 $\overline{WR_1}$ 是高电平时，输入寄存器中的数据被锁存，不随输入数据变化而变化。

　　$\overline{XFER}$——数据传送使能端，低电平有效，它选通 $\overline{WR_2}$。

　　$\overline{WR_2}$——DAC 寄存器写信号控制端，低电平有效，用来控制将输入寄存器中的数据写入 8 位 DAC 寄存器中。当 $\overline{WR_2}$ 是低电平，且 $\overline{XFER}$ 为低电平时，DAC 寄存器的输出与输入相同，实现将输入寄存器中的数据写入 DAC 寄存器中。而当 $\overline{WR_2}$ 是高电平时，输入寄存器中的数据被锁存到 DAC 寄存器中。

　　$I_{\Sigma1}$——电流输出端 1，它是输入数字为 1 的相应支路上的电流的和。

　　$I_{\Sigma2}$——电流输出端 2，它是输入数字为 0 的相应支路上的电流的和。

　　UREF——DAC 转换器的基准电压，可为正值也可为负值。

　　R_f——反馈电阻，内部已有电阻且与 $R-2R$ 网络中的电阻相等，该端子可以直接接运算放大器的输出端。

　　AGND——模拟地端，它是指输出模拟信号与基准电源的参考地端。

　　DGND——数字地端，它是指电源、输入数字、地址及控制等信号参考地端。

　　DAC0832 是电流输出型，需外加运算放大器转换为电压输出。

三、A/D 转换电路

　　A/D（模/数）转换器的种类有很多，如并行比较型、双积分型、逐次逼近型等。它们各有其优点和不足。并行比较型 A/D 转换器的转换速度快，但用的器件较多，分辨率较低。双积分型 A/D 转换器工作可靠，抗干扰能力强，转换精度高，但转换速度慢，多用在测量系统中。逐次逼近型

A/D 转换器转换速度较快，精度较高，所用的器件较少，在集成电路中得到广泛的应用。下面只对逐次逼近型 A/D 转换器作介绍。

1. 逐次逼近型 A/D 转换器

逐次逼近型 A/D 转换器的工作原理类似于用天平称物体质量的过程。用天平称质量的过程是这样的：第一次先从质量最大的砝码开始试放，将所加砝码与被称物体进行比较。若物体的质量大于砝码，则该砝码被保留，并添加次重的砝码。若物体的质量小于砝码，则将该砝码撤去，换为次重的砝码试之。照此方法一直到物体的质量等于所加全部砝码的质量为止，或直到质量最小的砝码为止，将天平上所有砝码的质量相加，即可得到物体的质量。这样，其最大误差小于最轻砝码的质量。逐次逼近型 A/D 转换器就是按这一原理实现的，只是将物体的质量换成模拟电压值，砝码换成了二进制数码。原理框图如图 6-44 所示。

各部分功能如下面所介绍。

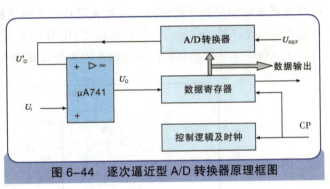

图 6-44　逐次逼近型 A/D 转换器原理框图

（1）A/D 寄存器

寄存器又称作逐次逼近寄存器。转换开始前，先使 A/D 寄存器的最高位置 1，其他位则置 0。转换开始，将该数据经 A/D 转换器转换为相应的模拟电压 U'_o，在比较器中与输入电压 U_i 进行比较，根据比较结果决定最高位是被保留还是被清除，然后置次高位为 1，再次转换、比较，所有位比较完毕后统一输出。

$$U'_o = -(2^{n-1}D_{2n-1} + 2^{n-2}D_{2n-2} + \cdots + 2^1 D_1 + 2^0 D_0) U_{REF}$$

（2）A/D 转换器

它将来自数据寄存器中的数字量转换为相应的模拟电压 U'_o，与被测电压 U_i 进行比较，由 A/D 转换的原理可知：

1) **电压比较器。**

电压比较器将 A/D 寄存器中的数据所对应的电压 U'_o 与输入电压 U_i 比较，输出结果 U_o 用于修改寄存器中的数据。若输出为低电平 0，则说明 U'_o 小于 U_i，即数码小了，应该将该数码保留下来；反之，当输出为高电平，则说明 U'_o 大于 U_i，即该数码大了，应将该数码清除。

2) **控制逻辑及时钟。**

控制逻辑及时钟就是一个环行移位寄存器构成的顺序脉冲发生器，它能在时钟脉冲作用下在不同输出端顺序发出正脉冲。转换前最高位先置1，其他输出端均为0，在第一个CP脉冲作用下，次高位置1，其他各位都为0，依次类推，每来一个CP脉冲，高电平右移一位，实现给A/D寄存器放置数码。

2. ADC0809 集成 A/D 转换器

ADC0809 集成 A/D 转换器，其内部核心电路是逐次逼近型的 8 位 A/D 转换器。其是 28 引脚双列直插式封装。片内除了 A/D 转换部分外，还设置了带有锁存功能的 8 路模拟选通开关，以及相应的通道地址锁存和译码电路。可对 8 路 0~5 V 的模拟电压进行分时转换。转换后的数据送入三态输出数据锁存器，在输出有效控制信号 OE 作用下将数据输出。

ADC0809A/D 转换器的内部结构及引脚分布如图 6-45 和图 6-46 所示。

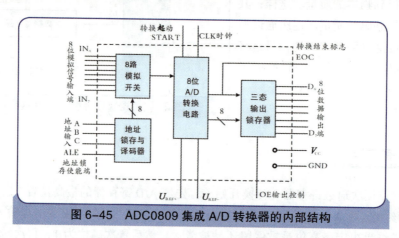

图 6-45　ADC0809 集成 A/D 转换器的内部结构

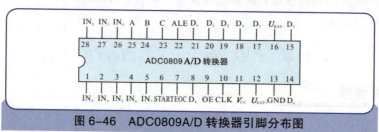

图 6-46　ADC0809A/D 转换器引脚分布图

（1） ADC0809A/D 转换器的主要特性

①分辨率为 8 位。

②最大不可调误差小于 $\pm U_{LSB}$。

③可锁存三态输出，能与 8 位微处理器接口。

④输出与 TTL 兼容。

⑤不需要进行零点和满刻度调整。

⑥单电源供电，电源电压为 5 V。

⑦转换速率取决于芯片内部的时钟频率，时钟频率范围是 10 ~1 280 kHz。当时钟频率选为 500 kHz 时，对应的转换时间为 128 μs；当工作时钟频率为 640 Hz 时，转换时间为 64 μs。

（2）ADC0809 集成 A/D 转换器的主要引脚功能

$IN_0 \sim IN_7$——8 路模拟信号输入端。由三位地址变量选通其中一路参与转换。

START——启动转换控制输入端，高电平有效，用于启动 ADC0809 内部的 A/D 转换。

ALE——地址锁存使能端。高电平锁存有效。当 ALE 为高电平时，通道地址被锁存，不再随输入变化。当 ALE 为低电平时，通道地址随输入地址变化。

EOC——转换结束信号输出端，在 A/D 转换期间输出为低电平，转换结束时输出为高电平。在与单片机连接时，该端子可作为单片机的中断申请信号或查询信号。

OE——输出允许控制端，用于打开三态输出锁存器。当 OE 为 0 时，输出为高阻态，当 OE 为高电平时，三态数据输出锁存器被打开，将转换后的数字量输出到外部电路或数据总线上。应用时可将 EOC 接至 OE 端，当转换结束时，EOC 端输出 1，所以 OE 端为高电平 1，此时可将数据输出。

CLK——时钟信号输入端，输入信号频率为 10~1 280 kHz，一般接 640 kHz 时钟脉冲信号。

A、B、C——地址码输入端，用于选通 IN0~IN7 中的其中一路模拟信号进行转换。

U_{REF+}——参考电压的正端，一般接 ±5 V。若输入电压的极性是正的，则 UREV 接 -5 V，反之接 +5 V。

U_{REF-}——参考电压的负端，一般接 GND 端。

实验　线性集成稳压电源实验

一、训练目标

1. 熟悉和掌握线性集成稳压电源电路的工作原理。
2. 学习线性集成稳压电源电路技术指标的测量方法。

二、训练设备与器材

汽车电学基础实验箱一台，DT9208A 数字式万用表一台。

三、实训原理

本实验以美国国家半导体公司生产的 LM317 为核心元件，实验原理如图 6-47 所示。

LM317 是一个三端可调正稳压器集成电路，其输出电压范围为 1.2 ~ 37 V，负载电流最大为 1.5 A，它的使用非常简单，仅需两个外接电阻来设置输出电压。此外它的线性调整率和负载调整率比标准的固定稳压好。LM317 内置有过载保护、安全区保护等多种保护电路。

实验箱中用到 LM317 封装集成电路如图 6-48 所示。

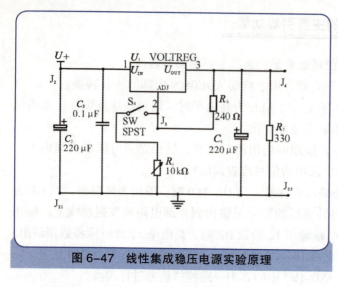

图 6-47 线性集成稳压电源实验原理

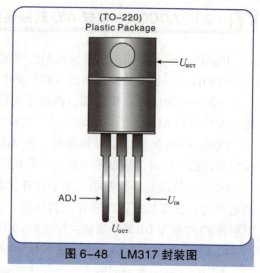

图 6-48 LM317 封装图

在图 6-47 中其 U_{OUT} 满足如下关系式：

$$U_{OUT}=1.25U\left(1+\frac{R_6}{R_5}\right)+I_{ADJ}R_5$$

所以调整 R_5 的大小就能改变 U_{OUT}。

四、测验内容及步骤

1. 将可变电阻 R_5 逆时针旋到底，断开 S_4，测量 R_5 的电阻，即用万用表测量 R_5 的左下脚和 J_{21} 之间的电阻，记录到表 6-6 中。

2. 实验箱上电，用万用表测量 U_{IN}（即 J_2 和 J_{21} 之间的电压），U_{ADJ}（J_3 和 J_{21} 之间的电压）及 U_{OUT}（J_4 和 J_{25} 之间的电压）并将测得数据记录到表 6-6 中。

3. 断开 S_4，顺时针旋转 R_5，使其约等于 $6\,k\Omega$，合上 S_4，用数字万用表测量 U_{IN}，U_{ADJ} 和 U_{OUT} 并记录到表 6-6。

4. 断开 S_4，顺时针旋转 R_5，使其约等于 $2\,k\Omega$，合上 S_4，测量 U_{IN}，U_{ADJ} 和 U_{OUT} 并记录到表 6-6 中。

5. 断开 S_4，将 R_5 顺时针旋转到底，测量 R_5 并记录，合上 S_4，测量 U_{IN}、U_{ADJ} 和 U_{OUT} 并将其记录到表 6-6 中。

表 6-6 实验记录表

R_5/Ω	U_{IN}/V	U_{ADJ}/V	U_{OUT}/V

五、实验报告

1. 报告测量结果。
2. 分析测量结果是否满足上述关系式。

一、填空题

1. 数字信号的特点是只与_____的变化有关,而与_____的具体大小关系不大。传递的信息经常是_____或_____,_____或_____等非此即彼的关系,这种关系称为_____。

2. 在二值逻辑中用数字_____和_____表示两个状态,与之对应的电路是_____的_____或_____。

3. 数字电路只处理_____和_____两种状态,所以在数字电路中经常采用_____。它包括_____和_____。

4. 二进制中,_____表示电路状态和数量大小,_____不仅表示数量大小,还可以表示一定的信息,称为_____。

5. 在二进制逻辑中,_____和_____之间的关系称为逻辑关系,实现逻辑关系的电路称为逻辑电路。

6. 逻辑电路中实现最基本逻辑关系的电路称为_____,简称_____。最基本的有_____、_____、_____、_____或_____。

7. 数字电路中除了门电路之外,还有触发器电路。触发器起到信息的_____、_____、_____的作用。

二、简答题

1. 什么是数字电路?数字电路有哪些主要特点?

2. 如何识读集成逻辑门电路的引脚?

参 考 文 献

[1] 阳鸿钧. 汽车电工电子技能速成一点通 [M]. 北京：机械工业出版社，2016.
[2] 陈开考. 汽车电工电子技术基础（第2版）[M]. 北京：机械工业出版社，2017.
[3] 张军. 汽车电工电子技术基础（第2版）[M]. 北京：高等教育出版社，2019.
[4] 张俊停. 汽车电工电子技术 [M]. 北京：国防工业出版社，2016.
[5] 刘映霞，王强. 汽车电工电子技术 [M]. 北京：人民交通出版社，2019.
[6] 侯立芬. 汽车电工电子技术 [M]. 北京：机械工业出版社，2019.
[7] 刘冰，韩庆国. 汽车电工电子 [M]. 北京：人民邮电出版社，2016.
[8] 张新敏，缑庆伟. 汽车电工电子技术 [M]. 北京：机械工业出版社，2018.